四特 教育系列丛书 SITE JIAOYUXILIECONGSHU

U0575719

世界眼光看教育

《"四特"教育系列丛书》编委会 编著

吉林出版集团股份有限公司
全国百佳图书出版单位

图书在版编目 (CIP) 数据

世界眼光看教育／《"四特"教育系列丛书》编委会编著.
—长春：吉林出版集团股份有限公司，2012.4
（"四特"教育系列丛书／庄文中等主编.在故事中升华经典）

ISBN 978-7-5463-8660-7

I.①世… II.①四… III.①中小学教育－通俗读物
IV.① G63-49

中国版本图书馆 CIP 数据核字（2012）第 044071 号

世界眼光看教育

SHIJIE YANGUANG KAN JIAOYU

出 版 人	吴 强	
责任编辑	朱子玉　杨　帆	
开　　本	690mm×960mm　1/16	
字　　数	250 千字	
印　　张	13	
版　　次	2012 年 4 月第 1 版	
印　　次	2023 年 2 月第 3 次印刷	

出　　版	吉林出版集团股份有限公司
发　　行	吉林音像出版社有限责任公司
地　　址	长春市南关区福祉大路 5788 号
电　　话	0431-81629667
印　　刷	三河市燕春印务有限公司

ISBN 978-7-5463-8660-7　　　　　定价：39.80 元

前　言

学校教育是个人一生中所受教育最重要组成部分，个人在学校里接受计划性的指导，系统地学习文化知识、社会规范、道德准则和价值观念。学校教育从某种意义上讲，决定着个人社会化的水平和性质，是个体社会化的重要基地。知识经济时代要求社会尊师重教，学校教育越来越受重视，在社会中起到举足轻重的作用。

"四特教育系列丛书"以"特定对象、特别对待、特殊方法、特例分析"为宗旨，立足学校教育与管理，理论结合实践，集多位教育界专家、学者以及一线校长、老师们的教育成果与经验于一体，围绕困扰学校、领导、教师、学生的教育难题，集思广益，多方借鉴，力求全面彻底解决。

本辑为"四特教育系列丛书"之《在故事中升华经典》。

这是一部写给老师的书，因为故事中蕴含着慈爱、和谐、人性的教育方式；这也是一部写给学生的书，因为故事中洒满老师们对学生的温暖、感动、爱意、执着、顽强与刚毅……

教育是一门科学，也是一门艺术，是塑造人心智的高超艺术。对于教育人人都有自己的看法，而这本书中的观点能给人以许多启示。本书还汇集了众多著名教育学家、知名教师的经典教育文论，共同领略著名专家学术研究风范，引领我们进入教改理论与实践前沿，分享最新研究成果，把握创新教学理念脉搏，感悟前瞻性的教学思想。

教育，润物无声，是一种智慧、一种境界、一种追求。教育的这种智慧，这种境界，这种追求，虽然无声无形，但却有踪迹可寻。在教育实践中，那一个个平凡却并不平淡的片段，或呈现出教师解决问题的教育智慧；或记录着教师走出困惑的教学经历；或展现出教师奉献爱心的热忱。回顾那一个又一个生动的教育实践，既是一个沉淀的过程，也是一个升华的过程。

本辑共20分册，具体内容如下：

1.《师生情难忘》

如果我们的人生有一段华美的乐章，那一定来自老师教给我们的7个音符！一天天，一年年，我们在校园里茁壮成长。从懵懂孩童到青春飞扬，然后进入社会大舞台搏击人生。老师谆谆教诲的深情，是我们前行的灯火，给我们温暖、力量和信念……本书选录了100篇发生在师生之间的真情故事。这些平凡而真切的故事，让我们感动，让我们沉思，让我们回忆，让我们心怀敬意和感激……

2.《记忆深处》

翩翩红叶，徐徐飘落，总不忘留给土地柔软与肥沃；涓涓泉水，潺潺流淌，总不忘带给岸边甘甜与欢歌。享受"师生"情，奉献真诚心！让我们把握这份情，让心灵浸润在肥沃的土壤，开出绚烂的花朵；让我们紧守这份爱，让生命谱写圣洁的乐曲，唱出青春的赞歌。

在坎坷的人生道路上,是谁为我们点燃了一盏最明亮的灯;在荆棘的人生旅途中,是谁甘做引路人为我们指明前进的方向……是您,老师,把雨露洒遍大地,把幼苗辛勤哺育!无论记忆多么久远,每当想起老师,依然激情难耐;每当面对熟悉的老师,那一瞬间,那一件小事……总是激起我们对老师久蓄于心的感激……

3.《成长足迹》

这是发生在校园里的平凡而又感人至深的师生故事。因为爱,所以在教育的天空下,才会发生这么多感人的故事,这些也是对教育生命的审问、感怀和确认。这是一部写给老师的书,因为故事中蕴含着慈爱、和谐、人性的教育方式;这也是一部写给学生的书,因为故事中洒满老师们对学生的温暖、感动、爱意、执着、顽强与刚毅……

4.《悸动的心灵》

追忆往事并不是轻而易举的事情,在漫长的教育生涯中发现自己最难忘的某一个瞬间,其实也就像重新获得一种生存的意义一样美妙。这些教育故事也许并不是教育的解决之道,但却是对教育生命的审问、感怀和确认。也许我们更应该在教育中活出自己,也许我们既活在未来更活在无限的过去,在这些纷繁复杂却又素朴平凡的场景中,有最乐意的付出,有泪水和智慧,更有日日夜夜用心抒写因而温润无比的爱。

5.《春暖花开》

教育是一门科学,更是一门艺术。执著并献身于教育,不仅需要大步向前,也需要回头反思。回顾那一个又一个生动的教育实践,既是一个沉淀的过程,也是一个升华的过程。走进本书,这里全是暖暖的爱。

6.《孩子的微笑》

教育,润物无声,是一种智慧、一种境界、一种追求。教育的这种智慧,这种境界,这种追求,虽然无声无形,但却有踪迹可寻。在教育实践中,那一个个平凡却并不平淡的片段,或呈现出教师解决问题的教育智慧;或记录着教师走出困惑的教学经历;或展现出教师奉献爱心的热忱。

7.《故事里的教育智慧》

本书主要关注家庭教育、学校教育及社会教育中家长与孩子、教师与孩子、孩子与孩子之间的故事,它的特色是小故事蕴含大道理。其宗旨是:讲述真实的教育故事,研究深切的教育问题,创生新锐的教育思想,激活精彩的教育行动。其风格是:直面真实,创新为本和故事体裁。

8.《难忘的教育经典故事》

根据家长、教师和孩子的困惑,用各种形式的教育故事讲述一些很明白的道理,引导人用智慧的手段促进人的成长。这些故事或来自国外的或来自一线教学的实践,对于教育类人群均具有启发性。一个个使教师深思的小故事,一个个让学生向善的小故事,让我们教师真正领会生命教育的内涵。从现在开始关注生命的成长,关注人类的发展,关注社会的进步。

9.《中国教育名家印记》

在人类文明的进程中,数不清的教育大家,手擎着大旗,浓书着历史,描绘着蓝图,才有了今日教育的巨大进步。他们站在教育的殿堂里,发出的宏音,留下的足印,历史永远都不应该忘记,也不会忘记。

本书编者放眼中国教育进程,遴选出对教育产生重大影响的国内近百位教育名家,对其生平、教育思想、学术成果等进行介绍评说。

10.《外国教育名家小传》

在人类文明的进程中,数不清的教育大家,手擎着大旗,浓书着历史,描绘着蓝图,才有了今日教育的巨大进步。他们站在教育的殿堂里,发出的宏音,留下的足印,历史永远都不应该忘记,也不会忘记。

本书编者放眼人类教育进程,遴选出对教育产生重大影响的近百位世界教育名家,对其生平、教育思想、学术成果等进行介绍评说。

11.《随手写教育》

什么是良好的教育?教育是诗性的事业?性教育何去何从?是否应该把儿童世界还给儿童?假设陈景润晚生40年……本书汇聚了中国最佳教育随笔,对于和教育相关的各个方面问题都有所畅谈,对于教育者和被教育者来说都有所裨益。

12.《我心思教育》

本书涉及到了教育学众多的重要领域和主题,包括教育的真义、教育的价值、教育与社会、教育与生活、课程与教学、道德教育、师生关系、教师的学习与成长等等。它力图用感性的文字表达理性的思考,用诗意的语言描绘多彩的教育世界,以真挚的情感讴歌人类之爱,以满腔的热情高扬教育的理想与信念。

13.《教育新思维》

本书站在教育思想的前沿,以既解放思想又科学审慎的态度,兼用独特的视角,论述了近年的教育理论新说,涉及"教育呼唤'以人为本'"、"公民教育"、"素质教育新解读"、"教育公平与政府责任"、"创新人才培养"、"文化传承与创新"、"教育家办学"等热门话题。这些文章,不避偏,不畏难,遵循教育发展规律和中小学生身心发展规律,引领教育理念和教育实践,反思教育行为误区,无不闪烁着思想和智慧的光芒。对于渴望提升自身理论素养的教育工作者来说,这本书值得一读。

14.《名家名师谈教育》

本书使读者在学习和掌握教育理论的同时,领略到文章的理趣、情趣和文趣,既有助于深厚教师的文化底蕴,又有助于帮助广大教师确立对于教育的理想与信念;既有助于培养和激发广大实践工作者的理论兴趣,又能帮助教师生成教育的智慧和提升广大读者对于生活的热爱与柔情。

15.《世界眼光看教育》

本书荟萃了多位世界级教育思想巨擘的主要思想。从皮亚杰的发生认识论、维果茨基的文化—历史理论、布鲁纳的结构主义,加德纳的多元智能一直到诺丁斯的关怀教育思想等等,现当代世界教育思想的发展脉络清晰、准确而完整。

本书既有思想评介,又有论著摘录,无论教育研究人员还是一线教育工作者,均可非常便捷而精准地从中获得思想大师们的生动启迪，加深对当代教育发展特质的深切理解，是教育、教研、教学工作者不可多得的必备工具书。

16.《大师眼中的教育》

这不是一本以教育专家的身份、眼光、学养来谈教育的书。本书各篇文章提供了许多新史实、新观点，为我国教育史和教育理论工作者长期以来对某些历史人物评价的思维定势提供了新的清醒剂。

17.《教育箴言》

名人名言是前人留给我们的精神财富和智慧结晶。阅读它，不仅能丰富知识，陶冶情操，更能为我们的人生之路指引方向。该书着重论述三方面的内容：教育——造福人类的千秋伟业；教师——人类灵魂工程师、育人的典范；师德——塑造教师灵魂的法宝。

18.《百家教育讲坛》

这是一本兼具思想性、可读性和经典价值的教育智慧读本。书中介绍了孔子、卢梭、爱因斯坦、康德、梁启超、杜威、蔡元培、叶圣陶等几十位古今中外思想家、科学家、教育家关于教育的精彩论述，集中回答了教育的本质、教学的艺术、知识之美、教师的职业生活、儿童的成长等问题。探幽析微，居高声远，让我们直窥教育本原之堂奥。归真返璞，正本清源，你会发现，教育，原来可以如此朴素而美好。

19.《名师真经》

本书从专家心理学研究出发，以新教师到专家教师这一成长过程为线索，剖析了教师在专业化发展中出现的主要问题与阶段性特征，动态性是展现了教师成长的内在原因与实质，并有针对性地提出了促进新教师成为专家教师的系列化教学理念、观点与方法，这有助于教育研究者与实践工作者深入理解教师专业发展的规律，有利于在观念层面上树立科学的教师人才观，以制定行之有效的教师培养方法与措施。

20.《师道尊严》

本书意在激励教师以站着的方式获得成功。全书讲述了站着成长的精神、站着成长的思想、站着成长的基础、站着成长的学问和站着成长的行动。全书力求字字诉说教师成长之心声，篇篇探寻教师优秀之根本，章章开启教师幸福之道路。

由于时间、经验的关系，本书在编写等方面，必定存在不足和错误之处，衷心希望各界读者、一线教师及教育界人士批评指正。

编者

目　录

CONTENTS

第一章　创意教学 …………………………………………………… （1）

开学第一天的 5 个特色创意 ……………………………………… （2）

习惯培养:新学期的第一课 ……………………………………… （4）

一学年的最后一天如何度过 ……………………………………… （5）

暑假读书笔记的 12 种新模样 …………………………………… （7）

最受学生欢迎的课 ………………………………………………… （8）

"传授"还是"发现"——5 个国家的科学课 ……………………… （10）

一堂英国的"公民课" ……………………………………………… （11）

美国高中的"早自习"——清晨研讨会 …………………………… （13）

8 500 英里外的恻隐之心 ………………………………………… （15）

第二章　全球"教改" ……………………………………………… （17）

一位退休教师眼中的美国教改 …………………………………… （18）

欧盟的"终身学习八大关键能力" ………………………………… （19）

教育非科学,创新有陷阱 ………………………………………… （23）

美国高中的多种面孔 ……………………………………………… （25）

澳大利亚的跨学科课程改革 ……………………………………… （30）

英国初中课程引入辩论 …………………………………………… （34）

美国"高考"改革反"应试" ………………………………………… （36）

标准化考试与个性化教学 ………………………………………… （38）

澳大利亚的成绩报告册改革 ……………………………………… （41）

第三章　独到的教育特色 ………………………………………… （47）

寓教于乐的课外辅导活动 ………………………………………… （48）

全面细致的新加坡家庭教育 ……………………………………… （52）

新加坡中小学思想道德教育的现状 ……………………………… （63）

道德教育新措施:实施国民教育 ……………………………… (76)

用教育缔造和谐——学校法制教育 …………………………… (82)

新加坡教师专业发展特色及启示 ……………………………… (90)

多层次的新加坡中小学教师评价 ……………………………… (95)

学校生活中的安全、保健教育 ………………………………… (101)

韩国英才教育的传统与现状 …………………………………… (103)

韩国的精英教育振兴计划 ……………………………………… (105)

第四章　世界各国学校管理新思路 ………………… (111)

英国中小学的教育督导 ………………………………………… (112)

法国的教育行政管理 …………………………………………… (118)

新型的"小型学校" …………………………………………… (124)

中小学"校本管理"的三种模式 ……………………………… (128)

美国中小学家校合作 …………………………………………… (130)

韩国中小学校的教育管理 ……………………………………… (135)

新加坡教育细节中的创新魅力 ………………………………… (142)

俄罗斯中小学的管理制度 ……………………………………… (145)

充满人性的中小学教育规范 …………………………………… (149)

以人为本的教育体制 …………………………………………… (152)

别具一格的德国中小学教育 …………………………………… (154)

日本教师的"定期流动制" …………………………………… (158)

日本中小学的教育评价制度 …………………………………… (162)

"人天合一"的环境教育 ……………………………………… (166)

促进教育平等 …………………………………………………… (169)

韩国中小学的人文教育改革 …………………………………… (171)

不断修正的新加坡小学教育改革 ……………………………… (174)

新加坡"学校家庭教育计划" ………………………………… (176)

课程改革的人文化和人本性新特色 …………………………… (180)

当前俄罗斯的初等教育课程改革 ……………………………… (183)

国际化与信息化的教学内容改革 ……………………………… (185)

中小学教学评价与激励 ………………………………………… (187)

寓教于乐的"余裕教育" ……………………………………… (190)

丰富多彩的营养教育 …………………………………………… (192)

中学里开放的"性"教育 ……………………………………… (197)

第一章

创意教学

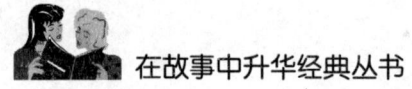

开学第一天的5个特色创意

对于学生来说，开学总是令人兴奋的，但对于教师来说，开学第一天面临着极大的挑战：怎样让大家尽快相识，怎样一开始就营造出良好的氛围，怎样鼓舞学生的士气……在这方面，美国有经验的教师有不少很好的创意：

1. 是对还是错

这个活动非常有趣，能够让师生在轻松愉快的气氛中相互了解。首先，从教师自己开始。教师在幻灯片上写出4句关于自己的话，其中3句是与事实相符的，另一句则是错误的。让学生对这4句话进行判断——是对还是错？教师把学生们的判断收集起来，然后逐句向学生们讲解，这其实就是教师向学生作自我介绍的最佳时机。随后，让每个学生在纸上写下关于自己的4句话，同样，其中3句与事实相符，另一句是错误的。在剩下的时间里，学生们便可自告奋勇地让大家来做关于他自己的判断题。

2. 他是谁

这个游戏的目的还是让新同学尽快相互认识，不过它更加有意思！按照下面的步骤做就可以了：

（1）给每位学生发一张作业本大小的纸，颜色让他们自己挑。

（2）请他们用彩色笔把自己的名字写在纸的正中间。

教师发布指令，自己在黑板上示范，让学生们在纸上写。

（3）在纸的左上角，让学生完成句子"我的家……"。

（4）在纸的右上角，让学生完成句子"我最喜欢的事情是……"。

（5）在纸的左下角，让学生完成句子"我真的不喜欢……"。

（6）在纸的右下角，让学生完成句子"其他人认为我……"。

（7）在纸的中部上方，让学生完成句子"将来有一天我想……"。

（8）在纸的中部下方，让学生完成句子"我想见到……"。

一步步地做，让所有学生都完成需要花一些时间。

（9）让学生起立，把纸举在胸前，有字的一面朝外。

（10）学生举着自己的那页纸，在教室里安静地走动，看其他同学纸上的内容，不许讲话。这个环节需要5分钟。然后，让学生坐下。教师走到学生身边，一个接一个地把学生介绍给大家，并提问：

"谁能告诉我这位同学的趣事？"

学生们会争先恐后地举手回答，证明自己读过该同学的自我介绍。

游戏结束后，教师把学生的纸张收起来，贴在教室墙上。学生们喜欢看，来学校与教师见面的家长也喜欢看。

3. 猜，猜，猜

教师在教学中的一个目的就是让学生知道，犯错最终能使我们走向正确。游戏"猜，猜，猜"能让学生明白一个道理，即我们从错误中学到的，并不比从正确中学到的少。这个游戏很简单，不需要任何材料。教师先从教室里选择一件物品，默记在心，然后让学生们猜它是什么，学生只能向教师提问能用"是"或"不是"回答的问题。例如，"它是蓝色的吗？""它在教室的前半部分吗？"老师只能回答"是"或"不是"，直到有学生猜中。然后，由猜中的学生选择一件物品，老师和其他学生一起向他（她）发问，开始新一轮的竞猜。在游戏过程中，教师向学生强调，如果没有其他人的帮助，谁也不会成功，同时，我们从"错"中收获的，并不比从"对"中得到的少。在活动中，教师和学生打成一片，并让学生知道，有时教师也会犯错误。开学第一天做这个游戏能在师生间营造出友好、协作的气氛，这样的气氛能持续整整一学年。

4. 思想家

在开学的那一天，很多教师都会向学生强调，不是所有的人都跟自己有同样的想法。比如，教师对学生说"玉米地"这个词，然后让他们回答：听到这个词后首先想到的是什么？有的学生会说，他们想到了开车路过时看到的玉米地，而有人则从来没有亲眼见过玉米地，他们想到的是见过的图画。

在教室里放置一把特殊的椅子，把学生们分成 6 人一组。告诉学生游戏的规则：找出坐这把椅子有多少种方式？哪个小组想出的方式最多，就会得到奖励。每个小组轮流派出不同的代表向大家展示不同的坐椅子的方式，教师则在黑板上给学生记分。最终，有人会说："这可以永远进行下去！"这时，教师让学生们讨论，是否某人的方式比其他人的更好，更加正确。学生们会明白，每个人都能以自己的方式得出结论或解决问题，并非一定存在正确或错误的方法。最后，当然是所有学生都获得了奖励，因为每个人都是获胜者。

5. 目标，目标

对于年龄大一些的学生，教师希望他们在新学期有明确的目标。在开学第一天，教师可以让学生写一篇短文，文中要回答以下几个问题：

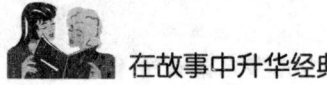

你是谁？

你为什么在这里？

你的短期目标是什么？

你的长期目标是什么？

你打算在这里完成什么任务？

你面临的障碍有哪些？

你如何才能实现自己的目标？

这个活动为学生提供了一个自我激励的机会，同时也为师生提供了一个对话的机会，它会让学生对回校上课产生良好的感觉。学生们可以相互交流，例如在课堂上把自己写的短文念给全班同学听。没有什么比让学生共同分享希望与梦想更能激励他们的了！

6. 资深教师的八大开学宝典

（1）让学生知道你是一个"真正的"人，用照片和故事向学生介绍你自己。

（2）如果想让学生知道你关心他们，可以在教室门口跟他们打招呼，同他们说话的时候用眼睛看着他们，表示出你的关爱、真诚与同情心。

（3）一开始就跟学生确定好做事的程序和规矩。让他们知道你对他们的要求。不要给他们开一个禁令单，让学生自己制定规则。例如，不对学生说"不要在走廊上跑"，而是说"在走廊上走路要安静"。每学期开学时或感到有必要的时候，让学生复习这些规则。大多数规则都应该保持一致性。

（4）营造一个让学生感觉舒服的班级环境。蓝色、绿色和紫色是最能使人平静的颜色。自然光以及植物对于布置一个感觉舒服的教室也很有帮助。

（5）你对学生的期望要现实。不要求学生做他们做不到的，这将导致焦虑。同时，也不要让学生感到太容易，否则他们会厌烦。

（6）努力让你的班级成为一个和谐的团体。通过各种活动帮助班里的学生相互认识，帮助他们建立起相互的信任感。

（7）在开学第一天就针对学生各不相同的学习风格进行教学。记住，所有学生都不会以相同的方式学习，尽可能给他们选择的余地。

（8）尽快记住学生的名字，跟他们说话的时候要叫出他们的名字。

习惯培养：新学期的第一课

新学期的到来对于美国普罗维登斯市的初中新生来说十分特别，因为他

们除了要学习阅读、数学、科学等常规科目外，还要学习"高效率少年的 7 个好习惯"。教师通过无数的故事和事例，鼓励青少年养成为人处事的良好习惯，并力争做一名有为少年和积极公民。

这是普罗维登斯市经过 1 年的精心酝酿后，改革该市初中教育的第一项举措。该市的教育工作者认识到，青少年的情感发展和社会性发展是他们学业进步的关键因素。

这 7 个好习惯是：

（1）要有一个"我能行"的心态。

（2）制定目标，同时认识到哪些是自己不能控制的因素。

（3）确定优先完成的事项，这不仅涉及到对时间的管理，还要求坚持自己的价值观。

（4）放弃为取胜不惜一切代价的恶性竞争，追求让大家都获益的双赢策略。

（5）培养理解他人和使自己被他人理解的能力。

（6）在与他人的共事中寻求协作、配合，培养开放的心态和对他人的差异性的尊重。

（7）花时间自我更新——在身体方面、心理方面、情感方面以及精神方面。

该校教师会将这些理念传授给刚入学的初中生。由于课程充满了来自日常生活中的具体事例，因此肯定能受到学生们的欢迎。此外，还专门配备了便于制订每日计划的日历，学生将在老师的指导下学会安排每天的日程以及设定每日的工作重点。

教师们将在每天上午花 10 分钟时间与学生一道学习这门课程，并指导学生制订当日计划。这 10 分钟时间是通过缩短课间休息时间挤出来的。

一学年的最后一天如何度过

一学年的最后一天往往是在忙乱中度过的，但美国的小学教师贝丝·刘易斯却认为，为了给学生留下充满欢乐、值得回味的最后时光，仍需要精心安排。以下就是她的经验之谈：

给下学年的学生写一封信

请你的学生给你下学年要教的学生写一封信。孩子们会告诉他们在你的课堂上获得成功的窍门、最值得珍藏的回忆和笑话，以及任何一个新同学需要或希望知道的。看看孩子们都记住了些什么，他们是怎么看待你和你的课的，你会得到一种难以言状的快感。而且，你已经为下学期的第一节课预备好了一个现成的活动！

制作一本回忆录

为孩子们设计一本简易的小书，让他们在期末的最后一天（或几天）填写。内容可以包括最珍贵的记忆、自画像、亲笔签名、"我学到了什么"、教室画像等等。把你的创造力都发挥出来，你的学生会很欣赏这本记录他们与你在一起的时光的回忆录的。

清洁、清洁、清洁！

利用孩子们的力量来减轻期末大扫除的负担吧。孩子们喜欢擦洗桌椅、把墙上的海报取下来、把书本堆放整齐，无论你让他们干什么他们都喜欢！把这些任务写在卡片上，分发给孩子们，打开音乐，然后就在一旁指点吧。在他们火扫除的时候播放航海者演唱组（Coasters）的《说说聊聊》（Yakety Yak）是一个绝妙的主意，歌中唱道："将这些纸和垃圾拿开，否则你就没钱花！"给孩子们增加些难度，让他们在歌曲放完之前完成任务。

即席演讲

设计出10多个适合即席演讲的题目，然后把它们写在字条上，放进瓶子里，让孩子们抽签。只给他们几分钟的准备时间，然后叫他们做即席演讲。一些有趣的题目包括"劝我们买你身上穿的衬衣"或"如果你是校长，学校会有什么不同"等。孩子们既喜欢当观众，又喜欢在全班同学面前尽显自己的才华。

户外游戏

把沾满灰尘的户外游戏手册找出来，以前从来没有时间玩的户外游戏现在可以在期末的最后一天派上用场了。孩子们很可能表现得肆无忌惮，所以你最好让他们的精力与兴奋劲儿都用在刀刃上。

室内学习游戏

学习游戏会使孩子们在不知不觉中学习。将你在课堂上用过的学习游戏汇集起来，把教室划分成不同的游戏中心。然后将孩子们分成若干小组，各小组在不同的游戏中心玩不同的游戏。给每个游戏都规定好完成的时间，然后开始计时。时间告一段落后让他们停下来，以小组为单位到另一个游戏中心玩另一个游戏。最后让所有孩子把所有游戏都玩一遍。

聚焦下学年

给孩子们时间，让他们把对下学年的展望写下来，画下来，然后交流讨论。例如，三年级的学生喜欢想象他们在终于进入四年级后会学到什么、看到什么以及做些什么、感受到什么。虽然仅仅时隔一年，但对于孩子们来说却像宇宙那么遥远。

举行一场拼写比赛

用本学年所学的所有单词举行一场传统的拼写比赛，这个活动虽然会花一些时间，但肯定是有教育意义的。

背靠背

用安全别针在每个孩子的背上贴一张大卡片或厚纸板，然后，让孩子们相互在对方的背上写下善意的评价和美好的回忆。当孩子们写完的时候，每个人背上的卡片都会写满赞美之词和对欢乐时光的回忆。作为教师，你也可以加入，不过你必须把腰弯下来，否则他们够不着你的背！

谢谢你

让孩子们认识并感谢那些在这学年里曾经都助自己获得成功的人——校长、食堂工人、图书馆管理人员、来学校做志愿者的家长、甚至隔壁班的教师！为了真正把这项活动做好，你最好提前几天开始进行。

暑假读书笔记的 12 种新模样

每当暑假来临，很多教师都担心学生会在假期里把学习丢在一边。从某种意义上来说，学生在暑假里是否有学习上的收获，主要取决于他们在假期里的阅读情况。为了让学生对读书更感兴趣，且能持之以恒，教师不妨鼓励学生一边读书，一边写读书笔记。至于读书笔记的内容，美国的教育专家告诫说，千万不要只是让学生复述故事的大意。您可以要求您的学生照着下面的方案去做：

（1）想象你就是书中的某个人物，根据"你"的经历和感受写一本日记。

（2）给书中的某个人物写一封信，给他提提你的建议。

（3）想象你就是这本书的作者，描述一下书中的人物在本书诞生之前的几年或之后的几年经历了什么。

（4）根据该书表现的某个主题写一篇短文。例如，如果该书的一个主题是爱，你可以写一篇关于爱的文章，并用上书中的例子。

（5）创作一首诗歌、歌曲或一个故事来表现书中的人物、冲突或主题等。

（6）根据书中的某一人物或情节画一张画或图表，并作出相应的详细解释。

（7）想象对书中某一人物进行采访，你可以问他书中的有关内容，也可以问其他问题。用你自己的语气提问，然后用该人物的语气进行回答。

（8）回顾整本书的内容，给出你对这本书的评价。无论你认为这本书是有趣还是无趣，都从书中找出例子来证明。你会向你的朋友推荐这本书吗？为什么？

（9）写出书中的主要问题或冲突，涉及到的人物，以及结局。

（10）将下面这个句子填写完整：我喜欢（或不喜欢）作者（或某一人物）……的方式，因为……（字数250～300）

（11）描述一下你读这本书时的感受（愉快、悲伤、解脱、愤怒或充满希望等），并解释你为什么会有这样的感觉。

（12）为这本书设计一套试题。包括5～10道判断题，10道多项选择题，5道简答题，1篇作文，并制作1页完整的答案。

最受学生欢迎的课

孩子们注意力如此集中的主要原因或许是奥尔曼精力旺盛、热情四射。他生动幽默的谈吐，渊博的知识，以及跟孩子们对视时的眼神，都深深地吸引着孩子们。

在英国学生的眼里，最受欢迎的课是什么样的？伦敦西区雷特莫高校的马修·戈弗雷老师为找到这个问题的答案，当了一回"旁听生"：

最近我在一节英语课上跟学生讨论他们理想中的学校是什么样子的。自由时间多些，家庭作业少些，不穿校服……对于十二三岁的八年级学生来说，这些要求都是可想而知的。

但也有一些极端的建议，例如有个女孩希望干脆没有教师，一个男孩强烈建议学校立即恢复体罚。

还有一个学生提出了一个要求："我们希望有更多的课像奥尔曼先生的那样。"这立即得到了孩子们的一致赞同。我对之并不感到奇怪，在学校教历史近40年的奥尔曼先生一直深受学生尊敬。

尽管如此，出于好奇与一点点嫉妒，我还是忍不住问一问，孩子们为什么那么喜欢他的课。"我们学到了很多东西。""非常有趣！""我不知道，他的课就是好。"孩子们回答道。

他们的评价促使我找到奥尔曼先生，并请他允许我听他上一节课。我对自己的课堂教学并没有产生自信危机，事实上我非常热爱教学，我只是太想知道他怎样让学生对他的课有如此高涨的热情。

要了解课堂里的情况，仅仅通过与教师谈话是非常困难的，现场观看才能获得更多的东西。

听课是我6年前参加的教师培训的一部分，没想到，从我获得教师资格到我再一次走进其他教师的课堂，竟时隔数年。

几天后，我便坐在了奥尔曼先生的教室后面。他非常重视对可视图像的利用，在开始正式上课之前，他利用投影仪播放着一组画片。

学生走进教室，感受到的是暗淡的灯光和投影仪发出的呼呼声，奥尔曼先生站在讲桌边跟他们逐一打招呼。这一切营造出了一种独特的氛围。

从某种意义上讲，接下来的30分钟是非常普通的。很多教师培训都鼓励教师在一节课上组织各种形式的活动，以适应学生的"多元智力"。例如，涉及身体运动的活动被认为对那些有"运动智力"的学生有利，而让学生们相互讨论交流被认为对那些有"人际交往智力"的学生有利。

奥尔曼先生并没有让他的学生相互讨论，也没有让他们离开自己的座位，但他却自始至终把学生们的注意力牢牢抓住。他的成功，我归结为以下三大原因：

首先，几乎所有内容都以问题的形式出现。而且，很明显的是，所有学生都自信的知道，只要回答得有道理，就能够得到教师热情的赞许和微笑。

其次，奥尔曼提出的问题虽然都有难度，但却并非不能回答，因此总有很多学生在举手。孩子们希望参与进来并得到承认，因此，他们总是认真聆听每一个问题，以及教师的讲解。在这个过程中，孩子们的知识和自信都得到了增长。

最后，课程内容有相当的难度，对学生的学习有很大的激励作用。

在这节课上，这些12岁孩子学习的主题是中世纪与文艺复兴时期对人的态度有何不同，学生在课堂上所需要达到的思维水平给人留下了深刻的印象。

例如，在学生阅读了马内提的《论人的尊严》选段后，奥尔曼先生问学生，书中的思想与圣奥古斯丁这样的中世纪思想家的思想有什么不同。几乎

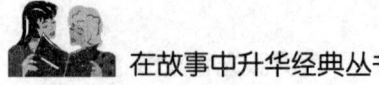

所有的学生都举起了手。

奥尔曼并不回避对12岁的儿童使用生僻概念，他对学生说圣奥古斯丁是"崇拜偶像的多神论者"。有个女孩没听清楚是什么单词，便向邻座打听。邻座的同学不无得意地把他正确拼写在书上的单词给她看。

但孩子们注意力如此集中的主要原因或许是奥尔曼精力旺盛、热情四射。他生动幽默的谈吐，渊博的知识，以及跟孩子们对视时的眼神，都深深地吸引着孩子们。

听完课后，我告诉他，我希望到了他的年纪（60岁）时跟他一样精力充沛。我请教他是什么让他这么多年热情不减。

原因当然是多方面的，但他尤其强调："我教我感兴趣的东西。我的学科主任并不指定我们必须在课堂上教什么，而且鼓励我们讨论。"

就在教师们时常抱怨他们的工作太多太死时，这样做确实是非常明智的。

"传授"还是"发现"——5个国家的科学课

一项对美国、澳大利亚、捷克、日本、荷兰5国八年级科学课的研究显示，美国的科学教师把教学重点放在通过各种活动来提高学生的参与度上，而其余4个国家与美国的最大区别是对学科内容比较重视。

研究者们对各国科学课的教学组织、教学内容安排以及学生对科学工作的主动参与程度等作了比较研究，找出了各国科学教育的教学模式。

各国科学课的教学方法总结如下：

捷克——讲解科学

捷克的八年级学生必须掌握难度较高、理论较强的科学内容，他们在课堂讨论中展示自己对科学知识的掌握，利用各种机会在班里展示他们的作品，并在同学面前接受有关科学知识的口头测验等。

日本——在科学思想与科学证据之间建立联系

日本科学课的理论性内容要比捷克少一些，但在呈现内容时，概念的系统性比较强，强调对数据模式的识别，并在科学思想与科学证据之间建立联系。通过基于探究的归纳法，在多渠道的支持性证据的帮助下，每个科学思想都得到深入分析。

澳大利亚——在科学思想、科学证据与现实生活之间建立联系

澳大利亚的科学课与日本类似，通过基于探究的归纳法，让学生深入掌

握核心的科学思想内容。与日本不同的是，澳大利亚的科学课还以现实生活中的问题为例，帮助学生掌握科学思想，同时为学生提供各种有趣的、激发他们积极性的活动，如游戏、角色扮演和戏剧表演等。

荷兰——独立地学习科学

荷兰的科学课对学科内容的重视有多样的方式，让学生自己负责对科学思想的独立学习。家庭作业和独立完成的课堂作业是荷兰科学课的最大特色，学生对课本的利用率很大，对问题给出书面的解答（不是简单的是非题和选择题）。家庭作业通常在全班集体讨论的时候评阅，学生通常有一批需要在相当长一段时间内去完成的任务，他们在独立完成的过程中，利用一本全班共用的答案册检查自己的完成情况。

美国——开展各种各样的活动

美国的科学课活动很丰富，让学生接触的材料也很丰富，但通常都不是为了让学生更好地掌握学科知识，未能使科学知识清晰、系统地呈现给学生，且缺乏足够的难度。超过四分之一的美国八年级科学课完全没有促进学生对科学思想内容的掌握，而是把重点全部放在了活动上。能提高学生参与积极性的活动（如游戏、角色扮演、戏剧表演等）在美国的科学课堂上非常普遍，这与其他国家（澳大利亚除外）形成了鲜明的对比。

一堂英国的"公民课"

英格兰诺福克郡的北沃尔夏姆中学十一二岁的学生在开学的第二周迎来了他们的第一堂公民课，他们将在课上学习公民的权利和义务。孩子们的老师拉塞尔·哈蒙德一开始就问他们，一个新生儿应该享有哪些权利。

"获得食物的权利。"一个学生回答道。"被爱的权利。"另一个学生补充道。

接着，哈蒙德老师给每人发了一张表，上面标有 0 岁到 20 岁的各年龄段，他要求学生在表中填写自己认为在某个年龄阶段应获得的权利。学生们在填表过程中提出的问题非常有趣，有的想知道罢工的权利是怎么回事，后来被告知要等到参加工作后才享有该权利；有的学生则特别想知道他们要多大才能有饮酒的权利。

哈蒙德让孩子们对各种权利进行讨论。关于饮酒问题，他们最后得出结论：在 14 岁的时候他们可以进酒吧购买软饮料；在 16 岁的时候，他们可以购买佐餐用的含酒精的饮料；在 18 岁的时候，他们可以在酒吧和得到许可的商店里买酒。孩子们没能列举出的权利，是当他们 4 岁的时候，如果需要，有进幼儿园的权利，这是英国儿童可以获得的最早的法定权利，虽然这个权利与他们的父母关系更大。此外，他们从 5 岁到 16 岁还有入学受教育的权利。

填完表格后，老师引导孩子们思考他们在学校应该有什么权利。"获得良好教育的权利"是最先被班里的学生提出的要求之一。"不被欺凌的权利"和"不欺凌他人的义务"也被他们同时考虑到了。

他们这节课的家庭作业是，把自己认为应该在学校里推行的权利列成一张表，然后，在本学年余下的时间里，把自己的想法告诉其他同学，并争取他们对这些权利的支持。

这实际上是巧妙地把学生引入了公民课的另一个重要内容——民主。关于这个主题，他们将被告知民主的定义就是"民治"。他们将考察政府是怎样经选举产生的，法律是怎样制定出来的，以及怎样影响民主选举出来的代表，让他们接受你对某个问题的看法。

哈蒙德老师还让学生做了"荒岛挑战"游戏。这是英国教育专家非常推崇的一个教学方法，非常生动，且需要发挥人的想象力。教师让学生假设，他们被困在一个与世隔绝的荒岛上，不得不在岛上共同生存一段时间，他们必须决定："大家怎样做决定？""每个人的观点都同等重要吗？""寻找食物、居所、洁净水以及确保大家人身安全的责任该怎么分配？"然后，再让学生思考民主机制在学校里是怎样运行的。例如，下一次学校委员会选举是不是每个人都应该有一票，是不是每个人都应该参加选举？

这就是英国学校里的一堂公民课，它让我们初步感受到了英国公民教育的特点。此外，英国的公民课还具有国际色彩，学生要学习联合国《儿童权利公约》，了解也许在英国并不需要的权利。例如，"违法后不被残酷对待的权利"以及"不和成人一起监禁的权利"等。这些问题将是他们今后公民课上讨论的内容。在努力寻找答案的过程中，他们将逐渐学会如何在将来做一名合格的公民，一名积极参与民主的公民。

学生经过中学 5 年的学习，到 16 岁的时候应该获得有关公民的权利、责任和义务的知识，包括相互尊重与理解的必要性，志愿者群体的作用，政府的形式，以及法律和经济制度。

学生应该有调查与沟通的技能，能够理解并利用媒体及其他信息渠道形

成并表达自己的观点，还能够评估该观点能否影响社会生活。

学生还应该表现出参与精神与负责任的态度（无论对自己还是对他人），有效参与学校及社区的活动。

除了正规的课堂教学之外，很多学校还通过开展校外的实践活动来向学生展示公民主题，其中包括：

（1）观摩法庭和模拟庭审。

（2）与当地的慈善组织和压力组织的代表进行座谈。

（3）参与社区的环保活动，如清理垃圾和回收资源。

（4）就宗教、种族和政治问题展开辩论。

（5）就不同的媒体怎样影响公众舆论展开讨论。

美国高中的"早自习"——清晨研讨会

美国马里兰州乔治王子县的弗劳尔高中某天清晨的讨论题目是"爱"。

"爱不是一种感觉，它是一种思想。"海伦娜·诺贝尔—琼斯校长对坐在她面前的 15 个十几岁的学生说，"你们同意吗？"

"我想那是一种激发感情的思想。"一个学生思考后说。

"它要么是一种反射，要么是一种思想。"另一个学生表示同意，"它先触动你的眼睛，经过大脑的转换进入心灵。"他的回答获得了大家的掌声。

每周星期三，乔治王子在这所高中的孩子在早晨 7 点多便和他们的校长一块儿谈论柏拉图、亚里士多德和其他伟大的思想家。他们写论文，阅读指定的篇目，尽管他们并不会在这堂课上获得学分。

校长诺贝尔—琼斯曾在美国马里兰州巴尔的摩市管理过多所最令人头疼的学校，她认为这样的研讨会给予学生们的不比一般。"它使学生们感到今天将一切顺利。它使他们把心安定下来。"她说。

更重要的是，她认为，这教给了他们通常在高中课程中没有的东西。"你必须教会孩子思考，"她说，"思考不会自动产生，但孩子们需要思考着开始新的一天。"

诺贝尔—琼斯校长在两年前学校开学的时候就决定为所有感兴趣的学生开办哲学研讨会，她认为这样会帮助学生面对成长的挑战。她的学校与其说在郊区还不如说在市内，在美国，市内的学校通常不及市郊的好。家长们大都是双职工，没有多少时间和孩子在一起，因此孩子们在成长的过程中更多是向电视和同伴学习。

"在你面前的是一群有着真实生活和复杂环境的青少年，通常他们并不知道该怎样去面对生活和自己所处的环境。这样的课教他们如何面对。"她说。

诺贝尔—琼斯本人曾经是一位受益者，她出身于美国北卡罗莱纳州的小佃农家庭，这意味着她不会有太好的前途。七年级时，在她就读的只有6间屋子的学校里，她遇到了哈伯德女士。哈伯德给她讲古希腊大哲学家亚里士多德的事，为她弹奏巴赫的音乐。

"她告诉我：'你有未曾开启的智慧，没有人曾料想到你会用它。我不愿意看到你们的谈话仅仅局限在烟草、玉米和棉花上。'"诺贝尔—琼斯回忆道。

诺贝尔—琼斯所做的经常超出了她的义务，她甚至自己购买正式舞会的服装，带领学生进行实地考察和旅行。

她不希望学生只谈论音乐、衣服和约会。"很多青少年对那些有良好形象的人的关注程度超过了对学业的关注。"她说，"如果社会接受愚蠢，我会让我的学生就这么愚蠢下去。但社会不会接受，所以我不会让他们得过且过。"

诺贝尔—琼斯的与众不同已经吸引了学校里的很多人。"她的面貌和她的一切都给人以力量，"经常参加哲学研讨会的15岁学生基思·麦克朗说，"她能在一秒钟内改变你。她促使你动脑筋，她促使你去分析。"

某个早上，诺贝尔—琼斯在教室前面踱着步作关于苏格拉底的演说，这位古希腊伟大的哲学家被以腐蚀雅典青年的大脑的罪名判处死刑。她怒吼着，用她长长的修剪过的指甲指着同学们，要他们说话。她谈到了苏格拉底怎样为他的教学方法辩护："他在竭力表达：'在我向任何一个人发问的时候，你需要理解的是，我是在寻找——'"

"真理！"全班同学一块儿说道。

诺贝尔—琼斯问，提很多问题是不是一件好事。

"如果你问很多问题，知识便是无止境的。"一位名叫巴巴克·达斯坦的16岁学生说。

诺贝尔—琼斯表示同意："寻求更多的知识，这就是苏格拉底的方法。"

诺贝尔—琼斯尽量将哲学运用到学生们能够理解的情景中，比如"9·11恐怖袭击事件"。

诺贝尔—琼斯这个班上的很多学生是学生自治领袖，其他人则希望自己成为律师或科学家，一些学生是被"惩罚"加入的。

"哲学会把你唤醒，使你能够正确的开始一天的生活。"17岁的学生奥马尔·亚伦说。

"哲学给了你关于人们如何思考的一个全新视角。"他说,"当你考虑人们的行动的时候,你会得出很多结论而不仅仅是一个。哲学帮助你开启你的大脑。"

8 500 英里外的恻隐之心

你如何让学生对跟他们很不一样,远在 8 500 英里之外的另一个大陆的人产生同情?

仅仅说一说不会管用,说教这一套抓不住孩子的心。

美国丹佛基督教高中的社会课教师杰夫·范库顿对此早有领悟,因此他另辟蹊径。他让学生自己去了解生活在非洲的贫困国家是什么样子。

在他所教的"另外的世界"的课上,学生们把焦点锁定在了莫桑比克。

他们研究了莫桑比克作为一个国家的历史:1975 年前,该国被葡萄牙统治了 400 多年。他们了解到,莫桑比克独立后经历了数十年的内战,干旱和疾病使一个个村庄人烟灭绝。

他们知道该国人民的预期寿命在逐年缩短,知道感染艾滋病的人被四处驱赶,也知道那些未受教育的人所相信的治疗神话,包括一些非常危险的观念,如与处女交合能治愈疾病。

他们还悲哀地了解到,这个国家的儿童在世上无依无靠——莫桑比克的孤儿数量超过了 50 万。

"有的孩子用乞讨来的钱买胶水,"14 岁的罗斯对班里的同学说,"他们用鼻子对着胶水用力吸气,这样他们就能昏过去。"罗斯说,他们通过这种方式让自己忘记饥饿和孤独。

学生们了解得越多,就越上心,这正是范库顿所期望的。

"我希望他们的恻隐之心能够使他们在教室之外行动起来。"

果不其然。

学生们决定利用他们收集到的信息在学校的地下室建立一个简易博物馆。于是,"非洲艾滋病孤儿组织"成立了。

只要进入博物馆,很难有人不动感情。伴随着撒哈拉以南非洲音乐那充满地域特色的节拍,参观者穿过茂密的大树走进一间黑黑的屋子。图片、表格、地图和招贴让人对当地人民的苦难有了切身的感受。

学生们还把他们了解到的情况制作成了一个视频短片,并把它放在网上,为博物馆做广告。

"在我们对之进行研究之前，我没有意识到问题有多么严重，"14岁的埃米莉说，但"事实让我无法平静，我感到我必须为他们做些什么。"

埃米莉努力地思考她能做什么，她在祈祷。她感到把他们放在心中是对自己的一个提醒，提醒自己是多么有福。

这还让她意识到她现在所拥有的一切，并强化了她的一个既有信念：人需要走出自己的安乐窝去帮助那些受苦的人。这也是范库顿老师坚信他应该在课堂上教给学生们的：

"学生们告诉我，他们会永远铭记从中得到的教义。"

第二章

全球"教改"

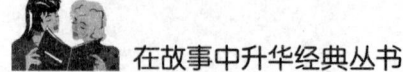

一位退休教师眼中的美国教改

新教育法《不让一个孩子掉队》对美国的教育产生了重大影响。它正在缩小学生间的学习成绩差距，让学校为所有学生的高水平成绩负起责任，并要求每一间教室都有高素质的教师。

借用《华盛顿邮报》专栏作家的说法，《不让一个孩子掉队》旨在"结束长期以来，把学生划分成可教与不可教两类的做法"。《不让一个孩子掉队》的逻辑是令人信服的。在新法出台之前，学校可以只公布看上去不错的信息，以此来隐藏不同种族、不同家庭收入的学生间，以及残障儿童与其他儿童之间的学习差距。新法迫使学区对这一差距高度关注。

尽管如此，北卡罗莱纳州的公立学校退休教师汤姆·夏福特却认为，新法不过是100年来教育管理大权从地方社区转移到权力部门的最新发展，因此必然带来不少意料不到的后果，有的还很严重。回顾美国教育的集权化进程，这个过程总体上经历了三大阶段。

第一阶段（1900年~1990年）：专家力量兴起，学区合并风潮渐盛。

到目前为止，第一阶段是最重要的。州一级的教育专家为教师、教育行政管理人员、课程以及教材制定了规则。与此同时，同样在专家的推动下，小学区合并成大学区。全美国的学区从1932年的127 531个（平均每学区200人）减少到今天的不足1.5万个，平均每学区有4 000名学生。学区规模的扩大削弱了家长的影响力。

第二阶段（1990年~?）：用利害攸关的考试来救急。

到上个世纪70年代末，尽管有专家的关注，但美国教育还是处在危机之中。

在随后的10年间，惊恐不安的政治家和教育专家对第一阶段的得失进行了评估，并开出了药方——进一步集权化。在很多州，州教育部门通过在每学年末实施利害攸关的考试控制了课堂教学。学生的考试成败将带来切实的后果。北卡罗莱纳州和德克萨斯州是这方面的领头羊。

第三阶段（2002年~?）：联邦政府加入到教学责任制风潮中。

第二阶段早期的成功（分数提高）推动了第三阶段的到来：联邦政府对教育的详尽要求出台。《不让一个孩子掉队》力图弥补第二阶段的缺点，即贫困学生、少数民族学生以及残障学生的学习成绩一直在落后。

夏福特认为，这100年来的集权化进程最终不会有一个好结果。原本有

一个好的模型——自由市场体制。除了国防、警察、消防、水处理以及下水道系统等国家专营事业外，美国的大部分商品和服务都依赖自由市场。教育没有必要垄断，教育不应该丧失自由市场的优点：适应性强、反应灵敏、责任明晰以及不断创新。

《不让一个孩子掉队》是一个来自上级的提高成绩不佳群体的学习成绩的命令。在州政府严格控制的教育体制中，它是一个必须遵守的命令。但事实是，自上而下、通过政治控制运行的教育体制，处理意料之外的后果以及应对最新情况的能力非常有限。这样的体制不能很好地采纳一线教师和家长的真知灼见。

夏福特坚信，更好的解决方式是通过一个像市场这样的机制，将决策权和责任制下放到教育第一线，即下放到家长、教师和校长的手中。

欧盟的"终身学习八大关键能力"

欧盟委员会就终身学习的"八大关键能力"通过了一份欧盟理事会及欧洲议会的建议案。这"八大关键能力"是每一个欧洲人在知识社会与知识经济中获得成功所必须掌握的核心技能、知识和态度，包括：母语沟通能力；外语沟通能力；数学、科学与技术的基本能力；信息技术能力；学会学习；人际交往、跨文化交往能力以及公民素养；实干精神；文化表达。

这八大能力是相互交叉、相互关联和相互支持的。比如，读写、算术与信息技术能力是学习的必备技能，而学会学习又支持所有方面的学习活动。还有很多技能和素质是渗透在整个框架之中的，它们包括批判性思维、创新能力、首创精神、解决问题的能力、风险评估能力、决策能力以及积极的情绪管理能力。这些素质处于基础地位，在所有八大关键能力中都发挥着作用，构成八大关键能力的横向组成部分。这些能力集中到一起，将对提高人们的就业能力有帮助，也有助于人们实现个人抱负并积极融入社会。

根据欧盟委员会对这八大关键能力的解释，每个关键能力都由知识、技能和态度三部分组成。比如，母语沟通能力要求一个人掌握有关语言的基本词汇、语法以及功能等知识，包括对语言互动的主要类型、文学与非文学文本、各种语言类型的主要特征、语言的各种变化以及在不同场合下的使用等方面的认识。在技能方面，每个人都应该具备在各种沟通场合进行口头或书面交流的能力，并根据场合的要求对自己的语言进行监控和调整。此外，还包括阅读和写作各种文体的能力，查询、收集并加工信息的能力，利用辅助

工具的能力，以及在不同的场合下有说服力地组织并表达自己论点的能力。在态度方面，对母语沟通能力所持的积极态度包括乐于进行批判性和建设性的对话，欣赏语言沟通中的美并有意追求语言中的美感，乐意与他人进行互动。

而外语沟通能力除了需要具备与母语沟通能力相关的知识外，还包括对相关国家的社会习俗与文化的了解，以及对语言多变性的了解。外语沟通能力的核心技能包括理解口头信息的能力，发起、保持和结束对话的能力，以及阅读并理解适合个人需要的文本的能力。此外还包括正确使用辅助工具的能力。相关的积极态度包括对文化差异性与多样性的理解，对外语及跨文化交流的兴趣与好奇心。

一、"终身学习八大关键能力"释义

1. 母语沟通能力

母语沟通能力是以口头或书面形式对思想、情感和事实进行表达和解释的能力（听、说、读、写），以及在各种社会场合和文化背景下以恰当的方式进行语言互动的能力。

2. 外语沟通能力

外语沟通能力大体上包括母语沟通能力中的主要方面，此外还包括跨文化理解与交流技能。

3. 数学、科学与技术的基本能力

数学能力是通过加减乘除以及比率的心算和笔算，解决日常情景中的各种问题的能力。重点除了知识外，还包括过程和活动。数学能力还包括不同程度地使用数学思维（逻辑和空间思维）和数学表达（公式、模型、图表等）的能力和意愿。

科学能力指的是为找出问题并得出基于证据的结论，利用用于解释自然界的知识与方法的能力与意愿。技术能力是指为满足人类的需要运用这些知识与方法的能力。这两方面的能力都包括对人类活动带来的变化以及对公民的责任的理解。

4. 信息技术能力

信息技术能力是自信、批判的在工作、业余生活和交往中使用信息社会技术（IST）的能力。它是以信息技术的基本技能为基础，利用计算机对信息进行收集、评估、存储、制造、呈现以及交换的能力，以及利用因特网进行

合作性的交流与参与的能力。

5. 学会学习

"学会学习"是从事学习和坚持学习的能力。个体应该有能力组织自己的学习，包括对自身及团体的时间和信息进行有效管理。此外，还包括认识自己的学习进程和需要，找到可获得的学习机会，以及为了取得学习的成功而克服障碍的能力。它意味着不断地获得、加工和吸收新知识，同时寻求并利用相关指导。"学会学习"还要求学习者在自身已有的学习和生活经验的基础上，在各种场合下运用知识和技能。动机与自信心对学习者此项能力的形成和发展非常关键。

6. 人际交往、跨文化交往能力以及公民素养

这些能力包括了有助于个体有效、积极地参与社会生活和工作，在必要时解决冲突的各种行为方式，特别是在一个日渐多样化的社会里。公民素养使个体获得全面参与公民生活的能力，它的基础是了解有关社会和政治的概念和组织方式，怀有积极、民主地参与社会的义务感。

7. 实干精神

实干精神是指一个人将想法转变为行动的能力。它包括创造力、革新精神和承担风险的精神，以及为实现目标而进行计划、管理的能力。实干精神为日常生活中的每个人提供支持，无论是在家里还是在社会上，它让人充分意识到自己所处的环境，抓住稍纵即逝的机遇。要成为一位发起社会活动或商业活动的创业者，实干精神是获得所需特定技能和知识的一个基础。

8. 文化表达

认识到通过一系列媒介，如音乐、行为艺术、文学和视觉艺术等，对思想、经历、情感进行创造性表达的重要性。

二、美国"21 世纪技能"

为让美国的下一代能够在越来越全球化的、技术主导的 21 世纪职场获得成功，由美国工商界、科技界与教育界领袖共同组成的"21 世纪技能协作团队"提出了一套新的教育评价体系——"21 世纪技能"，它包括五大知识与技能领域：全球意识，公民能力，理财、经济与商业基本素养，学习技能，信息技术基本素养。

1. 理财、经济与商业基本素养

人们越来越需要对商业过程、企业家精神以及推动当今社会发展的经济

力量有所理解。

（1）知道如何正确作出个人的经济选择。

（2）理解经济的作用，以及商业在经济中的作用。

（3）正确运用21世纪的技能，在某个组织环境中做一名多产的贡献者。

（4）将自己融入到国家不断变化的经济与商业环境中，并不断适应其变化。

2. 全球意识

为了在更广阔的社会及职场中成功应对，学生需要深刻了解不同的文化与国家。

（1）利用21世纪的技能理解并解决全球性问题。

（2）在个人交往、工作以及社会背景下，本着相互尊重和公开对话的精神，与代表着各种文化、宗教与生活方式的个体进行合作，并从中学习。

（3）推动英语之外的其他语言的学习，将外语作为理解其他国家和文化的工具。

3. 学习技能

学生需要具备批判思维能力，分析信息的能力，理解新观点的能力，交流、合作、解决问题与决策的能力。

（1）批判性思维能力与系统思维能力。运用可靠的推理理解并作出复杂的决定，理解各系统间的相互联系。

（2）问题的识别、表述与解决能力。建构、分析与解决问题。

（3）创造力与智力好奇心。产生、实施新的想法并与他人交流，对新的和各种不同的观点保持开放的态度并作出回应。

（4）人际交往技能与合作技能。具有团队精神与领导才能；适应各种不同的角色和任务；与他人进行有成效的合作；富有同情心；尊重各种不同的观点。

（5）自主学习能力。不断产生新的学习需求，寻找合适的资源，从一个领域的学习转移到另一个领域。

（6）责任感与适应能力。在个人交往、工作以及社会背景下体现出个人责任感和灵活性。为自己和他人设定较高的标准和目标，并付诸实现。

（7）社会责任感。以维护社会利益为己任，富有责任感。在个人交往、工作以及社会活动中表现出道德行为。

4. 公民能力

学生需要在本土以及全球范围内理解、分析并参与国家管理和社会生活，以便对影响他们日常生活的因素施加压力。

（1）做一名见多识广的公民，有效参与到政府管理中。

（2）在地方、州、全国和全球范围内行使公民的权利和义务。

（3）理解公民决定权对地方和全球的意义。

（4）运用21世纪的技能作出公民的理智抉择。

5. 信息技术基本素养

在当今的知识经济背景下，信息技术对各种学习技能的获得至关重要。

（1）信息与媒体基本素养。通过不同的方式与媒介形式，获得、分析、管理、整合、评估与创制信息。

（2）沟通技能。以各种方式，在各种背景下，理解、管理及创制口头、书面及多媒体的沟通信息。

（3）人际交往技能与自主技能。增强完成任务的能力，不断提高自身技能。

教育非科学，创新有陷阱

面对"百花齐放"般的教育课题与实验，美国著名教育学者、纽约大学教授、布鲁金斯研究所高级研究员戴安·拉维奇在哈佛大学的一次演讲也许会让我们看得更清楚：

当我最喜爱的教育家，哥伦比亚大学教师学院的威廉·巴格莱教授，于19世纪末进入教育心理学领域时，他期望着将来有一天会出现真正的教育科学。但随着时间的流逝，他认定这是一个错误的希望。与生物学和物理学等学科比起来，教育有着太多的不可测量的维度。后来，巴格莱成了心理学同行的眼中钉。一旦有心理学家发现了某个伟大的理念，巴格莱便通过对其数据和论据的严格考证去揭穿他们。巴格莱认识到，大多数被误导的狂热，并非来自倡导者的愚蠢或不良动机，而是没有意识到有关学校教育的事实和理论的不确定性。他指出，教育作为一个（学术）领域，站得住脚的原则非常少。他说，当一个人离心理学家越近，感受到"不同学术流派之间的纷争"就越激烈，因为持相反观点的人对基本的事实和原则都不能达成一致。

在他1939年出版的名著《作为艺术的教学》一书中，巴格莱指出，教学

甚至不可能成为应用科学。他说，教学不是一种能够以精确方式复制或再现的技术。他认为，在艺术中可以找到对教学最贴近的比喻，如音乐、绘画、雕塑、文学和戏剧等。每一种艺术形式都需要知识、技能以及对材料的把握。要取得成功是困难的，不会轻而易举。而那些受误导的教育科学的倡导者，却坚持要把教学方法和对学科内容的掌握分开，正是这部分人在教授脱离学科内容学习的教育理论课。而教师艺术家明白，他们必须同时掌握教学方法和他们要教的科目。

为了让自己的观点更有说服力，巴格莱作了以下的对比：

如果我患了重病，必须立即就医，在一种神奇力量的帮助下，我既能请到古希腊名医、医药之父希波克拉底，也能请到刚从约翰·霍普金斯医学院毕业、拥有最先进的医疗技术和设备的年轻医生，我当然要选择这位年轻医生。但是，如果我要负责为一群十几岁的孩童选一位教师，同样在一种神奇力量的帮助下，我既能请到古希腊圣贤苏格拉底，也能请到哥伦比亚大学教师学院刚毕业的博士，尽管后者身怀最先进的教学技术技能，尽管我对聘用我的这所学院和我的学生怀着应有的敬意，但我理所当然地要利用这个机会抢到苏格拉底。

巴格莱先生的这个比喻说明了什么？尽管他对医学界的创新深信不疑，但对教育专家推出的最新技术，则根本看不上眼。

巴格莱的时代过去后，我们又进步了多少呢？我们现在有了一套经得起检验的教育原则和理论了吗？"基于科学的研究"被教育学教授和研究者群体普遍接受了吗？显然，当今各个学术流派在理论、政策和实践方面的纷争与巴格莱所处的时代比起来，有过之而无不及。有关教育政策的研究可能产生了一些站得住脚的思想，但我怀疑没有人敢说，政治和经济的分析为决策提供了无可争议的科学基础。当然，我们的决策者是不会承认这一点的。

既然如此，教育还真的需要创新吗？答案是显而易见的，当然需要。任何事业拒绝创新都会衰退，故步自封必然将丧失活力。尽管创新如此必要，但创新也会布下陷阱。

首先，很多声称有创新的主张，仅仅是过去曾经失败的理念的复活。如果有人要投资新奇事物，了解教育改革的历史是很重要的，否则有可能投资一项在一个世纪以前就被视为"创新"的项目。我最近接到波士顿一位经验颇丰的记者打来的电话，问我是否听说过一项激动人心的计划：没有课程，没有考试，没有课本，学生所有的学习都来自个人经验。我不由得笑了，不

是因为她的心血来潮，而是我确实听说过类似的计划：1907 年玛丽埃塔·皮尔斯·约翰逊在阿拉巴马州创办的"有机学校"，1905 年朱尼厄斯·玛丽安在密苏里大学创办的"实验学校"，还有上世纪初英格兰著名的"萨默希尔学校"。

当我第一次听说教育部要建立"创新与进步办公室"时，我一点都不热心。不是因为我反对创新，而是因为我强烈怀疑联邦政府不具有促成有效实践的能力。根据我过去 40 年的印象，联邦政府有可能被蒙蔽，被一时流行的狂热所欺骗。大多数真正的革新者专注于自己的学校，没有时间去游说政府，争取经费。

美国的伟大之处就在于从来不缺少冒险家和革新者。教育，和其他领域一样，受惠于那些勇于打破常规走新路的人。这些革新者分布在全国各城市、各学区。他们之所以创新，是因为他们有创新的信念。新的重要实验在不断涌现，有的是为了提高学生的学习成绩，有的是为了重组教育服务的供给结构，还有的是为了让教育更有效地服务于所有儿童。特许学校就是最近 15 年来最有成效的改革之一。大城市里小规模学校的重新出现，也是一个重大变化。虽然它并非是严格意义上的创新，但确实打破了此前的常规。新技术的出现为我们满足残障儿童的需要带来了希望。而 KIPP 计划的出现及其推广，也是一项很有前途的革新。

我们需要更多的革新，因为我们不满足于当前的教育体制。教育部面临的挑战是，如何支持那些设计成熟、有前景的革新项目，而不是把联邦政府的经费浪费在一时的狂热及其贩卖者身上。

美国高中的多种面孔

"高中何为？"答案是丰富多彩的。美国《新闻周刊》每年都要对全美"最佳高中"进行评选，2006 年共有 1 200 所高中上榜。

这项评选的目的是找出那些在为普通学生做好上大学准备方面做得最好的学校。评估方式以学校学生参加大学先修课程（AP）与国际文凭课程考试的人数作为分子，以学校学生总数作为分母，所得结果便是学校在帮助高中生学习大学水平课程方面的得分，即"挑战指数"。

《新闻周刊》认为，除了这些上榜的学校，以各式各样的独特方式激励高中生成长的学校还有很多，它们反映出美国高中教育改革正在如火如荼地进行着。这些学校或以体育、戏剧、科学、艺术为特色，或专门服务于有共同

兴趣与能力倾向的学生，或有着特殊的社会使命，真可谓"百花齐放，百家争鸣"。

总的来讲，在"越个性越好"的理念下，这些学校使学生获得了来自成人的更多关注，学生在给自己打好基础的同时，能够把注意力集中在自己真正感兴趣的学科上，他们在人群中迷失自我的可能性也减小了。当然，也有批评者指出，这一潮流是需要付出代价的：学生们失去了同在一个屋檐下的共同经历，而且，很多改革只是形式，不触及实质，教学质量的保证也是一个问题。

让我们来看一看在特许学校运动的推动下，美国高中的多种面孔：

培养积极公民

每个公民都为公立学校出了钱，因此有理由说，公立学校的一个首要任务就是教会学生参与到民主进程中。20 多年前，美国的很多学校都要求学生必修公民课，如今这样的学校少了很多。卡耐基公司负责城市高中项目的高级官员沃伦说："为孩子的经济生存做准备获得了相当多的重视，这样一来，我们还在真正为孩子成为公民做准备吗？"

在过去的 10 年间，很多高中都开始要求学生参加社区服务。塞萨尔·查维兹公共政策高中把这个理念带到了国会山，当然，很幸运的是，这所中学离国会山很近，仅步行便可前往。学生除了学习严格的大学应考课程外，还给华盛顿的智囊机构、倡议组织以及美国国会做实习生，他们就公共政策问题写作论文，在听众面前陈述自己的观点，为自己的立场辩护。

这所学校现有 500 名学生，大多数来自低收入家庭，是一所特许学校。4 年前，学生们对于公共政策一无所知。4 年后，他们不仅理解了公共政策，还亲自参与其中。如一名学生以美国移民法规的缺陷作为自己的毕业论文，这是她能够从自身经历去获得理解的主题。校长认为，这些孩子虽然居住在首都，但却被隔离在政策制定者的世界之外。但他相信，没有谁比这些孩子更能够制定出影响他们生活质量的政策了。

传承古代经典

亚利桑那州的滕比预备学园 10 年前建校时，并不功利的把帮助学生找到自己的职业道路作为重点。这所特许学校的初衷是培养"毕生追求真、善、美"的学生。对于 300 名 7～12 年级的学生来说，这意味着他们将在艺术、科学以及人文学科方面获得坚实的基础。学校的课程以西方文明的经典名著

为基础，从古希腊文明开始。

学校的组织机构"伟大的心"预备学园在凤凰城共建立了 3 所这样的学校，学园首席执行官丹尼尔·斯哥金说："我们并不希望他们成为这方面的专家，我们希望他们获得一个全面的教育。"所有学生都要上英语、历史、音乐、美术、戏剧、数学、科学和外语（包括拉丁文、希腊文和现代外语）等课程。

滕比预备学园的严格课程足以给所有人留下深刻的印象。虽然感觉像是一所私立的大学预备高中，但却又是免费的，服务于中低收入的家庭子女。学生在学校里的 6 年很艰苦，但却非常值得，学生感到学校"并不仅仅喂给我们信息，还教给我们如何学习"。17 岁的埃文把学校的这个精神发挥得淋漓尽致，还为学校做了一件大好事。学校没有计算机课程，于是他在高二时发起了一个关于计算机编程的独立研究项目。他利用这个学习机会为学校编制了一个用于招生的抽签程序。学校今年的招生就使用了埃文的这个电脑程序。看来，非功利的办学理念也能带来实际的好处。

提前上大学

大多数高薪职业都需要有高中以上的文凭，但很多美国家庭的孩子上大学有困难。但讲授大学课程的高中就能解决这个问题。学校在四五年内把高中和大学的课程结合起来，学生在获得高中文凭的同时，还能获得一个相当于两年制专科的大学副文凭，而不用负担额外的费用。高中毕业后，他们可以就业，也可以继续完成大学后两年的课程。

在北卡罗莱纳州，麦克·伊斯雷州长正在努力推广这种做法，他计划到 2008 年把这个理念推广到全州的所有学校（目前只有 13 所）。伊斯雷州长说，这是基于这样的理念：学得越多，挣得越多。在北卡罗莱纳州，很多人以为自己长大后只能在纺织厂工作，就像他们的父辈、祖辈一样。但如今，这些工作机会都被转移到了亚洲，解决之道是教育。"我们正在努力打造全世界最优秀的劳动力。"伊斯雷州长说。

这种把大学教育提前的理念受到了一些人的批评。"没有人知道正确的模式是什么样的。""慈善圆桌会议"的萨洛基说，"我们在这个过程中才刚刚起步。"很多精英大学的招生官员不太喜欢这种方式，因为他们希望学生 4 年的本科课程都在大学校园里完成，认为这种方式有些急于求成。但支持把大学课程提前到高中的人认为，这样做能够充分调动学生的积极性。

男女有别

1821 年在波士顿建立的美国第一所公立高中是一所男子高中。随着高中教育的普及，新建的学校很快就都是男女生同校的了。斯坦福大学的教育历史学家大卫·泰雅克说："几乎从一开始，社会就认为应该男女生同校。"如今，在有关男女生学习差异的研究的鼓励下，美国的一小部分教育工作者开始尝试单性别课堂，以此来提高学生的学习参与度，特别是在那些低收入家庭子女。其中最早获得全国性关注的是纽约东哈莱姆区的年轻女子领袖学校，如今这所学校已经成为纽约市最棒的学校之一。

至于单性别学校的效果，目前还没有一致的研究结果，对于单性别课堂，目前也没有专门的研究。研究单性别学校的专家说，有相当的证据显示，班级规模缩小也能提供同样的帮助，特别是对于那些中产阶级子女。但对于来自贫困家庭的男生来说，单性别课堂会给他们更多的关注，使他们的注意力更加集中，有助于他们的学习。

全美的学校都在尝试单性别教学。在劳埃德纪念高中，从去年秋天开始，一、二年级的学生除选修课外实行男女分班上课。到了年终，教师和校长得到的共识是，男女分班教学效果不错。学生的看法则多种多样。有女生认为，男女分班后，教室里不再有分散注意力的男生，女生也不需要考虑给异性留下深刻的印象，只需要认真学习。但有的科学课却让男生感到，如果有女孩在会更有趣。但这都是因人而异的，有的男生在有异性的情况下会表现不同，有的男生却无所谓。校长约翰·利赫曼支持男女分班教学，认为这是一个帮助男生的好办法。而且，男生的阅读成绩总是落后于女生，其中一个很大的问题便是太多的阅读材料更适合女孩。由于教师和家长都不反对男女分班，且实验效果很好，利赫曼校长计划把它推广到高年级。

理科学校

数学与科学人才的质量与数量对于一个国家的经济实力来说至关重要，美国各个学区都在千方百计地鼓励尽可能多的学生选择理工类职业。科罗拉多"儿童运动"的负责人范·斯克雷斯说："高中改革过去只是人文主义者的专属地，但如今不同了，因为高中教育更加利益攸关了。"

丹佛理工学校是一所以理工课程为特色的特许学校，如今已招收了 229 名九、十年级的学生，其中 60% 是少数民族，45% 来自低收入家庭。该学校计划每年增招一个班。学校经过重建后，光亮的校园建筑外墙使这所学校看

上去更像一所美国硅谷的学校，而不是丹佛的学校。学校里的每个学生都有一台笔记本电脑，在校园里的任何一个角落都可以无线上网。

据校长比尔·柯兹介绍，学校面临的一大障碍是如何让每个孩子都达到同等的学业水平。这些学生此前就读的学校数学和科学课程非常弱，甚至好的阅读课程也很缺乏。学校通过暑期课程、小组辅导以及由当地大学生实施的补课计划来缩小他们的学习差距。学校每天早上都以晨会开始，全体学生集合在一起，相互交谈各自的心得。这所学校的每一名师生都互相认识，这样一种团队氛围鼓励着每个学生立志在理工方向有所建树。

网络学校

当流行音乐"小天后"布莱尼·斯皮尔斯于 1999 年首次出现在奥马哈的一个演唱会上时，她没有告诉台下欢呼的少男少女们，她刚刚从内布拉斯州的一所高中毕业。事实上，布莱尼在路易斯安那州土生土长，她是通过网络课程获得异地的高中文凭的。而像她这样通过网络学校获得学分和文凭并少年得志者已不在少数。

美国的网络高中学校可以追溯到在 1929 年出现的函授课程，当时主要针对住在偏远牧场和农村地区的孩子。培养了包括布莱尼在内的很多名人的网络学校——内布拉斯大学独立学习高中，注册学生已遍布美国本土 50 个州，以及 145 个国家（大多数是在海外的美国人）。16 岁的网球运动员卡罗维·马坎来自肯塔基州，她也在这所网络学校注了册，这能使她获得更多的网球训练时间。尽管她喜欢到学校去上学，但她更喜欢网络学校。5 门课程（英语、化学、西班牙语、政府政治和地理学）学费共计 1 500 美元。网络学校并没有使她失去与同龄人的联系，她还经常与以前的同学共赴舞会。

街道学校

对于那些弱势群体儿童，以及那些走了弯路、身处不利境况的学生来说，为他们铺就通向自立自强的成才之路尤为重要。丹佛街道学校的西校区服务于 50 名过去因各种问题未毕业的高中生，在心理辅导员、牧师、缓刑监督官和社会工作者的帮助下，他们获得了第二次机会。丹佛的这所学校是全美 43 所街道学校之一，它们的使命是为那些问题学生提供帮助。尽管学生们的家庭环境都有各种各样的问题，但这所学校却远离了暴力。创办者汤姆·提拉波夫说，这是因为孩子们知道如果他们被学校赶出去了，他们将不会再有回来的机会。这所学校是宗教学校，每周都要做礼拜，在提拉波夫看来，这一点对于学校成功的重要性来说不亚于学校的行为规则。他希望孩子们在掌握数学和阅读的同时，还能明白人生在世有使命，此生不可虚度。今年，这所学校将毕业至少 7 名学生，他们充分利用了这难得的第二次机会。尽管毕业生人数不多，但这样的成就也足以让任何学校深受鼓舞了。

澳大利亚的跨学科课程改革

澳大利亚港口城市阿德莱德有一所澳洲数理学校，虽然建校时间不长，却已经让自己与众不同了。用学校董事长莱克的话说，它是"一所全新的学校，是最新教育思想的产物"。如果套用国内的术语，澳洲数理学校是一所"省级示范校"，不过，它与国内的示范校却大不一样。

耗资 1 400 万澳元的澳洲数理学校从表面上看就与传统的公立学校截然不同，甚至简直就不像一所学校，而更像一幢实验室大楼或会议中心。这不仅是因为学校大楼堪称现代建筑的典范之作，更因为学校就在著名的弗林德斯大学校园内。最重要的是，这所学校采取跨学科的方式教授课程，在教授科学和数学的同时进行多学科教学。

筹建澳洲数理学校的想法始于上世纪末，并很快得到了南澳大利亚州政府的支持。当地政府希望这所学校能成为一场全新教育运动的先锋。因此，可以毫不夸张地说，这所学校的存在似乎就是为了打破常规。

在学校先期的招生工作中，学校最看重申请者的能力倾向和兴趣，特别是他们对数学和科学的热情。但学校并非仅招收在理科方面有天赋的学生，该校还同时欢迎并不擅长数学和科学的学生。学校特别重视对申请者的面试，每个申请者都必须回答自己是如何学习的、为什么选择这所新建的学校等问题，同时还必须展示自己对科学和数学的兴趣。

2002 年秋天，170 名十年级和十一年级的学生成为澳洲数理学校的第一批成员。他们中的 40% 来自私立学校，60% 来自公立学校，其中部分学生来自该州的农村地区。

在澳洲数理学校的课程安排中，"生命体"、"未来可持续发展"以及"数学与抽象思维"是核心课程中的三大部分。

学校董事长莱克介绍说："通过对这 3 门功课的学习，学生在英语、澳洲研究、物理、化学、生物、数学、固体地质学等学科方面的能力将达到高中毕业水平，再通过一些补充学习，他们的法律研究、历史、环境研究及媒体研究等学科也将达到毕业水平。"

　　莱克认为，这样的办学理念虽然已经在世界上流行了 15 年之久，但真正能将它付诸实施的，却并不多见。"如果你对小学教师讲跨学科课程，他们会说：'是啊，那又怎样？'如果你对一些很有创新精神的初中教师谈跨学科课程，他们会告诉你他们已经这样做了。但谁也没有在高中阶段尝试过。"在澳洲数理学校决定实施跨学科课程试验之前，也曾犹豫不决，但经过研究，他们还是下了决心。

　　根据计划，学校只招收 450 名学生，目的是确保学校里的每个人都能相互认识，都是一个充满活力的学习社区的一员。学校特别重视每个学生与教师及其同学的关系，并将学生与教师的密切关系，以及学校为全体师生创造的相互信任、相互尊重、催人奋进的气氛，作为学生身心健康的基础。

　　在此基础上，澳洲数理学校致力于满足每个学生的需求，并帮助他们为实现自己的理想而努力。学校的每个学生都有自己的学习计划和导师。导师给学生提供"牧师般"的关怀，除了及时了解学生的学习进度外，还要帮助学生制订一天的学习计划。学生一天的学习就是从与导师在一起的 40 分钟时间开始的。经过 40 分钟的单独辅导后，学生开始上课，其中 3 节大课每节时间长达 100 分钟，分别讲授"生命体"、"未来可持续发展"以及"数学与抽象思维"等核心课程。

　　澳洲数理学校的另一个特点是对各种资源的充分利用。由于学校位于在科研方面享有盛誉的弗林德斯大学校园内，学校的报告厅、图书馆、健身房、学生活动中心、体育场馆餐饮设施以及信息与通讯技术设施全都与弗林德斯大学共用。学生有机会听大学的讲座，在大学实验室工作，参加网上课程的学习，还可以到当地的微型芯片公司打工。此外，各种先进的信息设备在学校随手可得。学生在课堂上记笔记不用传统的笔记本，他们随身携带着便携式存储器，需要时可以随时插入散布在教学楼各层楼道里的电脑终端。

　　跨学科的课程，人性化的管理，以及得天独厚的地理条件，使得澳洲数理学校的学生格外好学。学校没有电铃，早上 8 点开门，直到晚上 8 点。校长经常发现一些学生一大早等在门口，而晚上关灯前还必须催促他们收拾东西离去。

　　莎拉每天要花两个小时才能到校。她感到学校的跨学科教学促使她开始思考自己将来的职业："我原以为我想学医，但来到这里以后，我感到还有很多其他的可能性。"

　　一个名叫约翰逊的男生说："在生物和化学方面，你能在这里找到更多你

想做的；很多在我原来的学校我不想做的，都被削减了。"

"他们并不在某一学科范围内思考。"莱克说，"如果你认为你未来的生活和工作将围绕某一学科进行，你会被他们笑话的。"

莱克认为，从很多方面讲，澳洲数理学校是澳大利亚课程及评价改革的"特洛伊木马"——它扮演着内部颠覆者的角色。作为一所公立学校，它的任务不仅是提供世界一流的科学和数学教育，同时，它还将成为教师的职业培训中心和课程发展中心。到那时，澳洲数理学校也就成了澳洲跨学科课程改革的策源地。

澳洲数理学校的课程分为 5 个部分，包括核心科目（必修）、大学课程（必修）、职业培训（必修）、补充性学习内容（选修，学校根据各个学生的需要帮助学生联系其他学校和教育机构）以及第二阶段的学习（与弗林德斯大学和其他教育机构合作，为学生提供更高级的探索性研究机会，从 2004 年首届十二年级学生开始）。其中核心科目包括：

未来可持续发展

学生对未来世界可持续发展的探究，将与对人类组织系统及行为的学习协调一致。学生将对社会中的个人和群体在人类生命延续中扮演的角色进行考察，内容包括食物生产、水的质量、废物处理、绿色化学以及生物复制等。学生还将研究地球上生态的平衡，以及通过何种技术能够防止生物退化、促进可持续发展。数学工具将被用于对生态系统所受的影响和可持续发展理念的研究中。这门课程的重点在于让学生协作研究。为了人类的未来，如何才能使生态的合理改变成为可能。

技术世界：能源、食物和材料

学生将研究人类历史上的技术。重要概念和内容包括：对蒸汽机和制冷设备的理解，热与有用功之间的转换，电和磁、煤、石油、核动力，电的产生与传输，燃料以及其他诸如太阳能、风能等替代性能源，食物的生产、加工和分配，以及转基因食品和水产养殖的出现。学生将学习材料科学，考察把原材料制成成品的过程，以及诸如金属、塑料、纺织品、肥料、建筑材料、清洁剂和药品等材料的性能等。

生物技术

学生将学习如何利用诸如遗传学、选择育种等自然过程来改良发酵、提高谷物产量和加强病虫害防治。重要的概念和内容包括：细胞生理学、用蛋

白质和免疫系统检验动植物的健康状况及微生物间的相互作用、公共健康和环境。其他内容和概念包括：对 DNA 和指纹识别技术的分析和使用、遗传变异、基因技术和生物信息学。科学、社会及生物伦理等方面的互动是这部分学习的一个特点。概率、统计等数学知识将被用于遗传学、公共健康以及染色体组的分析中。

生命体

学生将学习动物不同于植物的物理和生理特征。重点将包括生物化学和生物力学，以及反馈系统在协调和控制生物体中的作用。通过人类的体育、健身、休闲、娱乐等活动，对人类的生理、情感、精神和社会行为进行考察，还包括对人脑的神经生理学和人类行为的社会学进行考察。学生还将学习计算机模拟和医学成像技术。

纳米技术

学生将在分子和原子层面对物质进行研究，包括对物质及其性质的认识，激光、纤维光学、通讯技术的运用，还有能够用于生产更安全的化学药品、诊断和治疗疾病以及延缓衰老的激素的出现。这部分学习还包括数学建模和计算机模拟，以及职业科学家在未来的工作中有可能用到的有关商业、社会和法律方面的知识和技能。

通讯系统

学生将学习人类通讯系统的发展历程，特别是近期在数学和数字技术的推动下的最新发展。通讯科学的研究包括算法、编号和编码系统以及微控制器。学生还将对多媒体、卫星、全球定位系统等技术带来的新型通讯方式及其对消费者的影响进行批判性的分析。

地球和宇宙

学生将学习太阳、月亮和恒星及其在人类的精神、社会和技术方面扮演的角色。有关概念和内容包括：宇宙的结构和大小，对时间和空间的理解，地球大气、海洋和地质构成的进化以及人类宇宙探索的历史。对物理现象进行计算机模拟和数学建模有助于学生加深理解。

生命的多样性

学生将通过物种进化的学习理解地球上生命的多样性。主要研究内容包括地质年代划分、自然选择以及大陆漂移、板块构造、物种繁殖和消亡等自

然过程。其他概念和内容包括动植物的结构和功能、生态系统、生物多样性及分类体系。学生还将研究药用植物、活性化合物和天然药剂的作用，以及从考古学、人类学和社会学等方面探究人类进化。

数学与抽象思维

数学在所有核心科目中都存在，但是，在这部分学习内容中，数学是核心。学生将研究数学的重要概念和关系，丰富并扩大对数学的理解。学生还将对复数、矢量、几何学、三角函数、微积分等进行深入研究。这将增强学生在理解世界时分析、研究、建立模型以及解决问题的能力和信心。

英国初中课程引入辩论

良好的沟通能力对于每一个公民都是非常重要的，但口头语言表达能力的培养在学校通常被忽略了。近些年，英国正在致力于让学生习惯用口头语言组织和表达自己的观点，而不仅仅是将它们写下来。

从 2002 年开始成为英国初中必修课的"公民教育"规定：必须保证 14 岁到 16 岁的学生有正式辩论的时间。英国资格与课程局正在寻找在小学和初中提高英语口语教学水平的方法，而"英语口语联合会（ESU）"早就在纽汉和格林威治的学校启动了一个教学生辩论技巧的计划。

在大学教师的指导下，他们辩论的题目涉及到英国政府对口蹄疫的处理，美国说唱歌手埃米纳姆是否应被允许进入英国，以及是否应该反对学校校服等。

"英语口语联合会"演讲与辩论中心负责人马克·惠特莫尔认为："从美国的经验来看，辩论有助于批判性思维、批判性倾听和研究技能的提高，这些能力都将增强学生的学习能力。从历史上看，辩论在英国通常是私立学校的专属地，但我们正在努力改变这一现象。"

根据惠特莫尔的介绍，在进入 ESU 全国辩论竞赛的学生中，公立学校的学生与私立学校的学生人数之比在逐年上升，目前的比例是 55 比 45。而在 16 岁到 19 岁年龄段，来自公立学校的学生占了 73%，私立学校的学生只占 27%。"英语口语联合会"在纽汉和格林威治的计划把辩论带进了当地的学校，学生与来自牛津大学、剑桥大学、伦敦的四大法学院、伦敦经济学院的有辩论经验的大学生及研究生一起参与辩论。目前参加这项计划的有 14 所学校，如果不是因为缺乏大学生志愿者，哈克尼和朗伯斯区也将有学校加入。

圣·安吉拉女子学校的英语教师伊莎贝尔·罗齐在谈论这项计划带来的益处时说："它将帮助女孩们通过辩论学会有系统地组织自己的语言，这对她们的写作是一个很有力的促进。"她说，"还使她们习惯在众人面前说话，也有助于提高她们的自信心。"

10 多岁的青少年也许有一些其他的机会来提高他们的英语口语水平，但有迹象显示，年龄稍小的孩子，特别是那些来自贫困地区的孩子，没有得到英语听说能力的训练，而且学校还在使情况变得更糟。在谢菲尔德市贫困地区开展的一项研究测试了 3 岁和 5 岁的孩子的语言技能和认知能力，201 个被测的 3 岁孩子中，54% 语言能力发展滞后，而在英国全国，这个数字是 4% ~ 5%；5 岁的孩子中语言能力发展滞后的有 49%，而有严重语言障碍的比例从 3 岁的 9% 上升到了 26%。

谢菲尔德大学人类交流科学系的简·金斯伯格博士说："我们的推测是由于在早期教育中过多地将重点集中在了阅读和写作上，口头语言表达能力的训练机会被挤占了。但有大量的证据表明，口头语言表达能力是阅读和写作的基础。当你说话的时候，你得表达得清晰明白；当别人对你说话的时候，你得用心去理解，这样，写作的时候才能够有条理，对书面文字也有较好的理解。"

演讲与语言咨询师安·洛克说："虽然我们的工作只在谢菲尔德市进行，但通过与全国各地的人谈话，我们发现很多地方的语言环境非常匮乏，无论是在城市还是在乡村。"

洛克认为语言的发展是分阶段的。从 7 岁开始，孩子应该有越来越多的机会和成人及其他孩子进行讨论，通过讨论他们将学会怎样解释，怎样组织自己的思路，以及怎样推测。到了第二个阶段，他们应该学会对语言的更复杂的应用，学会明确地表达自己的思想，以及学会辩论。"我不认为这些发展阶段在我们的学校系统中得到了很好的区分，我们对口头语言表达能力的培养概念模糊。学校应该对这个问题有一个明确的认识，并给学生提供具有操作性的指导。"

他还指出，如今，越来越多的青少年无视社会的规范，忽视他人的感情，口头语言表达能力的欠缺似乎是一个影响因素。当我们的孩子只能通过动作和行为而非语言来表达他们自己的时候，他们就有与他人疏远甚至敌对的危险。我们再也不能忽视这个严重的问题了。

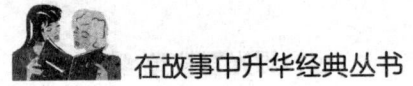

美国"高考"改革反"应试"

美国大学录取新生，尽管评估标准与考虑的因素可谓五花八门，但大多数仍要求申请者提供标准化考试成绩。为美国学生提供的考试主要有 SAT（学术能力测试）和 ACT（美国大学入学考试）两种，其中以 SAT 的影响最大，有美国"高考"之称。

从 2005 年开始，SAT 一改往年的老套路，有了新的版本，这缘于 2002 年美国大学入学考试委员会投票通过对 SAT 进行重大改革。新 SAT 取消了"类比"选择题，新增写作考试，数学难度增大，考试时间也延长了半小时。

这次试题调整被视为 SAT 自 1926 年诞生以来最大规模的改革。新增的写作将与 SAT 原有的语言和数学两部分构成三足鼎立之势，SAT 的总分也从 1 600 分增加到了 2 400 分。语言部分将被重新命名为"批判性阅读"，新的试题还将减少有关抽象词汇的题目，增加阅读理解的段落。同时，写作考试的增加还使 SAT 的考试费增长 7 ~ 11 美元。

美国大学入学考试委员会通常简称大学委员会，是一家总部设在纽约的非营利性民间组织，其主要任务是为大学的招生工作服务。该委员会实施的 SAT 被全美近 80% 的大学作为被录取条件。由于美国没有全国统一的大学入学考试，SAT 因而被人视为美国的"高考"。与中国的高考不同的是，SAT 每年举行 7 次，由 SAT Ⅰ 和 SAT Ⅱ 两个独立考试组成。SAT Ⅰ 长期以来只包括语言和数学两部分，SAT Ⅱ 则是分学科考试，由于只有一小部分大学要求入学申请者提交 SAT Ⅱ 成绩，SAT 通常指的就是 SAT Ⅰ 。

这次考试改革是 SAT 酝酿已久的考试理念的转变。上个世纪 90 年代中期以来，教育考试中心（ETS）的 SAT 命题者逐步放弃了对抽象的能力倾向的测量，而朝着更全面地反映学生受教育情况的方向努力。在大学委员会出台改革措施之前，全美上下对 SAT 的讨论已日趋白热化，而有着强大势力的加州大学更是对 SAT 提出了尖锐的批评。

拥有 9 个校区的加州大学是 SAT 的最大客户，这个在美国高等教育界举足轻重的巨无霸大学希望入学考试能够与学生在高中的所学内容关系更加密切，而且还要求考试内容包括写作。加州大学的校长理查德·阿特金森曾在一个重要演讲中称，他将不再把 SAT 成绩作为加州大学的录取条件，并认为 SAT 对许多学生来说是不公平的，试题希望测试的能力没有得到很好的界定。阿特金森批评 SAT 的类比试题偏离基本的阅读和写作技能太远，并倡导一个

基于课程的考试，对学生写作技能的考查将包括进去，使其能够反映学生的课堂学习成果，而不是学生的应试技能。此后，废除 SAT 成绩作为入学条件的呼声在加州大学的教职员工中日渐高涨，越来越多的大学在录取时已经将 SAT 成绩作为任选内容。

大学委员会的主席加斯顿·卡伯顿表示，新的 SAT 将会更好地测试学生们在高中的所学，并且还能更可靠地完成该考试的核心任务：预测学生在大学期间的表现。"当你想到新 SAT 的时候，我希望你把它视为对阅读、写作、数学及其相关的推理技能的测试，这些基本技能是在大学取得成功所必需的。"卡伯顿承认加州大学的批评对于考试的改革起到了催化剂的作用。

"可应试性"是这次改革希望解决的重点问题。SAT 近年来备受指责的原因之一便是其"可应试性"，因为它使能负担高昂应试课程学费的有钱人的孩子在考试中得高分，而 SAT 的题型设计原本是为了测试学生的内在能力。这次的题型变化将部分地解决这个问题，例如，数学题将增加矩阵等内容，这意味着奖励那些数学学得更深入的学生，而不是经过反复练习学会某种题型答题路数的学生。

大学招生官员表示，在 SAT 中增加的写作考试将给学生提供以往没有的材料，即学生在没有成人和因特网的帮助下自己完成的作文。

这次改革被加州大学视为 SAT 向更能反映学生的学术潜力这个方向努力迈出的重要一步。加州大学的本科生招生主任卡拉·费里对 SAT 增加写作考试表示欢迎，她认为："写作是大学里的每一件事的核心。"而加州大学的校长阿特金森在赞赏 SAT 改革时表示："对学习成绩最好的预测便是写作考试，所以我们认为 SAT 的改革措施对于整个美国来说意义非常重大。"

但并不是所有人都赞成大学委员会的改革措施。一些长期以来反对 SAT 的教育工作者认为，题型的改变对于他们担心的应试问题无济于事，30 分钟的写作考试同样会成为应试的内容，要提高成绩同样可以花钱请人训练，新 SAT 仍不能很好地反映学生的技能。

"我们知道写作是极其重要的，无论你是工程师、教师还是诗人。但并不是所有的大学在录取新生的时候都要看学生的写作技能。也许这是一个方向，但就目前而言，还很难说。"大学委员会研究和发展中心副主任韦恩·卡玛拉说。

长期以来，SAT 还被指责为带有偏见的考试，因为妇女、少数民族和低收入家庭子女平均得分都比较低，这违背了 SAT 追求公正的初衷。大学委员会称，并没有证据表明该考试让富裕的白人男性学生不公正地获益，考试成绩的差异反映了学校质量的参差不齐，而这样的问题不是考试改革能够解决的。

"记住这一点很重要：考试的公正性与教育体制的公正性是有区别的。"大学委员会主席卡伯顿说。他强调，一个不仅仅依赖于考试分数的更加全面的大学招生标准才是更重要的。

标准化考试与个性化教学

随着越来越多的州根据新教育法《不让一个孩子掉队》建立起各自的统考制度，美国的中小学将不再给人以宽松的印象。统考不及格的学生不能再像以前那样照常升级、毕业了，每所学校每学年的统考成绩也要向公众公布。美国联邦教育部在新法颁布 10 个月后公布了该法的执行条例，考试分数终于在美国教育领域取得了绝对的话语权。没有人知道这是否意味着美国应试教育时代的来临。

然而，好的教育永远是好的教育，它不会因考试而发生改变，也不会在考试中败下阵来。美国北卡罗莱纳州的东克莱顿小学就是一所有好教育的学校。在该校的课堂里，教师很少讲解，学生读课本和看教学录像的时间也很少。大多数时间里，学生自己动手解决问题。新生进校的时候，管理人员会向家长询问孩子是哪种类型的学习者，然后将他们安排到相应的教师那里。

这些教育措施使学校在全州的统考中名列前茅，而且同时还成为了动手教学法、创造性教育的典范。在 2001～2002 学年，该校学生统考及格率达 90.7%，获得了州颁发的优异学校奖。该州公共教育部教学中心负责人波尔卡介绍说，自从该州启动了 ABC 考试作为考核学校教学业绩的工具后，越来越多的学校用动手教学法来提高学生的考试成绩。

波尔卡先生说："动手教学法不仅提高了学生的考试分数，而且，它是通过提高学生对课程的兴趣来实现的。通过实践而不仅仅是单纯的理论，并与学生过去的经验建立联系，教师可以使学生学得更好。"

根据波尔卡的介绍，就在各学校开始采用动手教学法的时候，学生的学习成绩和学习风格也受到了学校更多的重视。几乎所有的学生都能告诉你他们班上谁的阅读最好，谁跑得最快，谁的数学有困难，谁喜欢上解剖课。虽然所有学生都要参加标准化考试，但他们并不是"标准儿童"。"教师们更加意识到，在教室里，单一的教学方法不适合所有的孩子。"波尔卡说，"你必须抓住学生的需要，这样才能满足他们的需要。"

在东克莱顿小学的414房间，苏珊·摩尔老师正在给四年级的学生上科学课，教学内容是动物的伪装。

"你们将有机会自己设计伪装。"摩尔宣布说。

"太酷了！"学生们喊道。

于是，孩子们开始分小组行动了，他们要想办法将老师分发的卡片伪装起来。他们需要将卡片涂上与周围物体相同的颜色，然后将它们贴在能够看到的地方。

其他的同学先等在教室门口，然后要在60秒的时间内寻找出这些被伪装起来的卡片。大多数卡片都伪装得很机智，有的被涂成全黑贴在扬声器上；有的被涂成了木板那样的褐色。有一张卡片经过伪装后贴在小黑板上摩尔老师写的一条通知上。

游戏结束后，孩子们开始讨论为什么伪装对于动物的生存非常重要，这是北卡罗莱纳州课程标准中有关动物的内容。

摩尔老师说："这不是单纯的记忆，而是学习事实并应用事实。与把答案告诉学生不同，这是让他们自己去思考并获得答案。"

东克莱顿小学还希望教师们认识到学生有不同的学习风格，因此在备课方面给了教师们很大的空间。校长史密斯说："我们将权力交给教师。如果我说'我希望这样教'，适应这种方法的老师不会有什么问题，但这并不一定适合所有的教师。"

和摩尔老师一样，贝笛也教四年级的科学，但她的教学方法却与摩尔的不同。上个星期，她让孩子们用卷起来的纸建造高塔，现在她激励孩子们设法再建造一个能经受强风的纸塔，而且越高越好。

这个练习并不存在正确的或最好的方法，它给孩子们带来的更多的是合作，而不是竞争。当孩子们感到有困难的时候，他们会拽她的袖子。但她只是将他们的注意力转向其他同学：

"你看，他们是怎样让塔立起来的？"她指着另一个小组制作的牢牢站立的纸锥问道。

"用纸做一个底部。"提问的男孩回答道。

这个环节过后，孩子们对建塔的力学原理以及科学方法展开了讨论，自已建造的塔是否达到要求也让他们异常兴奋。

史密斯校长说："考试分数仅仅是对他们的做法的肯定。它不是学习的终极目的，也不是学习的全部内容。如果你干得好，分数自然会给你回报。"

在北卡罗莱纳州首府罗利的韦克菲尔德小学，一二年级学生的阅读采用分组教学，老师根据他们能力的高低分组。一年级的教师艾伦介绍说，在她的班里，学生的阅读能力参差不齐，分布在 9 个不同的水平线上，有的刚学会认识字母，有的已经能够独立阅读了。她将同一水平的学生编成一个小组，上课的时候分别发给他们不同的阅读材料，并分别给各小组的学生做辅导。

"孩子们在一个小组中更容易集中注意力，也更投入。"艾伦说，"在分小组辅导的时候，我也更容易判断他们对阅读材料的理解程度。"

艾伦在数学课上也特别强调学生之间的差异性，她很重视让学生分享各自解决问题的方法。"有的学生演算，有的学生则作图。他们会明白解决问题不只有一个正确方法。"

在北卡罗莱纳州的各个学校，从高级官员到一年级的教师都达成了这样一个共识："应试教育（Teaehing to the Test）"行不通，调整教学方法以适应学生的需求才是通途。约翰斯顿的教育厅长说："有些人相信提高分数的最好办法就是练习、练习、再练习，实际上这是最糟糕的做法，因为学生们会不断地遗忘。"

标准化考试被引入加拿大安大略省已有近 10 年时间了。在这期间，它遭到了教师的抨击，学生的抵制，被房地产商拿去大肆炒作：学校的成绩排名成为附近房价的一个风向标。

但加拿大闻名世界的教育专家麦克尔·富兰却指出，标准化考试的真正意义在于：它为学校提供了一个寻找学生有效学习途径的工具。

作为安大略省道尔顿·麦金提省长的特别教育顾问，富兰说，自从安大略省 1997 年引入标准化考试以来，学校的态度已经从最初将之视为冷冰冰的排名工具，演变为如今将之作为一种判断何种教学计划能帮助学生进步的精确工具。"我们现在知道不应该用考试分数来做什么，即给学校简单排序。"

"当 EQAO（教育质量与责任局）考试首次亮相的时候，它无非是要告诉你哪儿出错了，尽管这为时已晚。"富兰说，"现在，全省的很多教育委员会都在利用它来了解学生的学习情况，并对他们进行单独辅导或小组辅导。"

富兰说："我们还用 EQAO 分数来查找面临相同挑战的学校，并考察哪些

学校很好地战胜了挑战，以及他们采取了哪些正确的措施。"

据富兰介绍，约克地区的很多学校利用 EQAO 考试来提高学生的学习成绩，斯卡伯勒的不少学校利用 EQAO 分数作为参照标准，加强教师培训与学生辅导，在 1 年之内将学生的阅读和写作成绩提高了 5%。安大略省各地的很多学校如今已不再惧怕 EQAO 考试了，反而对考试分数的公布显得迫不及待。

查理斯·帕斯卡是教育质量与责任局的新任局长，他表示，学生家长也应该克服他们对考试的恐惧心理，转而利用分数来查找孩子在哪些方面需要帮助。

"我不喜欢用考试来给学校排名，这样做轻则徒劳无功，重则产生危害。因为没有人口统计学的背景，所以考试分数没有任何意义。"帕斯卡说。

"如今有各种迹象表明，学校在利用考试提供的数据来寻找帮助孩子进步的新办法。"帕斯卡说，"无论在哪方面争取进步，阅读也好，打高尔夫也好，你都必须从收集你做得怎样的信息开始。"

教师联合会对于全省范围内的考试仍然有担忧。"特别是房地产商，他们过于看重考试分数反映的学校状况。"安大略小学教师联合会的主席埃米莉·诺贝尔说，"其实，这些考试没有一个考查了学生的公民素养、艺术才能以及身心健康。全面了解学生的最佳办法就是去学校跟教师谈谈。"

"但既然有考试在，我们很高兴看到查理斯·帕斯卡希望它们被视为有助于教学的诊断性工具之一。"诺贝尔说。

帕斯卡表示："包括教师在内的很多人已经不再对考试有抵触情绪了，我们要让家长理解这些分数反映出的孩子所在学校的办学情况，而不是拿来跟别的学校进行简单比较，因为不同学校面临的挑战有着很大的差别。"

澳大利亚的成绩报告册改革

为了方便家长对孩子的学习成绩一目了然，澳大利亚各州正在对学校送交给家长的学生成绩报告册进行改革。

新南威尔士州于 2005 年 8 月出台了该州的改革方案，其他州的类似改革方案也将陆续问世。

新南威尔士州的总理莫里斯·雷马介绍说，改进后的报告册对学生的技能进行了分级评估，从最低等级"E"到优异等级"A"。

"家长们非常明确地表示他们希望成绩报告册能够告诉他们详细的信息，而不希望用语含糊不清。"教育部长卡梅尔·特巴德说。

新的成绩报告册比老版本更加简洁，力图消除长期存在的陈词滥调。学生在英语、数学、科学与技术、人类社会与环境、创造性艺术、个人发展与体育等几大学科的成绩将得到体现。同时，教师还要对学生的各科学习情况进行点评，包括学生在各学科表现出的优缺点，需要帮助和有待进一步提高的地方，以及下学期的努力方向等。此外，报告册还提供了学生在校参加各种活动的情况。

新成绩报告册由新南威尔士州教育与培训部发布，从 2006 年开始启用，每年发送两次。按规定，全州所有公立小学都将以同样的方式向家长汇报学生的学习成绩，学校也可以根据自己的选择向家长提供更多信息。

将会引发争议的是：新的成绩报告册通过四分位数告诉家长孩子的各科成绩与同学比起来处在什么位置，从排位最靠前的 25%，到排位最靠后的 25%。

"这样就能使家长对孩子的学习成绩有一个清楚的认识，包括他们与其他同学相比较的情况。"特巴德说，"如果孩子有问题，就能很明显地看出来，以便学校采取适当的措施。"

但很多人对此提出质疑：使用 A~E 的评级标准以及四分位数排名，难道不会导致一些排名总在最后的学生被视为失败者吗？

对于这个问题，教育部在发给家长的宣传册上解释说：家长们希望知道自己的孩子与其他同龄学生的对比情况，给出学生的四分位数排名便是比较的一种方式。获得了孩子在某学科存在学习困难的准确信息，就有了与教师讨论孩子的学习情况的事实性基础。

该州家长与公民联合会主席莎伦·布朗利对成绩报告册的这些变化表示支持，但她警告说，很重要的一点是：不要让家长将排位后 25% 机械地理解为失败。

"排位后 25% 的学生也完全可能在进步。"布朗利说，"我们要对人为的四分位数排名很小心，应该对家长和教师说清楚，一定要让孩子明白：'你已经取得了你这个年龄阶段应该取得的成绩'。"

雷马总理也认为，过去的成绩报告册让人摸不着头脑，他自己也深有同感。

他说，虽然他和夫人曾激动万分地收到女儿全"A"的成绩报告册，但

与教师面对面交谈后才知道她在班里的排名。

"送到家里来的报告册让我们感到很迷惑，需要特别仔细地阅读，而且疑问丛生，只有在家长和教师见面会上才能解决。"雷马总理说。

新南威尔士州的新成绩报告册

小学

学年末报告册——五年级

学生：苏珊

班级：5H

班级教师：D·威廉斯先生

我校每学年两次通过书面报告册向您汇报您孩子的进步情况，其他方式还有家访和家长会。

若希望与教师讨论本报告册以及您孩子的进步情况，请联系学校。

成绩等级标准：

A 成绩优异：对知识、技能与理解的掌握超出了教学要求，并能够独立地将这些能力应用到新的情景中去。

B 成绩良好：在大多数情境下表现出对知识、技能与理解有透彻的掌握。

G 成绩满意：在重要的学习领域表现出对知识、技能与理解有扎实的掌握。

D 成绩有限：对知识、技能与理解有一定的掌握，但水平未达到要求。

E 成绩较差：仅在较少的领域表现出了对知识、技能与理解等的掌握。

您在10月份曾收到一份您孩子在"五年级基本技能考试"中的成绩册。本报告册将提供有关您孩子的成绩与其他学生相比较的信息，以及：

·他们在阅读、写作以及算术方面是否达到了国家标准。

·他们的阅读、写作、语言（包括拼写）和算术技能达到了哪个等级。

·本校的学生在阅读、写作、语言（包括拼写）和算术方面的平均成绩。

英语

	成绩较差	成绩有限	成绩满意	成绩良好	成绩优异
说与听				√	
阅读				√	
写作			√		
总成绩	教师评语				

A	
B	学校排名
C	前25%
D	
E	

苏珊能用她学到的知识与技能读很多类型的书。她还能在课堂上参与对所读书籍的讨论，尽管在组织自己的口头发言上还需要花更多时间。她在各种题目的写作中表现良好，尽管需要对拼写、语法以及标点符号的使用更加用心。升入六年级后，苏珊将获得帮助，改进写作检商方法，如重读、使用词典等。

小学			学年末成绩报告		
数学					
	成绩较差	成绩有限	成绩满意	成绩良好	成绩优异
图形、数与数据				√	
测量			√		
空间与几何				√	
数学应用				√	

总成绩　　　教师评语

A	
B	学校排名
C	前25%
D	
E	

与上学期比起来，苏珊的数学成绩取得了显著的进步。她能自信地用心算或笔算方法进行大数字的加减运算。她还能阅读简单的图表，尽管有时在理解图表意义时会遇到问题。苏珊有较好的估算能力，能够测量长度、距离以及周长。升入六年级后，苏珊将在我们的帮助下利用计算机软件，如 Computer &Graph，制作各种类型的图表。

科学与技术

总成绩　　　教师评语

小学	学年末成绩报告

A	
B	学校排名
C	前25%
D	~50%
E	

苏珊根据她的设计理念制作了一个不错的节能房屋模型。但是，对于自己在绝缘材料的科学探究中得到的结论，还需要作进一步的反思。升入六年级后，苏珊将和老师一道把独立探究的发现用于实践，制作出可行的设计方案。

人类社会及其环境

总成绩　　　教师评语

A	
B	学校排名
C	前25%
D	
E	

苏珊能对澳大利亚民主的历史以及澳大利亚今昔的主要成就进行理解。她对世界地理的理解有进步。在六年级，我们将把重点放在可持续发展、全球公民以及殖民扩张方面，还将帮助苏珊进一步理解人类对自然环境的影响。

小学	学年末成绩报告

个人发展、健康与体育

总成绩　　　教师评语

A	
B	学校排名
C	前25%
D	
E	

苏珊在足球、田径等体育活动方面表现出了全面的能力。在集体活动中，苏珊能够运用有效的沟通技能解决冲突。她知道如何形成并维持积极的人际关系。苏珊能够识别哪些事物对其自身健康有益或有害，但她还需要对维持健康且安全的生活方式有更进一步的理解。在六年级，我们将帮助苏珊提高体育比赛的策略运用水平。

创造性艺术

总成绩　　　教师评语

小学		学年末成绩报告

A		
B	学校排名	我们已经对当地的视觉艺术与音乐环境进行了调查。在视觉艺术方面，苏珊的版画复制能力与绘画能力得到了提高，还需要鼓励她去解释艺术家在创作艺术作品时使用的技法。在音乐方面，她参加了班里的表演活动，还尝试了作曲。她能通过肢体动作对音乐作出很好的反应，但是在讨论对音乐的领悟时还欠缺些自信。在六年级，我们将帮助苏珊把重点放在讨论对艺术作品的感受上，并进一步提高她的音乐技能。
C	前25%	
D	～50%	
E		

其他学校活动

领域	是否参与	领域	是否参与
辩论		田径比赛	是
学校足球队	是	学校乐队	是
阅读挑战活动	是		

社会性发展

	R	S	U		R	S	U
在工作中与人合作			√	完成课堂作业			√
对要求的回应			√	收集整理			√
对校规的遵守			√	从图书馆借阅图书		√	
表现出自控能力			√	需要时提出要求		√	

R ＝极少 S ＝有时 U ＝经常

缺勤天数：＿＿＿＿＿＿＿＿＿

班级教师签字：＿＿＿＿＿＿＿＿＿　　　　　校长签字：＿＿＿＿＿＿＿＿＿

第三章

独到的教育特色

寓教于乐的课外辅导活动

新加坡的学生一直以来都面临着巨大的升学压力。所以，为了分数，学生也在拼命"啃课本"，不仅在学校里努力，回家还要去上补习班。但新加坡政府官员认识到那种"死记硬背"的学习方式扼杀了学生的创造力和批判性思维的发展，而这两者正是新加坡21世纪经济发展所需要的。新加坡前教育部长张志贤表示：要对学校课程进行检讨，积极推动思维技巧、独立学习和创新思维的培养。于是，新加坡教育部先着手改革大学入学制度。新加坡新的大学入学制度不仅扩大了招生范围，使更多的人可以有机会接受高等教育，而且修改了评价的方法，使评价标准更全面、更科学。正如新加坡《联合早报》说的那样："新的入学标准旨在宣扬新的学习观念和积极态度。它在保留现有教育制度的优点的同时，也引进了有助于改善和巩固孩子们的教育的新元素，在二者之间取得了很好的平衡。"所以，新的入学标准也向社会传递了一种信号，即仅有书本知识已不能适应社会的需要。这就必将给新加坡的中小学教育带来一场新的革命。新加坡的教育是充满活力的，也是充满创意的。

走进新加坡小学三年级教室时，发现了很多新鲜的设置。教室里面养了乌龟、小鱼，还有放着给它们喂食的小瓶，这是科学课老师让他们学习的内容。教室前后的墙上镶着张贴板，学生的作业或手工作品可以随时贴上，随时取下。当他们的作品被展览时，他们就很自豪。教室里的桌椅很轻巧，易搬动。每间教室的桌椅摆放都不尽相同：有的围成四个正方形；有的摆成几个梯形；有的全班围成一个圆，这些都是根据不同教师上课的需要随时调整的。新加坡教育部规定每个教学班不准超过45人，人数少的班只有十几人。所以，学生们在教室里有很大活动余地。

在新加坡也有"看教学"，就是校长每年都要听每一位老师讲一次课。评课的标准是新加坡教育部早就定好了的，而且做成了一张打分、写评语的表格。最后，校长在表格上依据标准对课作出评价，形成书面意见，并与老师交流。

比如：老师使用的材料和方法是否能激发学生学习的欲望、课程所涉及的目标是否通过学生的活动达到的，学生在被提问时是否被给予充分的思考时间。他们不让老师用灌输的方式，老师讲的话多而学生没有活动的课就是失败的。老师必须让学生有兴趣去学，必须使学生在做的过程中学会新东西。

以上提到的教学活动都是在课堂内的体现。另外，还有课程辅助活动（简称CCA）。这些活动包括：音乐类的古筝班、手铃班、华乐班（中华传统

乐器演奏班，简称"华乐班"）、合唱班、舞蹈班；体育类的足球队、乒乓球队、羽毛球队等；科学类的有机器人制作；还有男女童子军组织等等。学生在活动中取得的优异成绩也将被写入他们的成绩单，这对引导学生发展特长和各项素质的和谐发展无疑是最好的"指挥棒"。课程辅助活动的教学质量也是新加坡教育部考核学校的重要标准之一。

其实，这一项活动最初叫做课外活动（简称 ECA），后来新加坡教育部认识到它的重要性，更名为课程辅助活动。开展这些活动的花费是很大的，全部由新加坡教育部支出。参加哪一项课程辅助活动完全由学生根据自己的兴趣自主决定。这在很大程度上弥补了知识学科设置的局限性，是符合个性化教育的原则的，能让学生充分发挥出自己的各项潜能。

除了常规性的课程辅助活动，新加坡学校每年都要组织学生参加各种活动。这些都是极好的"生活教育"。

比如："卖旧货"。学生以班为单位，收集起自己家里不要的旧东西，如衣服、玩具、饰品、文具等等，有时也有他们自己在科学课上种的蔬菜或自己家里做的食物。在每学期末的那一天，学生就在学校餐厅里摆起自己班级的摊位，然后就以各种方式叫卖，推销自己的产品。当看到某些商品不容易卖出时，就会适当降低价格，直到卖出为止。这一天，学校是向社会开放的。学校附近的居民都可以来买东西，老师和学生自己也会买。锻炼了孩子们求生存、做生意的本领，让他们懂得讨价还价。班里把这一天赚的钱全部交给学校，由学校用来帮助贫困的学生，或奖励表现出色的学生。

新加坡的一所中学又呈现了一次精彩的教学活动。那是一班学美术的学生。老师问他们有什么理想，他们说想去法国游览，因为那是艺术之国，历史悠久。可是，没有钱作路费，怎么办呢？于是，老师问："你们有什么办法赚钱呢？"他们想了想，说："我们会画画。"于是，他们就画了很多的画，摆在展厅里公开向社会出售。经过一番努力，他们果然筹到了去法国的钱。终于，这些孩子在一个假期里实现了他们的"法国梦"。这件事轰动一时，让学生和老师振奋，也让全新加坡人振奋。

另外，每年完全由学生想点子为老师们庆祝教师节，学校组织学生到野外露营、到敬老院或孤儿院做义工等等，都是很好的责任意识培养和生活锻炼。

在新加坡看到的这些充满创意的教学活动让我们想到我们的教学现状。我们几乎把所有的精力都放在了 45 分钟课堂之内，那么 45 分钟之外呢？我们可以做的是不是更多？

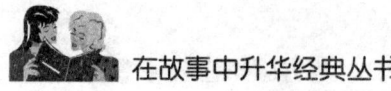

课外辅导活动的培养目标和组织形式

新加坡的教育虽然注重考试，以考试成绩作为衡量学生的主要指标，但和中国却有很大不同：在课外活动方面给学生更大的空间。新加坡的学校一般上午上主课，下午大多是各类课外辅助活动，共有几十种之多。学校规定每个学生必须至少选一个课外辅助活动小组，并且要记学分（新加坡的大学生只有拥有了课程辅助活动的分数才能入住学生公寓），这些活动锻炼了他们的能力，也开发了他们的智力。

所有的课外辅助活动强调与社会的相互作用，比如说：通过体育来培养学生强健的体魄、公平的态度及团队精神；艺术表演给学生培养一种亲切感及对多种族社会中丰富的文化遗产的欣赏能力；制服团体活动通过向学生教授自恃力、顺应力、纪律意识及服务他人的意识，把学生培养成良好的社会公民。除对学生价值观的教授之外，课外辅助活动也把学生打造成具有企业家精神、具有勇于冒险的态度和欣赏美的能力的综合人才。

除了课外辅助活动之外，学校也鼓励学生参与丰富多彩的活动，比如：领导课程、冒险露营、社会的礼仪工作室和包括在CDP之内的多种生活技巧研究会等。新加坡的中小学还规定：学生课余时间还必须参加一定的社区服务。每参加一次记一次学分，凑满一定的分数才能过关。旨在培养学生建立正确的价值观，从小养成服务精神。该项计划包括六个方面的活动：

（1）"好朋友"计划：即以个人或小组形式帮助某同学功课，找原因，安排复习。

（2）关怀与分享计划：劝说同学捐玩具给不幸者，捐钱物给灾区或难民。

（3）担负校内领导责任：高年级学生监督彼此言行并关照低年级同学。

（4）到福利收容所和儿童组织服务：即根据年龄安排不同活动，如小学生可邀请不幸者参加各种庆典，中学生则帮助处理家务和协助不幸者参加体育活动等。

（5）清洁环境计划。

（6）各种临时服务：这些活动可结合道德教育课的内容来安排，使学生从中培养服务社会的意识和习惯，增强社会责任心和公民义务感。

新加坡近年来还兴起组织中小学生赴海外浸儒的活动，意在让学生除了掌握书本知识之外，给孩子们创设更多的生活体验环境，在不同地域的文化背景生活中去体验，去感受。

新加坡：课外活动也能拿学分

新加坡注重提高学生尤其是中小学生的综合素质。该国教育部将原有的

"课外活动"改为"课程辅助活动",并规定了相应的奖励分标准。

新颁布的"课程辅助活动"是学生全面教育的一部分。学生参加了校外组织活动得到的奖励分,都可计算在课程活动成绩里,但学生必须先参加学校的主要课程辅助活动,才能为校外的活动争取奖励分。如果他们在参加了校外活动后,却不愿意参加校内同样活动的话,也不能获得奖励分。

新加坡教育部校外课程辅助活动的计分原则是:代表受教育部承认的组织参与专题计划、表演和比赛等,可得 1 分;除完成目前所居社区的参与计划,另外完成 30 小时的社区服务,可得 1 分;代表受教育部以上机构认可组织参与国际项目、演出或比赛等,可得 2 分。同时规定:参加纯属交流、礼仪性质或私人交际活动的不得得分。

新加坡课外活动贵族化——帆船、高尔夫进校园

近年来,一些花费较高的体育运动项目,诸如帆船、高尔夫球以及保龄球等纷纷出现在新加坡校园里,成为中小学生热衷的体育课外活动。

新加坡的圣希尔达小学为了使学生们的课外活动更加多样化,在几年前成立了一个帆船俱乐部。尽管参加帆船训练所需要的花费比其他课外活动高出许多,但这似乎并没有对学生们构成障碍,参加俱乐部的学生人数不断增加。学校免费为学生提供价值4000新元(约2万元人民币)的帆船进行每星期一次的训练,学校也与国家帆船中心建立联系,专门为那些希望进一步提升驾帆技术的学生提供额外训练课程。此外,新加坡务立中学的老师们发现,许多青少年喜爱保龄球和高尔夫球运动,于是学校在 3 年前开办这些课程,并把保龄球列为学校的正规课外活动。

其实,这类"贵族化"的课外活动,仅添置"行头"就花费不菲。正在上小学六年级的林宗翰是在 3 年前参加帆船俱乐部的,仔细计算后发现,这 3 年仅花在这项课外活动上的费用就近3000新元(1.5 万元人民币左右)。他的开销包括:救生衣(120 新元)、靴子(30 新元)、驾驶帆船时的整套服装(70 新元)、手套(20 新元)以及每 3 个月所需缴付的 190 新元额外训练费用和参加比赛的报名费20新元等。虽然类似保龄球这样的活动,学校和教练并不规定参加的学生要自备用具,但大部分同学都愿意自费购置用具。正在上初中的黄弈澍就自己买了两个各价值250新元的保龄球,另外还有保龄球鞋、球袋、手指保护膜和保龄球擦亮油等,加起来约700多新元。除了参加学校的训练,黄弈澍每周在课余时间还要和朋友相约到球场上玩五六场,花费是 50 新元左右。

价格虽高,但学生们却都觉得受益其中,家长们也表示支持。上小学六

年级的刘美怡说，她刚开始学帆船时很害怕，尤其是遇到强风时，要控制和稳定船身对她来说几乎是不可能完成的任务。但经过一段时间训练后，她觉得自己克服了恐惧心理，变得更加自信独立。

全面细致的新加坡家庭教育

在新加坡，父母十分重视家庭的品德教育，积极努力地培养孩子的良好品质。

新加坡儿童家庭教育的培养要点

新加坡家庭培养孩子：仁爱之心；有纪律、有秩序；讲文明、讲礼貌。

1. 培养仁爱之心

新加坡家长不仅要以满腔的爱心爱孩子，还要教会孩子爱别人，要教育孩子爱父母、爱长辈、爱老师、爱同学、爱自己的学校等等。如果一个孩子从小只知道接受别人的爱心，而从不知道要以同样的爱心对待别人，那他长大以后只会成为感情上的白痴和魔鬼，或者只会麻木地接受别人的爱心，根本谈不上去爱别人。这样的孩子将来只会给家庭和社会带来不幸，他自己最终也会被家庭和社会厌弃。

家长要以自己的言传身教使孩子明白如何表达情感。

例如，两个小男孩在玩"飞人"游戏，他们兴奋地在每个房间窜来窜去，在沙发上跳上跳下，大声尖叫、大声欢呼，直到深夜也不肯上床休息。她们的妈妈没有照通常父母的做法上前呵斥孩子，然后一手拽一个，命令他们立即上床睡觉。她悄悄地关掉电视，关掉房间的大灯，蹑手蹑脚地开始收拾凌乱的玩具，并冲孩子们竖起中指"嘘"了一声，小声地说："爸爸工作好辛苦，今晚要早点休息，我们可不可以暂时停止玩游戏，让爸爸好好睡一觉，明天上班才会很有干劲。"两个孩子似懂非懂地点点头，但显然玩得正在兴头上，对身边的游戏玩具都恋恋不舍。于是她允诺不急着将玩具收拾起来，而是先搁在一个大盒子里，等明天再玩，并且还极力表扬他们体贴父母、有孝心。孩子们于是都愉快地去对爸爸说"晚安"，并乖乖地回到自己的卧室去了。

家长要培养孩子爱父母和其他人的情感，要给孩子表达这种情感的机会。譬如要让孩子知道父母工作很忙很紧，自己在家里玩耍时不能影响父母的休息；要关心父母的健康，尊敬年迈的爷爷奶奶，并为他们做些力所能及的事；和同伴一起游戏时能和睦相处，互助友爱；愿意为邻居、同伴做好事等等。

2. 培养孩子有纪律、守秩序

中国有句俗话："无规矩不成方圆"，这也是新加坡家庭教育的重要准则之一。新加坡的父母家长常常凭借日常生活的小事情或各种形式的游戏培养孩子的规范意识，从而让孩子知道这些规范，并自觉地按照这些规范去行动。

新加坡国立大学著名教授、商业管理学院院长陈心刚先生在回忆他的童年生活时，深有感触地说："那时我和哥哥都很小，不太懂事。可我们的父母试图让我们懂得任何事情都有一定之规。在家里，妈妈要求我们知道家里的各种用品、物件都有固定的摆放位置，每次使用后要物归原处。她每天都要我们按时就寝和起床，按时进餐，按时做各种练习与作业。那时我和哥哥都很听话，倒不是因为担心不听话会挨打，而是担心不听话妈妈会把我们的表现告诉老师，那么同学们也会知道的，这可是件没面子的事。"他还有声有色地描绘了小时候父亲和自己对弈的情形。有一次父子俩下棋，好胜心极强的陈心刚运心想胜过爸爸。他睁大眼睛聚精会神地思考着每步棋的走法，手里的棋子被渗出的汗沾湿了。好不容易想出攻势凌厉的一招，他得意地往前走了一步，孰料就在落子的一刹那，他突然发现自己计算错误，这一招不啻于是主动送入虎口。他连忙嚷着要悔棋。这时候，平日一贯慈祥温和的父亲却变得严肃起来，他不准小心刚悔棋，虽然这只不过是场非正式的棋赛。幼小的心刚暗暗不满于父亲的不通情理，甚至在很长一段时间内认为爸爸"小心眼儿"。多年以后，他才领悟到当年这"落子无悔"的小插曲中饱含了父亲的良苦用心。任何游戏都是有规则的，规则是顺利进行游戏、达到游戏目的的保证。对孩子而言，游戏规则是对自己行为的必要约束。至于和孩子一起游戏时，父亲督促孩子严格遵守规则，正是为了从小培养孩子的自制力，训练他的纪律性，并为他将来成为守法公民打下牢固的基础。

3. 教育孩子讲文明、懂礼貌

新加坡人十分注重文明礼貌，认为一个人的礼貌就是一面照出他肖像的镜子，提倡文明礼貌无疑反映了人与人之间相互关心、相互尊重的友好关系，也反映了公民自身文化教养的程度。他们认为培养孩子讲文明、懂礼貌，就是要求孩子学会和气、文雅、谦逊地说话、行事，文雅的谈吐必须与得体的举止相匹配。培养孩子讲文明、懂礼貌，就是要求孩子学会和气、文雅、谦逊地说话、行事。新加坡人很注重礼貌用语。

例如，新加坡的父母教育孩子无论在什么场合，都要对父母、老师和其他年长者称呼"您"，而不能直呼其名；请求别人帮助时，要真诚地说"谢谢"，而不能认为是理所当然，置之不理；当妨碍了别人或给人带来不便时，要主动说"对不起"、"麻烦您了"，而不能不表示你的歉意，更不能说"活该"；当别人向你赔礼道歉时，要回答"没关系"或"不要紧"，而不能得理不让人，更不能不依不饶、无理取闹；在街头巷尾碰到同伴、长者，要说"您好"，而不能低头侧身装没看见；与人分别时，一定要说"再见"，而不能自顾走开、毫无表示。文雅的谈吐必须与得体的举止相匹配。因此，家长在教会孩子使用礼貌用语的同时，应不懈地培养他得体优雅的举止。需要让孩子知道并遵守的行为规范有：站立时挺胸收腹梗颈，双肩平放不摇晃，两臂下垂不揣兜，腿部不颤动；进入别人（包括家人）房间，要先轻轻敲门，得到允许后方可进去，不能随便推门而入；拜访人家要预先通知，并注意时间，一般不在吃饭和午睡时间去，尽量避免妨碍人家的正常生活；任何季节都不能身穿内衣裤或睡衣去访问人家，或在家接待来访客人；客人来访时要主动让座，倒茶时要双手奉上，会客时坐姿端正，不要左靠右歪，双脚不要叉太大或跷"二郎腿"，也不能摇摆晃动；与人谈话时，不挖鼻孔、抠耳朵、剔牙齿、搔痒痒、脱鞋袜、抠脚趾；就餐时，不在客人和长辈之先动筷，不在菜盘中翻捡，餐具要轻拿轻放，减少碰撞，吃东西时不发出咀嚼声；在公共场会，咳嗽、打喷嚏、吐痰均需用手绢掩住口鼻，不能冲着别人。

值得注意的是：在培养孩子文明礼貌的言谈举止上，做父母的一定要给孩子做个富有教养的好榜样。起码在上述这些方面能给孩子以正确示范。

此外，新加坡人的为父母之道还包括教育孩子勤劳俭朴、从小做些力所能及的事，教育孩子要说真话、不说假话等等。

在新加坡的德育教材中有这么一则小故事：上小学一年级的小丽心十分喜爱画画，多次要求妈妈给她买盒彩笔，可是妈妈没把此事放在心上，一直没给她买。丽心为了得到这盼望已久的彩笔，开始骗妈妈："我们老师说，明天每人要带一盒彩笔去幼儿园画画。"妈妈不敢违抗老师要求，赶紧去买了盒彩笔，丽心终于以说谎达到了目的。类似这样的说谎情况在许多孩子身上时有发生，事实上家长只要加以适当注意，就可以完全避免。不少新加坡家长也已认识到自己对孩子提出的合理要求应尽量满足。如一时无法满足，也必须向孩子说明理由。倘若对孩子的愿望与要求不分青红皂白地不予理睬，或一味拒绝，就很容易使孩子说谎或背着家长干坏事。

培养孩子良好品质的方式

培养孩子良好的品德，家长起到学校教育不可替代的作用。为此，新加坡教育专家为家长精心设计了进行家庭品德教育的基本方法，供家长参考、借鉴，加以利用。——家长要做孩子的良好表率；要一贯地、一致地要求孩子；艺术陶冶；多采用正面教育。

1. 家长要做孩子的良好表率

孩子天性好模仿，他们学习说话、待人接物，往往都是从模仿开始的。作为孩子的首任教师的父母自然是他们学习的榜样。

父母和孩子之间有着十分密切的联系，父母通常是孩子心目中崇拜的对象。孩子每天都会用精细的目光观察着父母的一举一动、一言一行，他们默默地模仿着、学习着，往往在父母还没觉察到的时候，孩子已经学会了父母的一些行为，所谓的"耳濡目染，不学已能"就是这个道理。

小雯的爸爸妈妈谈话时，爸爸总不耐烦地对妈妈嚷嚷："少啰嗦，干你的事去吧。"所以有一回，当小雯不愿听爸爸的话时，她也很不耐烦地冲爸爸嚷道："少啰嗦，干你的事去吧，不要管我。"这让爸爸既吃惊也很生气，他哪想到其实小雯正是从自己这儿学到这一套不礼貌的举止的。

孩子接受父母的影响，不仅仅听其言，还常常观其行。

帆仔的爸爸妈妈都是新加坡某公司的普通员工，他们在繁忙的工作之余还抽出时间进修，并把书本带回家看。在父母的影响下，强仔从小就爱看书学习，并且能够静下心来专心致志地看漫画书、画画、玩积木、做手工。

前苏联教育专家马卡连柯曾说过："不要以为只有你们（指家长朋友）同儿童谈话、教训他、命令他们的时候，才是进行教育。你们是在生活的每时每刻，甚至你们不在场的时候，也在教育着儿童。你们怎样穿戴，怎么同别人谈话，怎样议论别人，怎样欢乐或发愁，怎样对待朋友和敌人，怎样发笑，怎样读报——这一切对儿童都有着重要意义。"因此，做父母的必须在各方面也严格要求自己，做好孩子的表率。

2. 要一贯地、一致地严格要求孩子

爱孩子是父母的天性，应该提倡理智的爱，有原则的爱，而不是偏爱和溺爱。孩子并不是从呱呱坠地就知道什么是对的，什么是错的；什么可以做，什么不许做。在他们幼小的心灵中，没有明确的是非观、善恶观，需要父母加以教导。

　　新加坡小学三年级的英子的妈妈要带她上街，临走前，妈妈想起上回逛街时，英子因为见到了只玩具熊而舍不得离开，非缠着妈妈将熊买回家。当妈妈拒绝她的要求后，她便在柜台前又哭又闹，还拼命扯着妈妈的衣角不走。妈妈很生气，当时特别想把英子揍一顿。可英子的妈妈控制住了自己的感情，她不理睬英子撒娇胡闹，自己转身就走。英子看妈妈真的不理自己了，只好乖乖地跟在她后面回家了。接受了那次上街的教训，这回妈妈向英子"约法三章"，事先就说好了这次上街不给她买任何东西，英子眨巴着大眼睛，想起了上回在商店胡搅蛮缠的情景，不好意思地低下了头。她和妈妈拉拉小指头订下这条规矩，果然这回上街英子表现不错，她不但没有再向妈妈提出任何过分的要求，更没有出现任性行为。

　　像英子这样的情形时有发生，孩子常会向爸爸妈妈提出要求。对那些合理要求，爸爸妈妈应尽量给予满足，不合理的则要断然拒绝。不过在拒绝孩子的要求时，爸爸妈妈还要让孩子明白，他的要求是因为不合理才遭拒绝的。不仅仅他自己有各种愿望和要求，爸爸妈妈也有自己的愿望和要求，他的合理要求，爸爸妈妈应该满足；对爸爸妈妈与其他人的合理要求，他也应当努力执行。

　　当孩子的任性行为发生时，父母千万不能顺着他，这时候最好是不理睬他，或是转移他的注意力，等他的情绪平静下来以后，再给他讲道理，直到把他说服。

　　比如有一回，不满七岁的兰仔硬是不肯在饭前洗手。妈妈想拉着他脏兮兮的手到水龙头下洗一洗时，他就索性躺在地上打滚，大哭大闹。他的哭叫并没有让妈妈改变主意，妈妈说他要是再这么不讲道理，就不让他吃饭了。可兰仔的倔劲也上来了，他不管三七二十一，放开嗓门哭得惊天动地。这时爸爸和在家帮忙的阿姨全部一言不发地离开他，让他哭个够，并和妈妈一起表示："如果你再哭，我们就不和你在一起了。"也许是意识到哭闹没有奏效，兰仔终于不再无理取闹了，他快快地止住了哭声，向爸爸妈妈妥协了。

　　对孩子的严格要求一定要协调一致。比如在对待这件事上，兰仔的爸爸妈妈采取了一致态度，收到比较好的效果。如果父母亲的要求不一致或有一方姑息迁就，就容易使孩子无所适从和钻大人的空子，甚至会形成看人做事的双重人格。

　　在一般问题上，做父母的要经常交换意见，统一认识，以免在教育过程中产生矛盾。晓刚的妈妈有一次批评晓刚没有及时整理床铺。这时爸爸回来了，他知道了事情的来龙去脉后，认为晓刚昨晚休息得不好，早上起床后来

不及整理就匆匆赶去上学了，情有可原。那么，究竟是当面指出当妈妈的批评得不对好呢，还是在一旁不吭气，以维护做父母的尊严？晓刚的爸爸犯了难。其实这个问题要解决起来并不困难。由于处理孩子的某个突发问题，不可能率先交换意见，当某位家长已在教育孩子，那么持不同看法的另一位家长最好不要吭声，或有意回避一下。事后家长再商量，统一看法，必要的话，再对原先的教育进行补充，或更正原先教育中某些不妥之处。这样，既不会当着孩子的面表现出父母之间在管教孩子问题上的分歧，以免孩子钻空子，同时又容易避免偏激，让孩子更易接受意见。

只对孩子提出要求还不够，还要时刻督促他们实行。时紧时松，朝令夕改，或前紧后松，虎头蛇尾，都会使要求失去效力。孩子的行为如果随家长态度的变化摇摆不定，不仅难以形成良好的行为习惯，而且会使他对家长的要求抱无所谓态度，家长会因此在孩子面前失去威信。做父母的必须清醒地认识到教育孩子是一项长期而艰苦细致的工作。只要经过深思熟虑，一旦对孩子提出某项合理的要求，就要豁出时间和精力，指导、督导孩子坚决执行，不达目的绝不罢休。

3. 艺术陶冶

两千多年前，中国的一位大教育家孔子就主张要"诗教"和"乐教"，他认为读诗可以培养联想能力，可以锻炼合群力，他认为音乐能够促进道德行为的养成。不少新加坡人虽然不见得知道孔子的具体主张，但显然也意识到品德教育中，家长要重视艺术的陶冶作用，善于运用生动有趣的民间故事、童话故事等来教育孩子。

科仔是个聪明活泼的孩子，可却有个不好的毛病——爱插嘴。有时他不分场合急于表达自己的意见，不但得不到大人的表扬，反而讨嫌，为此他自己也很不开心。有一天，科仔的妈妈给他讲了个小八哥的故事："从前有一只小八哥，他和许多小朋友一起住在树林子里，小八哥有爱插嘴的毛病。小松鼠正在给大家伙儿讲怎么样用松塔做数数游戏，小八哥跑过来插嘴道：'我知道，我知道'。大家正兴致勃勃地请小黄莺唱歌，小八哥过来喊道：'我会唱，我会唱'。树林里开"百鸟故事会"，每个人都得讲个最好听的故事。可谁讲的时候小八哥都要插上几句，弄得讲故事的和听故事的都不高兴。慢慢地，大家都不愿意和小八哥在一起玩了。每次大家正玩得开心呢，见了小八哥都会走开，小八哥感到很孤独，很伤心。它问自己："为什么大家都不跟我玩了呢？"讲到这儿，妈妈笑着对科仔说："科仔你想想看，为什么大家不跟小八哥玩了呢？"聪明的科

仔不仅回答了妈妈的问题，也从此学着管住自己的嘴巴了。从此以后，每当听别人说话，嗓子开始痒时，他就会用小手使劲儿捂住自己的嘴巴。

许多广为流传的民间故事、童话寓言道理于具体事例、具体形象中，让孩子们通过生动有趣的故事明白什么是好的、什么是坏的，应该怎样做，不该怎样做。

《海的女儿》让孩子幼小的心灵明白了人们应该追求美好事物并且有为美好事物而献身的崇高精神，《拔萝卜》通过老头子、老婆子、孙女儿、小猫小狗和小耗子一起拔萝卜的故事，使孩子们生动形象地认识到团结起来力量大的道理。此外，音乐、戏剧、舞蹈、电影等好的作品都可以作为对孩子进行品德教育的手段。

4. 多采用正面教育

在儿童教育中，有一种奇妙的心理现象一直为人们所津津乐道，这就是"皮格马利翁效应"。皮格马利翁是希腊神话中的一位雕塑家。他爱上了自己塑造的一尊美丽的少女的塑像。爱神阿共洛独威见他情感真挚，就赋予了这些少女塑像鲜活的生命，从此雕塑家与少女幸福地结合在一起，过上了美好的生活，这则神话故事显然喻示了人们的美好愿望终能成为现实。

1968 年有位著名的心理学家来到一所美国小学进行"预测未来发展"的测验。事后他向该校的教师提供了一份名单，说测验中发现名单上的这些学生有发展的可能性，只不过现在还"迟熟"，以后则很有可能取得优异成绩。他要求老师们对这件事一定要保密，不能告诉任何人。八个月后，这位心理学家，又来到这所小学，发现列入名单的学生成绩进步要比别的学生快。他们的求知欲旺盛，适应力强，和老师的感情特别好。低年级学生中这一现象尤其明显，其实这些学生不过是从学生花名册中随便点出来的。这位心理学家就是大名鼎鼎的罗森塔尔，他的这项实验被称为"皮格马利翁效应"。他解释说这是由于老师们得知名单上的学生将会有优异的发展，从而对他们产生了好感和期望。教师与这些学生的接触中，有意无意地以表情、眼神、语调传达出暗示和期望，对孩子们产生了积极的心理影响，使他们对自己"有一天会成为出类拔萃的学生"这一愿望的实现，产生了心理上的安慰和激励作用，从而收到良好效果。

在新加坡流传着这样一则家喻户晓的小故事，健仔是个曾有过偷盗行为的男孩子，在许多人眼里他无疑劣迹斑斑，是名典型的不良少年。健仔也不争气，每日里逃学捣蛋，动不动和人打架，一旦同学们丢了支笔或别的东西，

都会不约而同地将目光集中到健仔身上，他于是又会暴跳如雷，揪住同学的胸口就是一顿猛揍，结果差点儿因此被勒令退学。就在健仔自暴自弃，一蹶不振时，有一天，新来的班主任老师忽然叫住他，亲切地拍着他的小肩膀说："健仔，老师请你帮个忙，好吗？"说着就递给他一个小包，委托他将包送到某地。健仔还从未见过教师这么和颜悦色地和他说过话呢，他兴冲冲地拿着包裹就往外走。路上，健仔抑制不住自己强烈的好奇心，偷偷摸摸地打开了包裹，令他分外吃惊的是，包裹里全是钱。健仔忽然感到从未有过的愧疚和懊恼，面对这满满一包的钱，他感受到了老师对他的信任，这无疑满足了他一直以来所期待得到信任和尊重的需要。健仔被深深打动了，最后他终于把钱如数送达目的的地，并由此开始改掉偷盗恶习。

由此可见，"皮格马利翁效应"给人带来的思想和行为上的变化不可谓不大。对家长来说，他们对孩子的期望越高，对孩子越信任，与孩子的感情越融洽，越能够激发孩子的进取精神，做父母的要善于利用这一原理，在日常生活中用充满信赖与期待的目光注意孩子的行为举止，一旦发现了其中优点和长处就要及时肯定，用口头表扬、适当的物质奖励、亲切的爱抚、拥抱、亲吻等举动表达自己的赞扬和愿望。对那些爱调皮捣蛋，或是能力平平，很少受到表扬而缺乏自信心的孩子，更要注意以表扬、鼓励为主。那些没完没了的数落、责备会使孩子不知所措，更会令孩子丧失自信、自尊而自暴自弃。

新加坡家长对孩子责任感的培养

责任感是一种十分高尚的道德修养，是一个人对自己的言论、行动、许诺等，持以认真负责、积极主动的态度而产生的情绪体验。如实现了承诺、完成了任务后感到欣慰或问心无愧，未尽到责任时则感到惭愧、不安、内疚等等。责任感一旦产生，就会成为一种稳定个性心理品质，可以有效地提高学习积极性，自觉地加强意志锻炼，促进孩子个性的全面发展。

孩子的责任感是从对具体事物产生喜爱开始的，表现为对他所敬爱的人交给的任务有责任感，而对其他人交给的同样任务没有责任感，对他爱做的事有责任感，对他不爱做的事没有责任感等等。从孩子懂事起，家长就可以有意识地培养孩子的责任感。例如，可以让孩子做自己的事及一些简单的家务劳动，帮助邻居送报刊、信件。孩子在经常受到委托，为他人或集体做些有益的事时，通过自己的劳动获得肯定的评价，产生满足和愉快的内心体验过程中，才能培养起强烈的责任感。

新加坡教育专家为家长提供了以下几点参考意见，以帮助他们更好地培

养孩子的责任感：（1）教育孩子自己的事情自己做，例如自己整理房间、洗衣服等。（2）教育孩子关心自己的亲人和家庭。做父母的应该要求孩子主动关心家里的老人、病人和比自己年幼的孩子。要委托孩子分担力所能及的家务劳动，让孩子在生活的磨炼中感受到责任的分量。（3）在学习过程中培养孩子的责任感。要让孩子了解父母对他的期望与信任，把学习当成自己必须完成的任务。当孩子在学习过程中遇到困难，思想动摇时，家长要鼓励孩子克服困难坚持下去；当孩子完成学习任务，取得成绩进步时，家长要及时肯定、鼓励，让孩子体验到实现诺言，完成任务时发自内心的满足与喜悦。

在社会活动中培养孩子的责任感。做父母的可以有意识地安排孩子帮助孤寡老人、残疾人做点事，带孩子一块儿参加居民区的卫生、绿化劳动，鼓励孩子做好值日生等等。在社会活动的实际锻炼中，要使孩子逐渐感受到自我存在的社会价值，不断增强他的社会责任感。

新加坡家长对孩子自信心的培养

新加坡著名企业家陈昌杰先生在谈到自己白手起家的艰难创业历程时，充满深情地说："我要感谢我的母亲，是她从小就培养了我的自信心。"陈昌杰小时候有着强烈的自尊心，他格外希望能得到大人的肯定与信任，但也许正是这个原因，很多时候只要有大人在场，他办事就总爱出错，因此又时常产生自卑情绪。母亲总是最能理解儿子的，小昌杰的妈妈早就注意到儿子的反常，这位细心的妈妈开始琢磨如何帮助孩子摆脱自卑心理的干扰，树立起自信心。有一回小昌杰在家庭聚会上给大家表演他刚学会的一支钢琴曲，本来曲子已经练得很娴熟，可一到正式演出时，小昌杰总在某一乐句上卡住，他涨红了脸，恨不得地下有条缝可以让自己钻进去。这时候，小昌杰忽然听到亲切的掌声。原来他的妈妈走到钢琴旁带头鼓起掌来。她温柔地对昌杰说："你弹得不错，就是太紧张了。慢慢来，别着急，大家都等着你发挥出最佳水平来呢。"没有冷嘲热讽，没有失望训斥，在妈妈温暖的笑容中，小昌杰鼓足勇气重新开始弹奏这支曲子。全家人为他打拍子，大家随着钢琴声微微晃动脑袋，人人脸上露出了陶醉神色。那一刹那，小昌杰感到莫大的满足感和成就感，原来他的曲子也可以弹得这么好！这种自信心伴随着陈昌杰逐步成长，后来又被他运用到商业上。于是在竞争分外激烈的商场上，凭借这份自信，陈昌杰表现出过人的胆识与魄力，在数年内迅速拓展业务，一跃成为令人瞩目的新加坡"十大青年企业家"之一。

这个例子说明了自信心对孩子成才的重要性。家长朋友可以从以下几方

面培养孩子的自信心：不伤害、打击孩子的自尊心、努力发现孩子的优点、保证孩子的身心健康、鼓励孩子特殊才能的发展。

（1）不要伤害、打击孩子的自尊心、自信心。这一点，陈昌杰的妈妈做得十分好。她清楚地认识到孩子年纪虽小，却同样有着自尊心。因此，在孩子遇到难处时，她用温和的笑容、甜美的话语让孩子明白了，妈妈相信他能做好，他是个聪明的孩子。

（2）努力发现孩子的优点、长处。对那些淘气的孩子和智力发展滞后的孩子尤其要注意这一点。这些孩子听惯了成人的斥责、嫌弃、自卑感强、自信心弱。要培养他们的自信心就必须从发现他们的优点、长处开始，适时地给予充分的肯定和赞扬。让他们看到自己的优点与长处，看到希望，激发和保护他们的自信心和自尊心。

（3）保证孩子的身心健康。一个健康、聪慧、品行端正的孩子，无论在家庭还是在外面，都比较容易得到大人的喜爱、赞扬与奖励。这些能使孩子充分感受到自我的存在价值，激发他的进取精神，加强和巩固他的自信心。

（4）鼓励孩子特殊才能的发展。家长要让孩子在体育、音乐、艺术、文学等方面表现出来的特殊才能得到培养与发展。特殊才能的发展不仅能满足孩子自我表现的欲望，更能使他从成功的喜悦中获得自信。这对那些具有一技之长，而其他方面发展平平的孩子更显得具有特殊意义。

新加坡的父母对孩子想象力的启发

新加坡的父母们如何着手启发孩子的想象力并使之向创造性方向发展呢。《新加坡教育导报》上有专家撰文指出几条中肯意见：在观察大自然中引导孩子的想象、将孩子引进快乐王国、让孩子在讲故事的活动里激发想象、让孩子在美术生活中激发想象、让孩子进行情景描述。

1. 在观察大自然中引导孩子的想象

大自然的一切都可以引发孩子无穷的遐想：蓝天中悬浮的朵朵洁白云彩，成群结队吃得膘肥肚圆的牛羊，好似墨绿色地毯的绿茵茵的草地，铺延好几里地迎风招展的山花……在孩子观察大自然的同时，家长有意识地引导孩子去想象、比拟，这些事物就会在孩子头脑中变成无数美好而奇异的童话，在孩子想象的同时，家长可进一步引导孩子把自己的想象用语言描述出来，或用图画表达出来。

2. 将孩子引进快乐的游戏王国

孩子的整个游戏王国是靠想象支撑的。在无拘无束的游戏中，孩子的想象力通常异常活跃。一个小女孩抱着"娃娃"做游戏时，她不仅把自己想象成"妈妈"，还要想象"妈妈"怎样关心爱护自己的宝宝。当她把一顶白帽子扣在小脑袋上，煞有其事地做医生的时候，头脑中就会不断地进行着有关方面的想象活动。

新加坡物价昂贵，不少父母手头并无过多积蓄，他们并不强求给孩子买昂贵的玩具，而更加看重它给孩子自由发挥想象力的余地。

在不少新加坡儿童画报上，也时常登载一些自制小玩具的窍门。比如一只废弃的可乐瓶，经过孩子的改造，可以把它想象成为医院里给病人悬挂的"盐水瓶"或一只精致小巧的塑料花篮；经过创造想象，半块核桃壳，用橡皮泥粘上头颈便成了"动物园"里的乌龟，一个可以随意改变形状的玩具比那些制作精巧但不能动手的观赏玩具更能发挥该子的想象力。

任何孩子都酷爱游戏，但并不是任何孩子的想象力都能够在游戏活动中获得最大程度的发展。如何更加有效地通过游戏培养和发展孩子的想象力，关键就在于家长如何有意识地加以"导演"了。

3. 让孩子在讲故事的活动里激发想象

讲故事，猜谜语是发展孩子想象力的重要途径。孩子酷爱听故事，尤其是最能促使孩子想象的童话和神话故事。

新加坡著名女作家尤今说，她在小时候常听母亲给自己讲述故事，每回说到"且听下回分解"的地方就停住，以后的故事情节由她自己去想象。幼年的尤今为此绞尽脑汁，兴致盎然地做了种种猜想，有时还同母亲商量，等待着第二天故事情节的发展。第二天，慈祥的妈妈在讲故事之前，总爱鼓励小尤今说她是怎么想的，然后自己再讲。一旦尤今猜中了故事的结尾，她常会情不自禁地欢喜地叫起来。尤今的记忆力和想象力就是这样培养起来的，这为她后来写文章带来很大益处。

4. 让孩子在美术生活中激发想象

美术活动是发展孩子想象力的有效途径。新加坡的家长经常有意识地为孩子准备一些画笔、粉泥、彩色纸或小积木等，让孩子们去画、去捏、去折叠、去拼搭，表达出各种不同的形象。其实，画画的目的之一就是让孩子可以有机会自己想、自己画、想画什么就画什么，为孩子想象力的拓展提供一

方无拘无束的天空。

5. 让孩子进行"情景描述"

新加坡教育中一项重要内容就是培养孩子的口头表达能力，并积极展开想象的翅膀尽情驰骋。

在新加坡的公共活动场所，无论街心花园也好，绿地草坪也罢。经常能见到年轻的父母低头向孩子提类似的问题："今天天气真棒，春光明媚，想想看公园会怎样？""昨天晚上那场风好大啊，想想看街上会是什么样？"要求孩子根据他的想象描述出来。家长还尽可以启发和诱导孩子，使孩子尽可能想象得丰富些。譬如："这是一个春光明媚的天气，想想看公园里的花会怎样？草会怎样？树会怎样？人又会怎样？"

此外，还可以假定生活中遇到这样或那样的困难，让孩子想象解决问题的办法，并鼓励孩子尽量多想一些解决办法。例如，"一个乒乓球滚进长沙发底下了，该怎么办呢？"孩子可能由此生发开去，想象着：蹲下来，用手去捡，还可以借助棍子拨出来。另外，请爸爸妈妈将沙发移开，也可以……

新加坡中小学思想道德教育的现状

新加坡地处欧亚大陆的连接地带，特殊地理位置及东西方文化的水乳交融，形成了它独特的文化氛围。新加坡尽管是一个自然资源匮乏、面积很小的城市国家，但它科学的政体模式，繁荣的经济发展、高质量的生活水准，高标准的国民文化教育等使其成为世界上最有竞争力的国家之一。在短短的三十年里，它就成为亚洲"四小龙"之一。尤其近些年，世界各国的城市都被暴力、凶杀、吸毒等危害青少年身心的阴影所笼罩，而新加坡却以良好的社会秩序和治安环境独树一帜，使其成为亚洲"最适合居住"的国家。究其原因，除政府施行严格的法律、法规治理国家以外，就要归功于教育的成功了。在众多教育举措之中有一条，新加坡非常重视对少年儿童的道德教育，并把学校道德教育的成功和国家的存亡联系在一起。由此带来了公民较强的社会公德心和自律能力，青少年的犯罪率为世界上最低。

新加坡中小学道德教育的目标

由于新加坡是一个多民族、多语言、多宗教、多文化的国家，各方面的矛盾冲突较多，其中最主要的就是价值观的冲突。为了解决这一问题，促进社会的进一步融合，新加坡政府于1991年公布了"共同价值白皮书"，提出

了五大价值观：1）国家至上，社会为先；2）家庭为根，社会为本；3）关怀扶植，尊重个人；4）求同存异，协商共识；5）种族和谐，宗教宽容。在新加坡教育规划署编的《公民道德标准》中也曾规定了这样的教学目标：建立在不断扩展的人际关系基础上，由个人延伸到社会和国家。

1992年，新加坡小学开始使用《好公民》教材。开设这门课的宗旨是培养具有以下素质的好公民：社会利益高于个人利益；维护组成社会的家庭；提倡种族和宗教间的宽宏大量和相互体谅；协商解决问题的美德。其目标体现为四个方面：向学生灌输适合新加坡的东方价值观；训练学生的道德判别能力；教导学生处世待人须为他人设想的道理；使学生明白身为年轻公民的责任。中学也以此为蓝本展开公民道德教育，开设了《新公民学》和《公民与道德》等课程。

目前，新加坡中学的公民道德教育的目标是：使学生具有高尚的品德、善良的性格、强健的体魄、优良的习惯、爱国爱民的意识及各民族互助合作的精神，以期成为优秀的青年，借以成为国家、社会的中坚。

可见，新加坡的中小学公民道德教育的目的主要是：塑造良好的、有用的和忠诚老实的好公民，而且特别强调青少年的社会责任感和忠于祖国方面的道德品质的培养。

新加坡中小学道德教育的内容

1. 小学公民道德教育的内容

小学的《好公民》由课本、作业、教师手册、活动安排和视听教材等部分组成，其内容根据学生的不同发展阶段，共划分为六个层次。它总体上遵循从个人到家庭、学校、国家乃至整个世界和全人类的发展顺序，来对学生进行道德教育。

小学一年级的道德教育以"个人"为中心，包括自知、好习惯、健康、礼貌、安全、爱家、孝顺、友爱、仁爱、爱校、尊师、服从、守秩序、清洁、勤学等15个德目。

小学二年级的道德教育以"家庭"为中心，包括好习惯、礼貌（关心家人）、安全、爱家、孝顺、友爱（珍惜手足之情）、仁爱、爱校、尊师、勤学、勤俭、诚实、守时、勤劳（帮助做家务）、自律、互助、尊重等17个德目。

小学三年级的道德教育以"学校"为中心，包括健康、爱家、爱校、服从、勤学、互助、尊重、个人卫生、知足、敬老、守规（遵守校规）、和谐、

睦邻、恒心、毅力、勇敢、体谅等17个德目。

小学四年级的道德教育以"邻居"为中心，包括礼貌、孝顺、友爱、尊师、刻苦、节俭、探究、勤劳、互助、尊重、敬老、和谐（与各民族邻居和谐相处，参与社区的各种活动）、恒心、毅力、勇敢、和睦、容忍、正义、感恩、尊敬等20个德目。

小学五年级的道德教育以"国家"为中心，包括健康、礼貌、孝顺、自律、尊重、守规、体谅、合作、公德心、守法、爱国、勤奋、民主、了解、质朴等15个德目。

小学六年级的道德教育以"世界"为中心，包括自爱、仁爱、爱校、勤学、尊重、和谐、睦邻、体谅、合作、爱国、了解、服务、牺牲小我等13个德目。

2. 中学公民道德教育的内容

根据上述五大共同价值观，新加坡教育部颁布了《公民与道德教育大纲》，要求所有的中学必须按照大纲的规定来实施道德教育。而且在该大纲中，又进一步阐述了中学道德教育的五大价值观，即国家利益高于社区利益，社会利益先于个人利益；家庭是社会的基础；支持社会、尊重个人；珍视团结、防止冲突；实现种族和宗教平等和睦。从新加坡中学道德教育的五大价值观可以看出，中学的道德教育比小学更进一层，实现了由个人道德培养转向公民道德培养，增强了对学习国家精神、团结精神以及牺牲精神的培养，这些精神的培养有利于新加坡的青少年成长为新加坡的良好公民，从而为新加坡的和平、稳定做出贡献。但是，新加坡中学的道德教育除了加强对学生公民道德的培养外，还重视学生的个人修养。中一、中二的道德教育课主要重视的还是学生的个人价值观和品德修养，而中三、中四的道德教育课才以公民和社会意识的培养为主。总之，新加坡中学的道德教育主要是围绕着培养良好品德、发挥个人潜能、促进人际关系的和谐、肯定家庭生活的重要性、发扬社区精神、加强对文化与宗教的认识、培养献身国家建设的精神等七个方面展开的。

从新加坡的中小学道德教育内容上看，儒家伦理道德思想对它的影响是十分深远的。"修身、齐家、治国、平天下"的道德培养顺序是其道德教育内容的主要特点。同时，新加坡的道德教育也受到西方国家道德教育的影响，比较注重对未成年人进行公民道德教育，但是其公民道德教育的内容与西方国家的公民道德教育内容是有很大差别的。西方的公民道德教育是强调个人利益的，而新加坡的公民道德教育则是强调国家利益的。当国家利益和个人

利益发生冲突时，个人的利益要被舍弃掉。

新加坡中小学道德教育的途径

1. 日常行为准则教育

新加坡教育部门认为，体现社会道德要求的日常行为准则教育是对小学生进行道德教育的一个重要方面。为了使道德教育落到实处，新加坡还制订了严格的《学校规则》。规定学生不准抽烟、随地吐痰、乱丢垃圾、涂写墙壁、赌博、破坏公物、说粗话、喊叫、吵架、说谎、偷窃、浪费水电、在走廊或阶梯上乱跑；女生不准穿超短裙，不准戴耳环和首饰；男生不准留长发，不准穿太短太小的短裤等。每天早晨必须参加庄严的升旗仪式，高唱国歌、朗诵誓言。誓言的内容是："我们是新加坡公民，誓愿不分种族、语言、宗教的异同，团结一致地建设公正、平等的民主社会，并愿为实现国家的幸福、繁荣与进步而共同努力。"下午放学还要举行降旗仪式、唱国歌。通过一系列行为准则的学习和强化，学生在日常生活中养成了良好的道德品质和行为规范。

2. 公民教育课

中小学公民课是必修课，但不是考试科目。其教学目的是按照传统的伦理道德观念，对少年儿童进行社会生活准则、道德责任、种族和谐和热爱祖国、忠于祖国等公民意识教育。公民课程教材由课本、作业、教师手册、视听材料组成。

比如小学 1~3 年级教材以连环画方式为主，4~6 年级以生活实例为主。教材内容取材于国内外的古今故事，其中的将相和、木兰从军、苏武牧羊和岳飞精忠报国等，便是取材于中国的历史典故。教师手册向教师提示了每节课的教学目的、教学活动的具体项目以及课后活动等。为了保证小学的道德教育能够取得较好效果，各小学都设有由校长兼任主任的道德教育教研室，并且挑选好教师担任这门课的教学。学校中的其他教师也应当向学生树立良好的榜样，并把道德价值观念教育贯穿于自己的教学中。

3. 生活教育课

20 世纪 60 年代，新加坡对小学公民教学大纲和教科书进行了一次检查，设计了"生活教育"课，把公民课和历史、地理教学结合起来，既进行道德教育，又进行社会教育。从 1974 年起，新加坡小学开设了生活教育课，代替了原有的公民课。

生活教育课的教育目的是：（1）帮助学生认识建设国家的目的和意义，认识自己作为忠实的、爱国的、认真负责的和守法的公民的义务；（2）使学生了解自己的国家是怎样发展的，更好地了解本国的地理环境；（3）帮助学生理解和评价东西方传统中的合理因素；（4）引导学生认识人与社会的关系，进而认识社会和世界的关系。使他们将来能够在多民族、多文化的社会中和睦、融洽地生活。

存在的主要问题：（1）生活教育教科书中介绍了引起道德冲突的各种情境。如果采用讲故事的方法，用某些具体实例来说明解决道德冲突的办法，而把抽象的道德概念的教学放在孩子智力发展的后一阶段进行，效果会更好一些；（2）低年级生活教育教科书的内容基本适当，但还应有较多的课文采取传统故事或民间传说的编写形式，以灌输各种必要的道德价值和观念。高年级的课本看来是单调的、缺乏想象力的，不能激发学生的兴趣，书中所要传授的道德观念与学生有关的体验的联系是很薄弱的；（3）教师在学校和个人生活方面，并没有像生活教育教学大纲规定的那样，为学生树立良好的榜样。教师的这类行为，给学生的思想造成了混乱，而且给人留下一种印象，好像课堂上所说的都是骗人的。因此，必须为教师制定正式的道德教育计划，使所有教师都要在教育学院接受教育训练。

4. 课外教育活动

新加坡中小学开展了形式多样的课外活动，如文体活动、尊老敬贤活动、义务劳动和文明礼貌月活动等。而且早在 1990 年新加坡教育部就制定和推行了一项学生社区服务计划，旨在培养学生建立正确的价值观，从小养成服务精神。包括：（1）"好朋友"计划；（2）关怀与分享计划；（3）负起校内的领导责任；（4）到福利收养所和儿童组织服务；（5）清洁环境计划；（6）临时服务如春节慰问活动、慈善乐捐活动等。通过活动使学生将课堂理论学习与现实生活的身体力行结合起来。有利于实现知行统一。

新加坡小学组织学生参加各种校内外活动，在活动中培养少年儿童的爱国思想和集体观念，加强学生的组织纪律性。除了每天都举行庄严的升降国旗仪式外，每天都组织各类体育活动和音乐、戏剧等文艺活动、童子军活动，还经常组织书画、棋类、相声比赛。学生必须有选择地参加一定的校内外活动，活动中的分数记入成绩册。有课外活动主任专门负责此项工作。新加坡教育界认为，一切具有社会伦理性质的集体组织及其活动，都能在学校的道德教育中起积极作用，学校应当积极地开展和组织学生参加这些活动，并给予热情鼓励或采取各种方式予以指导。

5. 创造优良的育人环境

新加坡政府十分重视发挥社会环境的教育职能。他们认为，对年轻一代的教育不仅是学校的事情，同时也是全社会的责任，社会各方面要密切配合，为少年儿童的健康成长创造优良的社会环境。近年来，新加坡开展了清洁运动、植树运动、礼貌运动、禁烟运动等活动，把新加坡建设成为整洁的花园城市；人们守纪律，有礼貌，社会风气良好，这些都使青少年从中受到了熏陶。社会各界对学校的道德教育给予大力支持。政府把学校、家庭、课外活动中心、社区机构、文化部门等组成对青少年进行道德教育的综合体。通过电视、广播、电影、报刊、书籍等媒介向青少年进行教育，收到较好的成效。政府还禁止放映色情、凶杀和一味宣扬武打的影片，适当控制新闻报道中的凶杀内容。要求记者、作家、出版界自我约束，家长和教师以身作则，为少年儿童树立良好榜样。

新加坡中小学公民道德教育的途径丰富多样。一种是课堂教学，坚持通过开设道德课，这种课堂教学既有专门的道德教育课程的教学，也有包含道德教育要素的各个学科的课堂教学，向学生讲解系统的道德伦理知识；一种是课外活动，新加坡最有特色的课外活动是社区服务计划。该计划旨在培养学生正确的价值观和服务精神，这种活动共包括帮助他人、关怀与分享、对他人负责、到福利院服务、清洁环境和机动活动等六个方面，强调将德育目标贯彻到学校全部课程的教学和各项工作中，并且渗透到社会的各个领域，形成全方位实施道德教育的格局；最后一种途径是道德教育同生活规范与法规紧密结合。新加坡是一个法制严明的社会，其道德教育的过程也紧紧地与法律、规范相联系，新加坡的每所学校都制定了与新加坡法律和社会公德相一致的学生日常行为准则，学生要像遵守法律一样遵守这些行为准则。

6. 各科教学的德育渗透

除德育课外，还充分发挥各科教学活动的"载道作用"和"渗透作用"，对学生进行道德教育。即借助科学的方法把德育内容和具体的科学知识糅合在一起，在讲授科学知识的同时，通过创设和利用学科知识所具有的德育情境，潜移默化地培养学生的高尚情操。

新加坡中小学道德教育的方法、教学组织形式及启示

1. 中小学道德教育的方法和教学组织形式

新加坡中小学在吸收东方儒家伦理精华的同时，也面向世界。在引进西方较为先进的德育理论和方法的基础上进行创新，建构了一套适应本国青少年发展需要的德育教学方法。主要有价值澄清法、文化传递法、设身处地考虑法、道德认知发展法等。这些方法并不是僵化的模式，为了达到最优的教学效果，教师采用了灵活多样的教学组织形式如游戏、讨论、角色表演、参观、访问、辩论等，并广泛地运用多媒体技术和手段。

新加坡地处东西方文明的交汇处，是一个多元种族、多元文化、多元宗教的社会。在这样的背景下，新加坡的学校德育既注重西方文化传统，又大量吸收儒家伦理的精华。在教学方式方面，新加坡十分重视吸取西方现代教学方式中的长处，注重东西方教育的结合，创造了许多可以借鉴的德育教育经验。这些方法主要有下述几个方面。

（1）文化传递法。

所谓文化传递法，就是通过教学，把过去积累下来的某些优良的文化价值观和道德标准传递给学生，教师可以讲故事、朗诵、直接问答、角色扮演和讨论，使学生接受所要传递的价值观。它的目标是通过教学，把过去积累下来的知识、规则或道德标准传递给学生，让学生讨论所传递的价值观念。这种教学方法是以教师利用实例、生活事件、故事、诗歌等，引导学生进入所呈现的生活情境或历史事件、寓言故事等道德情境中，并通过启发、思考、问答、讨论等活动教学法，使学生辨别正误、知道是非，树立起正确的道德思想。这种方法虽然一定程度上沿袭了传统的教学方法，但已作了较大的变革，更加注重形式的多样性和学生的参与。实践证明，这种教育方法对于低年级学生具有较好的效果。新加坡小学道德教育历来就重视德目的教学，1990 年开始修订的《好公民》教材列出了体现东方传统价值观的 35 个德目，分属五个范畴，即：个人修养、个人与家庭、个人与学校、个人与社会、个人与国家/世界。低年级着重个人修养、个人与家庭、个人与学校；高年级则扩展到个人与社会和个人与国家/世界。

（2）设身处地考虑法。

道德教育注意"人"与"己"之间的距离。这种教学法的目的是通过教学，解除学生的心理障碍——恐惧和不信任感，并鼓励学生在评论之前，能设身处地为别人着想，了解别人的感受、需要或利益，不从自己的立场看问题而轻易下判断。在教学上，通过家庭、邻居、学校、朋友等的生活环境来分享共同问题的经验，从了解别人的动机、立场开始，培养每个人关怀他人的良好情操。在教学过程中，教师设法引导学生进入情境，通过问答法、讨论法或角色扮演法等，引导学生要有同情心，关怀和爱护他人，来达到教学目的。

（3）价值澄清法。

在日常生活中，学生每天都要碰上许多价值的冲突和抉择。此法的目标是通过教学，帮助学生了解自己或别人的道德或价值观。它强调道德或价值观是经过自由选择、反省和行动澄清出来的，而不是靠教导来获得的，所以价值澄清重视道德和价值观的形成过程。价值澄清法，本为美国的位斯·哈明所创，分选择、珍视和行动三阶段，七个步骤。新加坡人把它做了改造，变成五个步骤。即认清问题，找出各种可能的选择；衡量各种选择的利弊；考虑各种选择的后果，做出选择；珍视并愿意公开所做出的选择；根据自己的选择采取行动。

（4）道德认知发展法。

这是引进美国德育学家科尔伯格提出的德育教学法。主要是通过讨论道德两难问题，了解学生的道德认知发展，并将学生的道德认知提高到一个新层次。在教学上，采用道德两难困境的讨论，促使学生多方面考虑，然后提出解决的方法，说明原因，并聆听及参考其他同学的意见，以便和自己的想法相比较，而后作出选择。其特点是通过教学刺激学生认知结构的改变，提升道德认知层次，以增进学生解决问题的能力。根据科尔伯格的理论，人的道德认知发展分为三个水平六个阶段，由低层次循序渐进，每个阶段都以不同的观点作出道德判断。另外，新加坡的学校道德教育，根据学生的不同阶段的道德认知发展水平，采取了灵活多样的方法，归纳起来主要遵循六项基本的原则：（1）顺情，即道德教育要动之以情；（2）顺理，即道德教育要晓之以理；（3）顺性，即依照学生的个性与年龄进行教育；（4）顺势，即顺应时势，给予相应的道德教育；（5）顺利，即因势利导；（6）顺真，即讲真话，实事求是。

道德认知是决定道德行为的重要因素。认知结构的发展有序，形成不同的阶段。低阶段更是高阶段的先决条件，而高阶段比低阶段能处理更广泛、更复杂的道德或价值问题。此法要求教师在决定教材之前，要预估班上学生

的道德发展阶段，然后提供比学生现阶段更高一阶段的价值判断的机会。课堂上，常常采用道德两难问题的讨论，促使学生多方思考，然后提出解决的方法，说明原因，并倾听及参考其他同学的意见，以便和自己的想法相比较，而后作出选择，以此达到学生认知结构的改变，道德认知层次的提高等目的。

四种课堂教学方法并不要求每堂课必须全部采用。教师要根据学生的道德认知实际，以及教学任务，灵活地取舍，或一种，或两种，或多种，不拘套路。总原则是以学生为中心，变学生被动受教为主动参与，积极思考，进而接受正确的价值观念和道德观念。教师在教学时是灵活使用的，如何取舍，需视哪一种教学法能更有效地达到教学目标和学生的认知阶段而定。此外，教师在教学过程中还应采用讲述、讨论、辩论、角色扮演、参观、游戏、实践等方式及充分利用视听教具以加强教学效果。以上四种方法的普遍使用和对教师德育方法的六种要求，体现了新加坡在德育方法上的重大变革。其指导思想就是以学生为中心，变学生被动接受为主动参与，积极思考，不断提高学生的道德判断和道德选择能力，并应用灵活多变的德育方法，大大提高了道德教育的教学效果。

新加坡道德教育的具体方法是多种多样的，其中最常用的方法是道德教学法。即通过道德课程的教学将已有的道德知识、道德规则与道德标准传授给学生。当然，这种道德知识的传授并不是一种枯燥的道德说教，而是采用较为活泼、生动的形式传递给学生，如通过讲故事、角色扮演、讨论以及历史名人、事件等形式来进行。另外，新加坡也引进了柯尔伯格的道德两难问题法。此种教学法主要用于高年级学生的道德教育课堂中，以提高学生的道德认知、道德判断能力以及道德问题的解决能力，形成道德情感与道德动机。

新加坡除了重视学校内的道德教育之外，对于家庭道德教育以及社会道德教育的责任也十分重视。可以说，新加坡的道德教育之所以能有这样高的水平，其中学校、家庭与社会之间的密切配合起到了很关键的作用。新加坡是一个非常重视家庭教育的国家。1982 年，新加坡前总理李光耀在农历春节献词中就指出，"家庭这个基本单位的巩固团结，使华人社会经历了五千年不衰。在现代化进程中，有一点我们是必须不惜任何代价加以回避的，那就是，我们决不能让三代同堂的家庭分裂……如果我国社会要在不失去它的文化传统，同情心和智慧的情形下自力更生，我们就必须保有这珍贵的家庭结构"，"如果能保有这种三代同堂结构的家庭制度，我们的社会将是一个更快乐、更美好的社会。"新加坡之所以如此重视家庭的重要性以及三代同堂家庭结构的重要性的主要原因之一，就是这样的家庭更有利于对儿童进行道德教育。家庭的传统美德以及父母与孩子、祖父母与孩子之间的亲密关系对于儿童的道德形成有着重要的作用，能够有效地促使其形成尊敬长辈与他人、对人礼貌、具有家庭荣誉感以及为他人着想等优秀品质。同时，新加坡还非常重视社会对道德教育的配合，如新加坡严禁一切色情暴力的书刊杂志出版，强调新闻记者、作家、出版界的自律。另外，新加坡政府还通过开展礼貌、清洁、植树、禁烟、遵守秩序等社会活动来对青少年进行道德教育。

2. 新加坡的德育方法对我国中小学德育的启示

（1）注重东西方德育方法的融合利用，改进德育方法。

新加坡在社会日益开放、文化价值呈现多元化的时代，不断改进传统的德育方法，把东方注重系统道德规范教学和西方注重培养道德思维能力有机结合起来。为此，新加坡教育部借鉴和引进了西方先进的德育方法，如文化传递法、设身处地考虑法、价值澄清法和道德认知法。这些方法都贯穿着"学生主体"这一主线，使学生成为真正的主体，让学生参与教学，让他们在讲故事、问答、讨论和角色扮演中获得道德知识和践履道德行为，在生活中获得较好的德育效果。这就启示我们，在社会日益开放、文化价值观呈现多元化的时代，学校德育不能只是沿用传统的教育方法，而应在借鉴和汲取国外德育研究成果的基础上大胆创新，不断探索出更为有效的、适合我国国情的德育方法。

（2）学校德育应遵循教育规律，发展道德思维，培养道德能力。

首先，我们应针对学生的心理和认识发展规律，制定合理的适合不同年龄层次的教育计划和纲要。在德育教学中遵循德育规律和学生心理发展顺序，培养学生的道德认知能力及分析道德问题的能力，引导学生进行道德推理及道德价值判断。其次，应以尊重学生个性为主，激发其主体性，使其自觉提升道德境界。再次，应重视社会实践在道德教育中的重要作用，开展各种德育实践活动，使学生实现由"知"到"行"的转变。最后，在德育教学中，要根据学生的年龄特点及其思维发展水平，由浅入深，由具体到抽象，层层递进。

（3）德育教学方式应该多样化。

我们的德育不能再只是填鸭式的灌输教育，要想让德育内容真正渗透到我们的思想和行动中，必须使用多种途径进行德育。

例如，在课堂上不仅要有理论讲授，还要采取多种活泼的形式：大家讨论、换位思考等；在学校开展各种活动，如雷锋就在身边、各种讲座等，一

方面坚持开设德育课，另一方面将德育目标贯彻到全部教学和校内工作中乃至社会的各个领域，全面推行；在家里，家长不能只要求孩子讲道德，还要做到以身作则，同时参加社会上和学校举办的各种知识讲座不断提高自己的水平；老师还可以运用现代化的网络手段等进行德育。

我们的政府要积极营造良好的社会氛围，让学生们所想和所见的相一致，让道德真正内化并指导言行。

（4）要重视实践环节，校内学习和校外实践相结合。

为进一步提高公民道德教育的实效性，我们要进一步强化一些必要的社会实践活动。在原有教育活动的基础上，更要注重活动的实践性、体验化和实效性。现代德育理论的研究成果也表明，各种社会实践活动对受教育者的道德教育作用是非常巨大的。在实践中，学生的道德认知得到强化，情感受到激励，意志得到锻炼，最终促使相应的行为习惯形成。新加坡的德育实践充分证明了这一研究成果。目前，我国的社会实践活动虽然已经引起了重视，但是，由于经费、人力等种种困难，有的并未真正落实。因此，在德育改革中应进一步加强对德育实践环节的重视和支持。

（5）要根据时代发展不断改革学校德育课程。

学校德育内容不是一经确定就永恒不变的，它具有鲜明的时代性。因此，只有紧紧结合时代变化，及时做出调整，才能发挥应有的作用，为社会发展提供具有良好德性的公民。新加坡的学校德育课程根据变化了的社会形势，针对国家与社会出现的新情况、新问题，及时地进行改革。随着我国社会主义市场经济体制的建立，经济结构的分化，多种经济成分的并存，必然造成人们价值观的多样化倾向。在这一新的形势下，如何解决学校德育统一的主流文化价值与现实生活中家庭、社会产生的非主流文化价值的冲突问题，使学校德育的改革与发展跟上市场经济发展的速度，这是我国当前学校德育改革的一个重要问题。

新加坡中小学德育的总体特色

1. 融合性

新加坡是个多元种族社会，华人占 70% 左右，其次为马来人和印度人。由于地域狭小，缺乏自然资源，完全城市化的脆弱性促使新加坡的国民道德教育对东西方文化兼收并蓄。既学习西方重民主和科学、崇尚自然和理性，又注重保持灌输东方的价值观念和道德传统。而且在东西方文化中，找到最

适合新加坡发展的具体部分，并加以适度糅合或改造。比如道德教育的内容"共同价值观"的提出，就是新加坡学校德育对本土既存的东方文化进行扬弃——取其精华、去其糟粕，从而使东方文化中所蕴涵的思想和价值观念"现代化"、"新加坡化"，成为符合现代新加坡道德教育所需要的形式。与此同时，新加坡道德教育强调东方传统的价值观中的重人、重人际关系、重个人内心的精神修养和西方价值观中的重民主、重科学、崇尚知识和理性相互取得平衡。比如，在顾及"社会为先"的同时，也能兼顾个人利益。这种平衡配合必将达到原新加坡总理李光耀多次强调的"东方和西方的精华必须有机地融会在新加坡人的身上。儒家的伦理观念、马来人的传统、印度人的精神气质，必须同西方追根问底的科学调查方法和客观寻求真理的推理方法结合在一起。"在这种东西方文化融合的道德教育环境下成长起来的新加坡青少年既具有谋生的本领又有做人的规矩。既懂得现代科技又保持着东方的伦理价值观念，既倡导平等竞争和个人奋斗，又奉行东方的集体主义和国家至上，这也是他们被称为世界公民的原因。

2. 人性化

新加坡中小学道德教育之所以富有成效，很大程度上取决于它是完全从中小学生的年龄特征和心理需求出发的，极富人性化的色彩。主要表现在以下几个方面。

（1）人性化的教材设计。

从教材内容上来看，新加坡的德育教材充分考虑学生的认知特点和能力。排除抽象的理论，注重实用性。以培养小学生的家庭价值观为例，四年级的教材做了六项内容的安排：能通过帮长辈做事来表达对他们的爱与关怀；能说明家庭聚会的重要性；能举例说明他们怎样对老年人表示关怀；能接受祖父母和父母的劝告和教导；能以实例说明他们怎样为家人着想；说明为什么他们不应该做出有损家庭声誉的事。

从教材形式来看，引人入胜、情趣盎然。

如《好公民》是以新加坡四个不同种族孩子的日常生活作为故事框架，尽量保持其连续性，却又独立成篇，同时适当穿插历史故事、寓言和童话。版面设计更是新颖、漂亮、充满生活情趣，在视觉效果上大大冲淡了课程或多或少所具有的说教性。

（2）人性化的教学方式和教学策略。

纵观新加坡中小学的道德教育教学过程，都贯穿着以"学生为主体"这

条主线，讲究灌输和启发相结合。并且非常注重教学的活泼性、学生的参与性，全方位影响学生的身心。

比如小学的《好公民》课一般以情境设置导人，运用设身处地考虑法或文化传递法激发学生的思维，导入课文。当学生对课文内容了解完以后，教师会让与文中人物有相似经验的学生谈他们的经历与感想，也会让学生分角色表演，寓教于乐，课堂气氛十分活跃。学完一课后，让学生完成设在课文结尾的两个问题——"大家想"以及《活动册》。教师积极鼓励学生的创意思维，以小组讨论的方式完成，答案完全没有固定，小组成员集思广益，只要言之有理即可。这样，学生不仅是正确价值观的自觉维护者，还能适应时代的发展，最终成为新的正确价值观的塑造者。

（3）人性化的教学手段。

新加坡中小学的道德教育无论课内课外，都普遍地运用现代化的教育技术如幻灯片的制作、投影仪的使用、多媒体技术恰到好处的运用，完全是从学生的认知和情感出发，充分调动学生的积极性。在这个过程中，不仅使学生的信息量成倍地扩大，最主要的是激发了学生的兴趣，唤起了学生内心的愿望，激发了学生的强烈的道德动机。这样的教育真正体现了"以学生为本"，极富有活泼性和诱导性，它的效果也就不言而喻了。

3. 养成性

为了强化中小学生良好的行为习惯的养成，新加坡制订了严格的《学校规则》。通过一系列行为准则的学习和强化，学生在日常生活中逐渐养成良好的道德品质和行为。而且，为帮助学生形成良好的行为习惯，学校使用了各种强化手段。比如新加坡是世界上极少保留鞭刑的国家之一。

教育部与学校领导都普遍认为，对于严重触犯校规的学生，当其他处罚方式都已用尽却仍不见学生改过时，鞭打也是一个可行的管教方式。虽然近几年，此类体罚在新加坡颇受争议、批评，但是仍有一部分的人觉得"不打不成器"，表示适当的体罚才能有效管教不懂事的孩子。

4. 开放性

新加坡中小学道德教育的开放性表现在许多方面。如开展道德教育的途径除德育课和各科的德育渗透外，还非常重视社会实践在学生思想品德形成中的作用，开展了丰富多彩的课外活动和社区活动。

如包括学校自拟活动、教育部指定的核心活动、团队活动等，并规定小学高年级至中四的学生，至少参加一个团队。还有许多的庆祝活动等都要求中小学生广泛参与，力求使他们感同身受，从而有力地促进他们道德价值观的形成。另外，新加坡对中小学生的道德教育课考核也具有开放性。对学生的考核不要求学生背条文，考核根本就不是以文字的方式进行的，而是对一个学生一学年中学习态度与个人修养进行综合评估与等级鉴定。这种开放性的评价，更符合道德教育课的特点，也使中小学的道德教育更科学化，更富有实效。

5. 立体化

学校教育和家庭教育、社会教育有机地结合起来，形成纵横联系的立体德育网络是新加坡德育的又一显著特色。首先，新加坡学校在实施德育的过程中，特别重视家庭教育对学生品德形成的影响作用，强调学校应与家长建立良好的联系，各学校都建立了家长联谊会。其次，还建立了广泛的社会教育网、教育监督站，创立学校和社会机构为一体的互动合作的文明社区。再次，新加坡政府还开展文明礼貌活动等社会性道德教育活动，推行与学校德育内容相一致的奖惩标准，并借助法律杠杆对各种新闻机构和大众传媒进行严格的管理，从而保证媒体在舆论引导方面的积极作用。正是因为学校教育与家庭教育、社会教育三位一体，相得益彰，所以新加坡的德育影响无时不有，无处不在，其效果显著。

道德教育新措施：实施国民教育

1997 年下半年的金融风暴席卷东南亚，造成一些国家阵脚大乱。新加坡在所有遭受危机的国家中最早、最有成果地抵御了这场危机。但也促使新加坡人对本国的脆弱性与局限性有更深层的了解。于是，新加坡政府未雨绸缪，为迎接 21 世纪的挑战，积极推行国民教育。1997 年 5 月，新加坡副总理李显龙在国民教育计划实施仪式上指出：新加坡国情和其他国家有很大的不同点，是一个不自然的"怪胎"型国家，因此必须从现在开始积极推动国民教育，否则就没有办法把一代人凝聚起来。

21 世纪新加坡中小学的国民教育

1998 年，新加坡总理吴作栋宣布 21 世纪新加坡教育政策的新三大措施：创意思维教育、信息科技教育和国民教育。吴作栋在强调推行国民教育的重要性时指出："我国必须投资在我们的下一代。他们是我们的将来，我们要准

备让他们去应付未来，充分发挥他们的潜能，培养他们的态度，使他们长大后能够照顾新加坡。"他又说："国民教育，应该是培养出共同的国家意识，使学生了解我们的过去对今日和将来的影响。国民教育必须双管齐下，兼顾到认知和情感。"据此，新加坡教育部向360多所学校开展了国民教育计划。

1. 中小学国民教育的目标

新加坡政府认为，国民教育是一个心灵与智力并重的教育项目。目的是要让从小学到大学各阶层学生都能够在求学期间受到潜移默化的影响，以便在10～15年的时间内实现所有学生都能够认识新加坡、认同新加坡的目标。并订下四大目标，设下指导方针：

（1）灌输核心价值观。

在校园推行的国民教育，是向学生灌输核心价值，即强调新加坡建国成功所依赖的根本条件：刻苦耐劳、爱国爱民、勤于学习、善于思维，以便开拓心胸和视野，具有崇高的品格，力求上进的精神。这些既是促进新加坡成功发展的核心价值，也是确保新加坡不断繁荣进步的基础。通过国民教育的实施，全面培养新加坡各族群都能具有上述的核心价值观，以确保新加坡建设发展的前景光辉灿烂。

（2）培养国家认同。

基于新加坡种族、宗教、文化、教育的多元性，国民教育的实施是要通过多方面的教导和认识，使每一个族群都能互相亲近、了解，对不同的宗教、文化等都能加以尊重和容忍，从而促进社会和谐，种族团结，共同建设新加坡；使每一个新加坡人，每一个族群都把新加坡当成自己的国家。新加坡进步、繁荣都是大家不分你我而争取得来的，最终使得每个新加坡人都以新加坡的建国、发展与成就而感到自豪。

（3）加强历史认识。

新加坡从早期的一个渔村，英国殖民统治到自治合并（与马来西亚），过渡到独立建国，这二百多年的历史虽不长，但它的历史变革却是曲折复杂的。尤其是过去30多年的建国历史，更是充满着险风恶浪：侵略战争、种族骚乱、政治纷争、经济危机等，都是每个新加坡人所必须知道的。尤其是新加坡的下一代，更应该接受国民教育，充分了解建国的过程，在将来参与新加坡的发展建设中为国家的富强做出更大贡献。

（4）面对未来挑战。

任何独立国家都要勇于面对未来的挑战。平时做好准备，才有条件、有信心、有准备地面对未来的各种冲击，才能确保成功。新加坡是个岛国，周围都是海水和邻国，缺乏田地从事农业生产，而全国人民不过三百多万，真是小国寡民，建国不易。通过国民教育的实施，强调指出国家的各种局限，以便今后在建国工作上能知己知彼，懂得取长补短的道理，才能了解新加坡未来的挑战，勇于接受挑战，并能百战百胜。

2. 新加坡中小学国民教育的内容

（1）国家意识教育。

新加坡从 1997 年开始，在中小学进行国家意识教育。为让每名新加坡人在求学的 10～12 年内，能更全面和彻底了解国土狭小、自然资源奇缺和多元文化的国情，进而培养为国献身精神，新加坡教育部费时半年、耗资 40 万新元拟定这个国家意识教育计划。主要分成三个部分：一是 20 集的《我们是新加坡公民》教育电视节目。目的是灌输学生信念中的六大核心观念：社区精神、效忠与归属感、在国际社会中的生存能力、法律与秩序、实际的期望、权力与责任。小一到中四的学生都需要观看这套电视节目。二是学校带中小学生去寻访国家古迹和区域游学计划。了解不同民族的由来和习俗、新加坡的局限，从而使学生能珍惜取得的成就。三是"我们的祖国，我们的人民"国家意识资料配套，使中小学生进一步了解新加坡所面对的局限及所需的求存能力。

（2）公民与道德教育。

公民与道德教育课是新加坡学校道德教育的重要内容。开设这门课程，对学生进行公民基本知识及文化与道德价值基本知识的讲授，使学生初步明确作为新加坡国民应享有哪些权利，又必须为国家尽什么义务。从而，通过公民与道德教育，把政府提倡的为国尽忠的价值观念灌输给受教育者，使他们能够成为一个对国家发展做出贡献的人，配合国民教育的实施。新加坡教育部课程发展署于 1999 年 4 月发表声明，为了顺应这个变迁迅速的社会，中小学公民与道德教育课程标准也必须做出适应的修订，以确保孩童的品格能稳定、健全地发展，同时使他们热爱国家，并能对国家做出承诺。为此，中小学"公民与道德教育"课尽量为学生提供必需的知识、技能和正确的态度，使他们一方面有信心面对社会剧烈的竞争，另一方面又能坚守正直的品格、正确的道德价值观。在内容上，讲究抽象的儒家伦理与形象的事例相结合，讲究严肃的道德哲理与生动活泼的语言表述相结合。同时，为适应新加坡社会的现实需要，还对儒家思想中"过时的"观念或内容进行了现代转化与创

造，使其更加符合当代中小学生的接受能力。

（3）儒家伦理教育。

新加坡大部分中学都开设了儒家伦理教育课程，作为必修课或选修课，其目的是培养具有崇尚品格的新加坡公民。具体体现为：（1）培养学生的儒家伦理价值观念，使之成为有理想有道德的人；（2）使学生认识华族固有的道德观念和文化，认识自己的根源；（3）培养学生积极的正确的人生观，使学生将来过有意义的生活；（4）帮助学生确立很好的人际关系。在内容上，讲究抽象的儒家伦理与形象的事例相结合，讲究严肃的道德哲理与生动活泼的语言表述相结合。同时，为适应新加坡社会的现实需要，还对儒家思想中"过时的"观念或内容进行了现代转化与创造。在课程设计上，兼顾课程内容和教学形式，设计的"整个教学结构是以东方价值观念为内容，而以西方教育原理和方法为形式"，即东方的内容和西方的形式相结合，而显示出新加坡建设自身文化的一般特点。

3. 新加坡中小学国民教育的途径

新加坡中小学国民教育主要通过以下两方面来实施。

（1）正规课程。

新加坡教育部规定：2001 年起，小学从一年级就教导社会知识，让小一（小学一年级）至小三的学生了解周围的世界：学校、邻里、社会以及各种族、各行为之间的互相依赖性。小四至小六则以了解新加坡的历史与发展为重点。至于小学原有的公民与道德教育，则加以修订，在教导道德价值观及纠正不良品德之时，增加国民教育色彩。2000 年起，原有的历史科，有关新加坡史的"终点"，从 1963 年（中三、中四课文）及 1965 年（中一、中二课文）改为 1971 年。新加坡近代史改在中二修读。原有的地理科，则增加个案研讨，从中灌输国民教育。原有的公民与道德教育，在道德教育的基础上，进一步灌输公民意识，尤其是好公民必备的价值观与态度。从 2001 年起新设《社会知识》，成为中三、中四学生的新学科。目的在于加强了解新加坡求存及成功的关键课题、治理国家的原则及策略、未来的挑战、重要国家机关的功能等。教学方式则以主题方式及外国个案研讨方式进行。

（2）非正规课程。

非正规课程的范围广泛，包括校园教育及社会教育，可以说是一种全民教育。主要有以下几种：（1）课外活动。课外活动原为新加坡各级各类学校的课程，现赋予新的活力。让不同种族、学术能力各异的学生从实际活动中

积累经验，掌握待人处世之道，培养国家归属感。为达到预期效果，新加坡学校的课外活动内容丰富多彩，包括学校自拟活动、教育部指定的核心活动、团队课外活动等，并规定小学高年级至中四的学生，至少参加一个团队。（2）历史事迹纪念日。通过不同的庆祝活动，使学生对重大历史有所认识，从而懂得热爱国家，促进民族团结。（3）全面防卫日。新加坡政府为纪念1942年英军撤退而沦为日治昭南岛这一历史耻辱，将每年的2月15日定为全面防卫日。在这一天，新加坡各校都举行相关的活动，或由消防局派员示范防灾演习，或举办讲座表演。把防卫的知识具体化，增强学生对防卫的认识，强调全面防卫，人人有责。（4）种族和谐日。新加坡将每年的7月21日定为种族和谐日，各级各类学校都邀请周边各校各族的学生及教师观赏和参加由校方举办的文娱表演，表演的节目包括种族的舞蹈及习俗，多姿多彩。通过表演，强调种族间的相互了解。（5）国庆日。每年的8月9日为新加坡的国庆。新加坡政府筹办庆祝国家独立活动，每年庆祝的主题不同，但都强调种族和谐、社会安定、国家繁荣和爱国爱民等。庆祝方式除政府举行的三军检阅仪式，社会各阶层、有关单位组队参加游行及表演外，民间方面，如各联络所、文化团体亦举办各种文艺演出，以达到各族同欢、全民共庆的目的。

新加坡中小学国民教育的特色

在剖析新加坡中小学国民教育的目标、内容与途径的基础上可总结出其特色，主要有：

1. 国家意识主导性

爱国主义是一个国家、民族生存与发展的重要思想基础，是经千百年形成的对自己祖国的强烈而稳定的感情。世界上几乎所有的国家都强调爱国主义教育，对于有着悠久历史文化、单一民族的国家来讲，从培养国民对民族的认同，进而培养爱国主义则比较容易。但对于一个建国不久的小国，历史较短，又是移民组成的多元文化社会，则是一个难题。新加坡恰恰属于后者。但新加坡人一般都能热爱自己的祖国，对新加坡怀有深厚的感情，并为新加坡的独立、繁荣、富强而贡献力量。这些与新加坡坚持不懈地培育国民的爱国主义精神和国家意识是密不可分的。

新加坡政府和学者通常把爱国主义叫做"国家意识"。所谓"国家意识"就是人们对自己的国家的归属感和认同感，即一个人不仅在形式上，而且在心理上认为国家是自己的国家，是自己生活所依持的国家，同时明确地意识

到自己是该国的一分子。他们认为，"国家意识是行为主体的个人与国家之间发生情感上的结合，在心理上认为我是国家的一部分。在自我内部，国家也被内摄而成为自我的一部分。"国家意识的灌输就是要让全体国民团结在"一个民族、一个国家、一个新加坡"的旗帜下，为新加坡而奋斗。所谓"新加坡的国家意识"即"一种新加坡国民独特的气质和精神，是一种与其他国家不同的核心价值观，它是一种巩固社会和政治制度的信念。"在新加坡，培养国家意识，进行国家意识教育，实质上就是塑造什么样的"新加坡人"的问题。正如新加坡前总理李光耀讲的，由于新加坡是一个多民族组成的新兴国家，重视对新加坡人国家意识的培养，便是建设好国家的关键。"新加坡人是一个出身、成长或居住在新加坡的人，他愿意维持现在这样一个多种族的、宽宏大量，乐于助人，向前看的社会，并时刻准备为之献身。"新加坡政府和领导人重视国人的国民意识的培养和教育，在学校德育中始终坚持国家意识主导性，把它作为新加坡的建国之本和立国之本，看作是新加坡现代化取得成功的一个重要保证，从而采取许多行之有效的措施，取得了显著成就。

2. 传统价值观的创新性

新加坡是近年来世界上最大力推行传统文化教育的国家，把传统道德价值作为抵御西方消极影响的支柱。新加坡各级学校十分重视传统道德教育，特别是注重向学生灌输儒家伦理道德价值观，使儒家伦理与新加坡的公民道德教育紧密结合在一起，大大促进了新加坡的精神文明建设和国民素质的提高。

新加坡在国民教育中对传统价值观，一方面扬弃它消极的一面。例如提到儒家文化中的"三纲五常"时，扬弃不合时宜的"三纲"，传扬"五常"。另一方面不断地对传统价值观作解释，不断创新传统的价值观。

（1）儒家思想新加坡化。

任何外来文化在他国被接受，都必须经过本土文化的"过滤"。新加坡根据现代化的需要，对各种文化做了比较、鉴别、分析、综合后，决定从东方文化中做出取舍，奉行保持传统文化精华，"并使之新加坡化"。儒家思想本土化主要体现在儒家伦理课程的开设。《儒家伦理》整个教学结构以东方价值观为内容，以西方教育原理和方法为形式和手段，把浩如烟海的深奥哲理而且古文难懂的儒家经典，编成通俗易懂的教材。并对儒家伦理中符合现代社会需要的精华加以采用，并在此基础上提出了新加坡的"共同价值观"。

（2）儒家思想现代化。

所谓"儒家思想的现代化"，就是按照"为我所用"的原则，选择儒家思想中有利于现代社会发展的内容，并通过现代语言的阐释，使其"精神实质"不露斧凿地融入新加坡文化之中。新加坡政府认为，儒家思想产生于古代中国乡村的农业社会，而现在的新加坡是个城市化的工商社会，故儒学必须现代化才能与新加坡的现实相协调。新加坡的儒家思想现代化运动的内容，是对儒家思想进行"取其精华、去其糟粕"，使其现代化、新加坡化。新加坡领导人及当代新儒家将"八德"的内容具体化，并赋予现代化和新加坡化的阐释，使之成为新加坡国民教育的基本内容。

3. 东西文化融合性

新加坡国民教育中，东西方文化精华的融合性体现在国民教育内容上不照搬东、西方的文化传统，在东方、西方文化中找出最适合新加坡发展的具体部分，并加以适度糅合或改铸。具体地讲，在发扬传统价值观的同时，新加坡对传统东方价值观进行不断地解释，使它能够随着时代的需要作出相应调整。

新加坡国民教育对东西文化兼收并蓄，实行东西文化相结合。既学习西方重民主和科学、崇尚自然和理性，又注重保持灌输东方的价值观念和道德传统，把西方的科学求实精神与东方的伦理道德融合为一体，凡是有价值的，好的文化，都可能被新加坡兼收并蓄。在这种文化融合中成长起来的新加坡人，既有西方文化的长处又有东方文化的精华，既有谋生的本领又有做人的规矩，既懂得现代科技又保持着东方的伦理价值观念，既倡导平等竞争和个人奋斗又奉行东方的集体主义和国家至上。

用教育缔造和谐——学校法制教育

历史上，新加坡沦为殖民地达140年之久。1959年脱离英国殖民统治宣布自治，1962年成为马来西亚的一个州，1965年正式独立。新加坡国小民寡，资源贫乏，曾有人断言"独立的新加坡是没有前途的"。但多年来，新加坡不仅经济增长迅速，迈入现代化国家之列，而且在精神文明建设方面成效斐然，社会和谐状态令人瞩目。

新加坡素以社会治安好、犯罪率低而著称。分析起来，应该说新加坡良好社会风气的形成，很大程度上得益于新加坡中小学良好的道德教育，注重学生的法制教育。建国初期，新加坡新开放了公民与道德教育课程。小学德育强调爱国、效忠和公民意识的培养，中学德育则进一步重视个人与家庭、

学校、社会、国家、世界的关系。要求学生在公民与道德教育课程中加强法制教育，在课程内容中体现了非常实在、契合实际的和谐教育理念。

新加坡在构建社会和谐状态方面，也曾经历了一个曲折的过程。一个社会在急剧变迁的过程中，社会的传统、社会的价值观念以及人们的道德意识，都会受到难以抗拒的冲击和挑战。社会进入或长或短的迷乱状态，人们同样会叹息世风日下，感受着各种类型的社会不和谐现象。新加坡从 20 世纪 50 年代末到 70 年代末短短 20 年的时间内，也经历了同样的情形。1959 年新加坡实行自治，人民行动党执政，开始狠抓经济，以改变落后局面。1965 年建国后更是专心致力于现代化建设，当时认为现代化就是西方化，认为只要经济发展了，一切问题便可迎刃而解。随着西方科学技术的大量引进，现代西方的生活方式和价值观念也蜂拥而入，人们竞相追逐、仿效。学校通行的自治时代的伦理教育已不适应急剧变化的社会生活，政府虽有所意识，但没有应变措施。原有的社会道德和价值观念岌岌可危，个人主义流行一时，新加坡面临全盘西化的危险。进入 70 年代后，国家的迅速工业化和城市化，使新加坡的物质生活条件大为改善，西方社会的文化病及多种问题，如吸毒、性自由、色情犯罪也日渐突出。

政府逐步认识到，西方腐朽和颓废的价值观，将会使国家的工业化成果毁于一旦。在工业化的同时，必须加强思想政治教育，守住新加坡的"根"——"东方价值观"，推动社会和谐发展。以李光耀为首的新加坡领导人开始倡导"精神文明"，倡导诚实、节俭，对长辈和权威尊敬、行孝道，以及社会和国家至上等。特别是近几年来，新加坡政府认为，和谐的社会氛围，"心件"是十分关键的要素。新加坡的"心件"指的是包括社会凝聚力、政治稳定、集体意志、共同价值观等在内的社会无形资源，也就是"和谐"的主要内容。新加坡政府认为，要铸造新加坡 21 世纪发展的辉煌更需要加强"心件"，而政府的公共服务就在于强化"心件"。

新加坡追求和谐发展的立足点在于培育市民，加强社会凝聚力。它强调，新加坡 21 世纪远景所体现的理想是，每个市民都是城市建设的一分子，每个人都能分享城市发展的成果，人民将成为新加坡政府政策的主要重点。所以，政府首先要制造更多的机会，更多的发展空间，让每个市民充分发挥他们的潜能，同时激励全市人民，群策群力全面参与城市建设，提高新加坡的国际竞争力。以思想政治教育来促进和谐社会建设，成为新加坡经济社会发展中一个十分突出的特色。

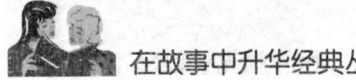

以思想政治教育推动和谐社会建设的实践

1. 倡导"和谐"的共同价值

新加坡是一个多元种族、多元文化的国家。为了充分体现文化间的差异，尊重少数民族文化和各阶层思想，达到社会和谐的状态，1991年，经新加坡人民反复讨论，经国会批准的《共同价值观》白皮书得以发表。新加坡在对东西方文化进行比较、鉴别、分析、综合之后，从国情出发，制订了为各民族不同信仰的民众均能接受的国家意识：（1）国家至上，社会为先；（2）家庭为根、社会为本；（3）关怀扶植，尊重个人；（4）求同存异，协商共识；（5）种族和谐，宗教宽容。从此以后，所有学校、文化团体、大众传媒等一切机构和部门，在进行教育、宣传、文化活动时均围绕五大价值观展开。这五大价值观充分考虑到新加坡是一个移民社会的特点，主张把社会和国家利益放在个人利益之上，当然也要照顾和尊重个人；也考虑到新加坡多元种族、多元文化及多元宗教的国情，主张不同种族和宗教都能够相互容忍；主张遇到矛盾时应该求同存异，协商解决，尽量避免冲突；还十分重视家庭的地位，并且主张对社会上的弱小不幸者给予关怀、扶持。由于这些价值观念渗透了东方文化中的精华，又对新加坡具有非常强烈的针对性和现实性，所以使越来越多的人民群众，不论其种族、语言、宗教如何，都对这些价值观产生了认同感，有利于协调好各种群体之间的关系，在各民族群体之间建立互尊互重的精神，形成全社会团结合作的和谐氛围。

2. 注重"和谐"的心理认同

新加坡政府明确指出必须使各种族移民及其后裔淡化对移出国的认同和归属，加强对新加坡的认同和归属。政府注重培植公民的国家意识（新加坡的国家意识就是我们通常所说的"爱国主义"），以各民族都能接受的方式向国民灌输"我是新加坡人"的国家意识，使人们产生归属感和责任感，在心理上认同一个国家，一个新加坡，并在这一旗帜下为新加坡而奋斗。新加坡特别是对中国传统文化中的"八德"即"忠孝仁爱礼义廉耻"赋予了现代意义。所谓"忠"就是爱国，忠于国家，就是把国民培养成为具有强烈凝聚力的新一代新加坡人；"孝"就是要孝敬父母、尊才敬贤；"仁"与"爱"就是富有同情心和友爱精神，要关心他人；"礼"和"义"就是讲究礼貌和礼节，对外国人不要卑躬屈膝，对同胞应一视同仁；"廉"就是为官的德行，是做官的基本道德规范，它要求新加坡的官员树立为国、为众人服务的思想，要有

为国为民牺牲的精神；"耻"就是指人们的羞耻之心，号召国民堂堂正正做人，为社会进步、富国强民做贡献。新"八德"吸收了儒家的精神，又超越了古代儒家的传统思想，更便于被各族人民所认同。

3. 强化"和谐"的社会实践

新加坡在构建社会和谐状态的过程中，不仅注重诸如《共同价值白皮书》等理论性内容，强调理论上的说教和灌输，而且也非常重视社会实践这一环节，使得政策和理论具有很强的可操作性。一方面，新加坡政府注重从小培养公民的爱国精神和对国家的归属感，在学校里注重从日常生活中对学生进行潜移默化的影响和熏陶。

如小学生每天都要参加升国旗和唱国歌仪式，并举行升旗宣誓。另一方面，新加坡的思想政治教育十分重视环境的作用。通过开展各种群众性的创建活动，进行社会总动员，在社会形成自觉加强道德建设的良好风气，促进国民思想道德素质提高，增强社会凝聚力和责任感。据统计，新加坡每年开展的全国性运动大约有20多个，最常见的有敬老周、劳动力周、礼貌月、华族文化月等。其间，报纸、电视、广播、网络等舆论工具都积极予以配合，大量进行"正面报道"，尽量表扬好人好事，对政府发动的这些活动起到了推动的作用。这些运动实际上也是一种群众自我教育的良好形式，它是一种示范和导向，具有说服力，对推动新加坡社会和谐、稳定、有序发挥了巨大作用。

新加坡可谓是以思想政治教育推动社会和谐方面的典范。党的十六届四中全会提出构建社会主义和谐社会的战略任务，这是一个长期的历史过程。我们所要建设的和谐社会是社会主义条件下的和谐社会，是中国特色的和谐社会，是由中国共产党领导的，以马克思主义为指导的，以最广大人民根本利益为出发点的，全体人民各尽其能、各得其所又和谐相处的社会。然而仅就和谐社会本身而言，它只是社会发展的一种状态，不是与封建社会、资本主义社会、社会主义社会相并列的一种社会形态，更不是只有我们国家在发展过程中独有的状态。世界上任何国家都在追求一种和谐安宁的状态，这符合任何一个执政党（包括资产阶级执政党）的价值追求，同样也代表着广大人民群众的利益。在追求和谐状态方面，世界各国采取的措施可谓五花八门，但在以思想政治教育推动社会和谐方面却是不约而同甚至是惊人的相似。在这方面，新加坡堪称典型的代表，我们分析其思想政治教育在构建和谐社会中的地位作用和功能，可以得出一些有益的启示。

在新加坡，中小学没有专门的法制教育课程和教材，只有到了大学，学生才开始接受系统的和专门的法制教育。但是，新加坡中小学生违法乱纪的现象却非常罕见，学校培养出了一代又一代的负责任、守法纪的好公民，促进了社会和谐与经济繁荣。其中，有许多值得我们思考和借鉴的地方。

新加坡中小学法制教育概况

1. 在公民与道德教育课程中加强法制教育

新加坡注重从小培养学生的公民意识，公民与道德教育课程是新加坡中小学生的必修课。公民与道德教育的目标就是培养社会的"好公民"。"好公民"既有对个体德性上的要求，也有法律上的要求。其内容集中体现在1991年新加坡提出的《我们的共同价值观》白皮书中，它不仅是新加坡人的道德准则，也是他们制定法律的依据，是所有新加坡人的立国指南。

教育部为公民与道德教育课程拟定了五大主题：个性塑造；与家庭的联系；对学校的归属感；作为社会的一分子；以国家为荣并忠于国家。这五大主题引导学生先从认识个人开始，然后扩展到家庭、学校，最后延伸到社会和国家。以个性塑造为例，内容涉及自尊、自信、认识自我、诚实、自我责任感等诸多方面。新加坡的教育中特别强调认识自我，从小学到中学的教育都在要求学生思考"我是谁"的问题。

中小学的公民与道德教育基本上遵照教育部教学大纲的有关要求，学校可以确定具体内容。小学一般每周一课，中学一般每两周一课。《公民与道德教育》教材的内容活泼生动，一至三年级的课本以连环画为主，四到六年级则以生活实例为主。教材强调培养学生健全的品格，使他们对家庭和社会有认同感和归属感。

新加坡中小学的公民与道德教育课程从一个个具体的公共生活事件的阐释和讨论中，使学生逐渐理解"公共"、"规则"等概念，为学生将来成为一个守法的好公民奠定了很好的基础。

2. 赏罚分明的管理体制使学生从小就有了"规则"意识

学校有明确的奖励和惩罚制度。学校认为，学生并不需要做了特别重要或者是有突出的良好表现才能进行奖励，学生所有良好的行为和有榜样性的表现都应该受到鼓励和赞扬，比如具有诚实、热心、友好等品质的孩子就会在学校集会上得到公开表扬。同时，学校会把对该生的表扬以书面的形式送到家长手中。

奖励不吝啬，惩罚也不避讳。学生违纪的处理一般有以下几种情况：（1）训律科教师谈话，一般的初犯或轻微的违纪经过谈话教育就结束了，如学生修饰过分、忘记佩戴学生证件等；（2）通知家长，学生非常怕教师通知家长；（3）参加辅导课程，接受规定学时的学习；（4）参加规定时间的班级工作或社区服务。对于严重违纪的学生有可能被要求公开道歉、鞭笞、停课直至开除等。在新加坡，如果学生犯错，鞭笞是被允许的，学生如有像打架、骂粗、三次以上迟到或旷课等严重违纪行为，教师就会动用体罚鞭笞。中小学的鞭笞与新加坡刑法中鞭刑的存在是很有关系的。学校就是要让学生明白，学校如同社会，每个人从小就要为自己的行为负责。

3. 为极少数不良行为学生提供多角度的辅导和安置

在严重违纪的学生中，最为常见的问题有考试舞弊、打架，极少数的偷窃和破坏行为。为了及时发现、处理、挽救严重违纪的学生，新加坡学校十分重视学生不良行为的预防和不良行为发生后的辅导。一是学校设立了学生辅导中心、咨询中心和学生发展中心，用于疏导学生可能出现的各种不良情绪。有些学校如南洋理工学院实行个人导师制度，导师不仅指导学生的学业发展，还负责发现和解决学生的情绪问题、轻微不良行为问题。二是学校训律科、训律处或注册处负责处理学生的违纪行为。他们为违纪学生开设辅导课程，内容涉及校纪校规、公民道德、法律精神、心理辅导、代偿服务等。有些学校会在训律科配备一名法律专业教师或警察、官员，帮助犯错学生深入地学习法律守则，鼓励学生通过社会劳动和校园服务来接受惩罚，获得成长。三是学生的不良行为若涉及刑事法律，如收藏色情光碟，学校就会通知警察介入。如果情况严重，学生就有可能被收容，而是否收容，由青少年法庭决定。收容期间，学生白天照常上课，但是晚上必须回到收容所，司法部门和学校之间保持良好的沟通。

4. 校内外的和谐环境给学生营造了很好的法制教育氛围

新加坡是一个花园城市，每个学校是一个小花园。走进任何一所学校，都可以看到整洁干净的校园，在醒目处刻写着学校校训和校纪。有的小学将教室设计为主题教室，学生在不同的主题教室学习不同的教育内容。

比如培青学校，以交通工具、家庭、宗教和种族、生态环境、国家等为主题布置教室。学生在以"交通"为主题的教室中认识了各种交通工具，懂得了"秩序"和"规则"。

新加坡的学校秉承教育部强调的自律、自我约束、自我监督的要旨，注重给学生营造一种自律的学校环境和氛围，把种种要求体现在日常的教学、管理中。新加坡的社会法制环境为新加坡中小学的法制教育营造了很好的社会氛围。

新加坡法制教育的启示与思考

1. 用法律形式明确公民基本素质的具体要求

个体从自我走向社会，需要一个过程，这个过程主要是在不断地储备和完善作为一个公民应该具备的基本素质。其中，遵纪守法就是现代社会对公民的一项基本素质要求。新加坡在《我们的共同价值观》中明确了国家对公民的基本素质要求，通俗易懂，人人会背，在所有新加坡人中深入人心。而且，新加坡相关的法律对公民基本素质要求都作了具体而细化的规定，小到公共场所的个人行为规范，大到经济、政治领域的运作规则，为公民遵守法律以及学校教育提供了标准和依据。我国也有对公民基本素质要求的准绳，如《宪法》和《公民道德建设实施纲要》中都有明确地要求，但是缺乏更加具体化的、操作性的要求。如果法律对公民素质的基本要求做出了明确地规定，有了具体地引导，那么，学校教育的任务就是体现和落实这一要求。

2. 中小学学生公民教育的各项内容可以进行有效地整合

在学生向社会合格公民成长的过程中，需要进行多方面的教育。随着社会的发展，其教育内容必然愈来愈多，而学生的课程表时间是有限的，这是各国教育所面临的共同问题。增加教育内容不能以牺牲学生的休息、娱乐时间为代价，以牺牲学生的健康成长为代价，惟一的出路就是进行有效地整合，解决德育内容增加与学生成长之间的矛盾。新加坡的各种专项教育，都是通过公民与道德教育课程以及其他诸如语言、历史、地理等课程实现的，这一点很值得我们借鉴。

但是，包括法制教育在内的各种专项教育的整合不是一件容易的事情，至少要考虑三个层面：一是教学实施上要整合。当前各项教育的界限越来越交错和模糊，教育整合对教师的要求很高，要求教师的知识有横向的贯通和纵深的理解。二是课程教材的开发和建设上要整合。这不仅涉及到课程教材开发中课程模块、建构模式、协调整合方面的技术手段，还涉及到课程开发者对各项教育内容的建设性理解和反思性思考，涉及到课程开发者对教育价值的理解和取舍。三是主管部门、职能部门之间要整合。各个专项教育隶属

不同委办局负责，即使单位内部也有不同的职能部门，而如何协调整合是最为困难的。

既然传统的德育已经不能涵纳现代教育对学生所要求的各项教育内容，那么借鉴新加坡公民与道德教育模式，以更为上位的教育形式对我们现行的诸项教育进行整体统筹和有效整合也许是一条可行之路。比如公民教育或者是生命教育。现代德育的困境在于新的内容的增加根本不适合容纳在德育之下，而现实教育却把法制教育、安全教育、心理健康教育等诸多内容全部纳入，并以传统德育的思想和方法来对待。因此，现代德育有必要向公民教育转型，就像百姓社会需要向公民社会转型一样。

3. 制度育人出效益，合理的奖励和适当的惩罚都是必要的

"人管人累死人，制度管人出效益"，不仅是企业，学校教育亦是如此。现在有一种倾向，认为要保护学生的自尊，要多鼓励和表扬学生，尽量不要运用惩罚。无原则的鼓励和表扬会使正面的奖励逐渐地失去效用，麻木学生的心灵；对错误的放任则会助长孩子的不良行为，弱化责任。因此，在学校教育中，制定科学有效的奖惩制度是非常关键的。制度要明确具体，做到有章可遵，有规可循，有法可依，而且要言必信、行必果，在这一过程中培育学生的法律意识。

新加坡的中小学非常重视培养学生的责任意识，让孩子明白每个人都必须对自己的言行负责，要自己去承担责任。学校的规章制度对学生有很大的威慑力。

我国有些学校的规章制度很健全，但是没有发挥作用，关键就在于执行不力。与新加坡相比，我们对学生太过于保护了，弱化了他们的责任意识。我们常常一次又一次地原谅学生犯下的严重错误，滋长他们的恶习，纵容他们的恶行。现在的学校管理制度不是太严厉，而是太宽松了。

4. 良好的社会环境是对学生进行教育的大课堂

社会环境对学生健康成长的作用是不可低估的。我们常常提及 "5 + 2 ≤ 0" 的现象，就是说明家庭和社会环境对学校教育的负面影响。如果我们的孩子看到道路上闯红灯的行人随处可见，那么孩子遵守交通法规的意识自然淡化。"大手拉小手" 是大人给小孩做榜样，父母带着孩子成长进步；"小手拉大手" 是孩子带着家长进步，家长也有需要改进的地方。而这两种情况则恰恰对应了新加坡和中国教育中的两种常见现象，由此可见两者之间的差异。

环境潜移默化的熏陶抵得上十几遍的课堂知识学习，和谐有序的社会环境本身就是教育学生的大课堂，是对学生进行法制教育最好的素材和榜样。

当然，新加坡有效地法制教育除了得益于较好的教育理念、管理制度、社会环境等因素外，还有其他的影响因素，如优惠的社会福利、相对较小的社会贫富差距以及均衡发展的义务教育等等。

新加坡教师专业发展特色及启示

新加坡教师专业发展的概况

1997 年，新加坡前总理吴作栋代表新加坡政府提出了国家教育远景：建立重思考的学校，培养爱学习的国民。1998 年，他又提出三大教育革新政策——创新思维、资讯科技和国民教育。承担这个历史责任的学校必须依靠高素质的教师，正如当时教育部长张志贤所指出的："有效的教师才能培养出有效的学生。"

1. 教师专业发展的途径

新加坡教育部为教师设计了 3 条专业发展途径（如图一）。

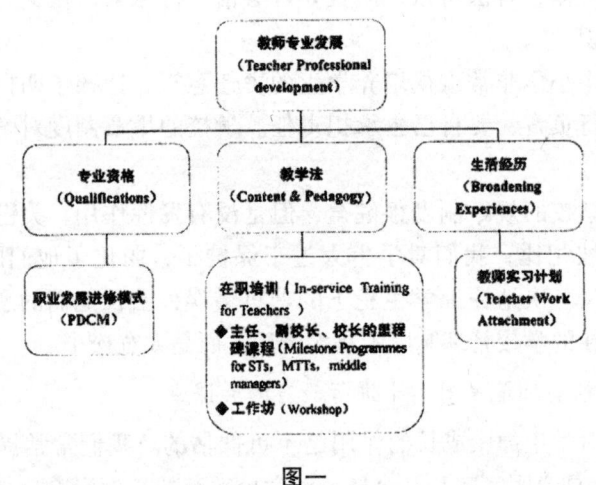

图一

（1）提升学历

新加坡教育部和国立教育学院设计了一套有规划的教师进修模式，其中包括学位和硕士文凭课程。

（2）提升专业技能

新加坡教育部规定，自 1998 年起，中小学校教师每年必须接受不少于 100 小时的培训，教师根据需要选择脱产或在岗学习，在国内或国外接受培训。在这 100 小时的训练中，60% 的训练跟教育及教学有直接关系，40% 跟个人的发展有关系。

（3）扩充教师的生活经历

2003 年 11 月，新加坡教育部首次推出教师实习计划，鼓励教师工作满三年后，请一年的无薪假，到校外的机构工作，了解其他行业的运作情况。回校后，教师将和学生分享实习经验，培养学生的创新意识与企业精神。

除了专业课程之外，教师也可参加与工作有关的非专业的学习，如外语课程、学生心理、课堂管理、团队协作、教学技艺、电脑培训等等。这些培训课程均具有实用、应急的特点。有的学校在工作上临时有新的安排，比如要成立乐队、球队，参加大型活动、全国竞赛等，就要派负责老师参加相关的培训，了解这些活动组织训练的具体方法，为开展活动做好准备。

2. 教师专业发展的通道

2001 年 4 月，新加坡教育部为本国教师制定了教师专业发展和生涯计划。该计划为教师规划了三个生涯发展方向。

（1）教学领域

这一方向的生涯发展为三级制，包括一般教师、高级教师和教学导师三个级别。

（2）教育领导

教师也可以成为学校或学区的领导。该方向的生涯发展为九级制，即一般教师、学科主管、部门主管、副校长、校长、学区执行官、教育副主任、教育主任、教育总主管。

（3）教育专家

教师也可以选择第三种专业生涯发展规划。该项规划为五级制，即一般教师、一级高级专家、二级高级专家、三级高级专家、四级高级专家。这样的专家最后大多到国立教育学院工作，成为教师教育研究者。

在上述框架下，工作业绩和发展潜力成为教师职业进步的决定因素。教师能够看到自己的专业发展目标与方向，教师职业成为一种挑战性、趣味性和满意度都很高的职业。这种多样化的专业发展路径为教师专业成长提供了广阔的空间。

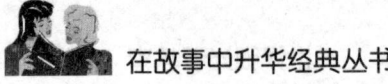

新加坡教师专业发展的基础

1. 高起点的教师入职制度

在新加坡，选择教师职业的人必须具有 "A" 水准（相当于高中毕业）或理工学院以上的文凭，通过教育部面试，成为见习教师。见习教师需要在国立教育学院接受 1～2 年的基础培训，并在学校接受入职培训，获取教育文凭。在这个阶段，主要培养教师的价值观、态度及教学基本能力，同时培养他们教授 2～3 科小学科目或者 2 科中学科目或者体育及一项其他科目的知识及技能。严格地入职选拔与培训保证了新加坡教师的基本素质。

2. 明确的教师道德规范和严格的教师操守

在新加坡，教师道德规范清楚地指出了教师应有的志向和行为规范：教师必须意识到身为一名教育工作者所担负的责任。在社会上，教师所得到的尊重，让他们追寻并保持教师的道德品行和行为规范。

新加坡教育部为教师制定了严格的职业操守。着装、与家长沟通、与同事相处等要求都列在其中，同时明确指出，教师若有不适当的行为将会受到相应的纪律处分。

新加坡教师的职后培训

1. 培训的管理机构

新加坡教师职后培训由教育部培训与发展司下设的培训部负责策划组织、协调和管理。培训部与国立教育学院、教育部视学部、课程规划与发展署、教师联系中心保持着密切的联系，以确保所提供的训练课程符合教师和校长们的需要。

国立教育学院主要负责教师专业发展中的学历进修和培训主任、副校长、校长的里程碑课程。教育部视学部的主要职责是编订课程纲要、督导有关科目的教学和鼓励教师尝试使用新的教学法。视学部根据教师的需要，向培训部建议开设何种课程。视学人员还通过组织校内座谈会、小组讨论等活动，提高教师的专业素养。课程规划与发展署的主要职责是编写教材、制作视听教具和指导教师使用教材。教师联系中心的主要职能是组织活动、提供平台，推动教师专业发展。

新加坡的教师职后培训实施网上管理，培训部将有关教师培训的全部资

料放在教育部的内部网络中，包括报名、安排课程时间、出勤记录、评估及报告等，教师可以根据自己的情况进行查询，选择一年的学习内容。学校可以根据自己的发展需求，要求教师选择相关的培训内容。

2. 培训模式

新加坡教师培训主要有四种模式。

（1）专业发展延续模式（PDCM）

在专业发展途径中，提升学历以系统学习课程为主，主要采取讲授、任务驱动、小组研讨和班级分享等方式教学。课程内容大致包括：领导学课程（领导教育学课程、部门管理课程、高级教师课程）、高级文凭课程（指导及辅导学、教育资讯科技、小学数学教育、小学音乐教育、小学社会学科、小学特殊学生教育学）、高级学位文凭课程（戏剧艺术与戏剧艺术教育、指导及辅导学、生命科学、小学社会学科、高等中学社会学科）。

（2）工作坊

工作坊是教师联系中心等机构为教师之间的联系、交流和经验分享所提供的空间。目的是营造一种环境和氛围，使不同学校、不同学科的教师针对一个主要问题进行交流，或者学习新的教育技术和教学方法。目前主要有四种工作坊供学校领导和教师选择。

固定日期工作坊：教师可以通过教育部的内部网络注册，根据自身专业发展需要和兴趣选择工作坊，学习新的教育技术和教学方法，研究教育教学中的突出问题。

开放日期工作坊：这些工作坊以学校为基础，应学校要求，根据该校员工的发展需要，教师联系中心与教科部协商建立工作坊。学校可以选择部分教师组成一个人数适宜的团队进行共同学习。

按用户需求定制的工作坊：这些工作坊类似于开放日期工作坊，但可以根据学校某一特殊的需求或教师团队的某一特殊专业发展的需要设计培训内容，学校同样可以选择部分教师组成一个人数适宜的团体进行共同学习。

在线工作坊：这些工作适于那些愿意随意选择时间、地点和理想的学习环境的教师。

新加坡教师职后培训的工作坊模式很有特点，它针对教学中的具体问题设计培训内容。在培训过程中，培训者将教育理念、教学方法和教育技术融为一体，以信息技术为载体，培训的目的是使教师将学到的知识直接用于教学实践。

（3）校群或校内教师经验分享活动

新加坡校群或某个学校根据学校发展规划和教师在教学方面取得的成果，经常组织经验分享活动。这种形式的培训利用教师自身的资源，有目的地推广教师在教学中创造的行之有效的方式方法，研究教师在教学实践中遇到的一些具体问题。由于这种方式密切结合教师的工作实际，所以很受教师欢迎。

（4）教师实习计划

这种模式鼓励教师到企业实习，扩充生活经历。教师实习的内容与教师任教的学科相关，教师通过在企业实习，了解本专业的应用和发展情况，便于及时将实习体会应用到教学实践中。如华文教师到《联合早报》做临时记者等。

新加坡教师专业发展的特色对我们国家的启示

1. 促进教师专业发展应该赋予教师充分的自主权

新加坡政府在制定教师职后培训政策时，既考虑了国家利益又照顾了个人利益。教师职后培训从学习方式、学习内容到学习时间，都给了教师充分的自主权，强调接受培训是教师的权利。在这样的管理理念下，教师根据学校的发展环境、自身条件及发展需要，自己设计自己的专业发展规划。

2. 促进教师专业发展应该注重培养

在教师教育研究领域，一般认为职前教育为培养，职后教育为培训。培养的核心是养成，培训的核心是练就。这样界定概念的目的是区分教师职前教育与职后教育的功能。为了促进教师专业发展，教师职后教育也应注重培养。职后培养是指对经过培训的教师的管理和使用，包括专业认可、奖惩、评级、调用等。在教师职后发展过程中，"培养"相当于保健，"培训"相当于诊断，协调职后培养与培训就是把对教师的管理和使用与职后培训联系起来，使职后培训在教师的工作实践中真正发挥效益。

3. 促进教师专业发展培训应该注重成人的学习特点、教师心理
　　开放、理论性与操作性的结合

（1）教师培训应注重成人的学习特点。

教师具有双重身份，既是儿童学习的引导者，又是成人学习者。教师职后培训首先要从成人学习的特点入手。成人学习主要有3个特点：第一，成人对学习内容有很强的选择性，以解决问题为目的。第二，成人学习追求的

是个人职业发展及个人内在精神世界的提升。第三，成人在学习中会从自己的经历出发，形成一种情境推理，并凭借这种推理，指导自己的实践。因此，教师职后培训要从成人学习的特点出发，就要认同他们的经历所具有的价值，设计适合成人学习的方式和内容，并为他们提供选择的机会。

（2）教师培训应该是使教师心理开放的培训。

教师在社会中扮演着多重角色，责任和权利已填满他们的心理空间。在新加坡，教师参加职后培训是一种待遇，而不是被迫承担的一种责任。教师通过培训学到了具体的操作方法，减轻了职业压力。在培训过程中，舒适的环境、简单的茶点为教师释放紧张的心情提供了条件。在轻松的环境中，教师与同行交流，找到了集体的归属感，而不再是孤独的探索者。有效的教师职后培训还应该在不增加教师心理负担的前提下，尽量开放培训时间和空间。现代信息技术使教师职后培训超越时空限制、教师间敞开心扉交流成为可能。

（3）教师培训要注重高观点和操作性的结合。

高观点是指在理论层面、认识层面所形成的结论。操作性是指教师将学到的东西直接运用于教学实践。如分析如何处理教材、研究如何解决习题中的问题、学习使用一个课件等。没有操作性的高观点是没有生命力的，没有高观点的操作也会限制教师的创造空间。有效的培训应该是高观点和操作性相结合的培训。

多层次的新加坡中小学教师评价

建设一支高素质的教师队伍，是国家发展教育事业、提高育人质量、培养优秀人才的前提与关键。新加坡高度重视教师发展，认为教师是"中小学生命之源"。为满足教师的专业发展需要、提高教师的社会地位、提高教师的满意度，新加坡教育部专门为教师设计了三条晋升管道：教学管道、行政管道、特殊专才管道。而为了提高教育质量和配合三个管道教师的发展，教育部从 2003 年起实行新的"增强的绩效评价制度"（简称 EPMS），评价的内容分为两方面：一是平时工作表现评价；二是个人发展潜能评价，对教师实行精密化和制度化的评价。

新加坡中小学教师评价的特点

1. 绩效管理目的明确、过程规范

新加坡的教师评价采用的是绩效考评模式，因而其绩效管理的目的非常明确、评价过程也很规范。具体体现在：

（1）绩效评价与学校的发展战略紧密相连。

做好年初计划是绩效评价与学校战略紧密相连的前提。新加坡中学采取的是目标管理法，即：在年初时，学校要求每个教师用填表的形式参考学校或部门的工作计划，结合自己的工作制定出自己一年的奋斗目标和工作计划，并要在年中和年末进行自我评价。这就意味着，教师在工作之前就要认真思考学校对自己的期望是什么；自己的工作表现如何与学校的愿景和近期目标相配合；如何使自己的计划得以落实；如何使自己在新的一年中有更大的进步；如何使自己的表现在年中和年末给学校一个好的答卷；如何使自己一步一个脚印地向着自己人生的愿景迈进。当教师对自己一年的奋斗目标及实施步骤有了充分的思想准备时，这是成功的一个良好的开端。科学的管理技术加强了教师绩效评价与学校战略的紧密相连。新加坡的中学教师评价的实施绝不是摆设或走过场，而是紧密与学校的使命、战略、价值观、策略等相连。新加坡绝大多数中学都在用平衡计分卡对学校绩效进行评价。平衡计分卡集中了学校为增强竞争力和整体管理所必需的大多数特征，并通过平衡计分卡与教师进行沟通，使他们对学校的战略等建立起一个整体的框架，能够较清楚地看到学校的长期目标和战略，学校是如何对这些目标和战略进行测量的，以及目标和战略会对这些关键绩效指标产生什么影响。这就把人力资源管理活动与学校的办学战略联系在一起，并让人力资源管理功能对学校实现战略目标作出贡献。

（2）绩效评价与教师潜能的进一步开发密切相连。

新加坡中学教师绩效评价指标涉及到对教师要求的多方面内容，在绩效结果出来后要与本人见面并签字同意。因此，在自我评价和领导评价过程中，在反馈信息中，教师常常会自我发现或被指出自身存在的一些弱点和不足，从而思考其产生的原因以及制定出改进措施。这对绩效表现好的教师和对绩效不佳排在后面的教师都有进一步开发其潜能的积极作用。这种进一步开发通常分为两大类：提高教学效能和促进教师专业发展。然而这也要求领导们能够真正的本着以人为本的原则，讲究领导艺术、认真负责、面对面地与教师讨论他们的绩效缺点并能给予有效的指导和帮助。

（3）绩效评价与学校的管理决策紧密相连。

新加坡中学采取的是"强制排序法"的绩效评价系统。即把每一位教师的绩效与其他教师进行比较，然后对他们的绩效加以排序，从第一名排到最

后一名，同时把既定比例的教师分别排列到 A、B、C、D、E 五个等级的范围之中，其中 A 占教师总人数的 5%，D、E 级占教师总人数的 5%。新加坡的绩效评价数据为教师的聘任、晋升、薪资、花红、表现认可等管理决策提供依据。例如：在聘任上，如果考核为"D"级，学校会给该教师指出问题所在，提出改进要求。如果连续两年没有改进，都是"D"级，将会劝其辞职。当然也会有评为"D"级的教师要求转校，给其改进和考查的机会，但通常其他学校也不愿意收留。被连续两年评为"E"级的，通常再给半年的考查期，如仍无改进，上交教育部解决，而通常这样的教师会被清除出教师队伍。一旦教师被评为"E"级，或被解雇，学校要写出详细的报告呈给教育部，说明该教师的表现，以及都采取了什么样的补救措施。由于教师是教育官员，因此，解雇官员通常要走法律程序。被解雇的教师个人经济损失惨重，将失去"恩俸金"。

在晋升上，发展潜能评价可以决定该学校、甚至教育部制定培养该教师的发展计划，决定他未来走哪条擢升管道。不同的管道升级和提薪的速度不同。走领导管道的教师要经过教师、部门主任、副校长、校长等逐级擢升。领导管道的级别和薪金都高。如果该教师经过评价被列为领导管道培养计划中，那么他的晋升和加薪的速度都将比同资历的走教学管道的教师要快。

因为这种奖励性的绩效评价制度与每个教师的切身利益密切相关，当然也就要求绩效评价体系的设计和绩效评价过程是科学的、认真的、公平的。新加坡的绩效评价过程是十分规范的。教师的考评工作由校长负责实施。为了防止校长假公济私、打击报复，新加坡政府规定：除了对校长进行严格选拔、培训和考核外，校长考评的结论要交给教师本人审阅、签字后才能生效。如果发生争议，被考评的教师有权向教育部所提供的途径提出上诉。教育部还会派人下来调查，然后根据实际情况做出最后裁决。教师每年的绩效评价结果要上交教育部记录在电脑系统中备案。

2. 评价指标完善且与时俱进

新加坡的教师绩效衡量系统的效度是很高的。评价衡量了教师工作绩效有关的所有方面中的主要的、大部分方面的内容，没有对与教师的本职工作无关的方面进行评价。较完善的绩效指标保证了评价教师的有效度。

从理论上说，一个组织的绩效指标是建立在实现某种战略所必需的结果、行为以及（某种程度上的）教师个人的特征的基础上的，以确保教师能够最大限度地展现出这样一些特征、表现出这样一些行为以及制造出这样一些结

果。为了达到这样一种战略目的，绩效管理系统本身必须是有一定灵活性的，这是因为当组织的目标和战略发生变化的时候，组织所期望的结果、行为以及员工特征也随之发生相应的变化。新加坡学校教师绩效评价指标就是依照这理论而制定的。通过灵活的、与现行政策相配套的绩效指标，为做到人力资源对战略的配合提供保障。

例如，新加坡的国家教育目标是：要培养年轻一代的新加坡人拥有独立思考的思维，以及能用他们的精神和精力去创造一个更美好的社会。要帮助每一个小孩去发掘自己的才能，以及能让学校去开发及培养每一个小孩的才能。为配合上述目标，从教师工作评估表格中，我们可以看到有多处提到了对教师本身所应具备的和教师培养学生的有关创新、思考、发展潜能的绩效评价指标。相关评价指标有：

（1）核心能力——分享价值观。

识别每一名孩子的潜能并采取适当的行动去让孩子发觉自己的能力，以及帮助孩子增进他的自信心；鼓励学校社群里的其他人积极地参与教育过程，以了解孩子的潜能。

（2）培养知识——科目掌握。

开发新的教育观念和方法：提供思考性的领导；分析思考、分解能力；能看见事情的连接性和相关性；将最新的发展与趋向引入教导中；分析复杂的新问题；开发多层面问题的解决方法。

主动性：为未来设想和采取适当的行动；为未来的时机做好准备；为达到未来的目标做好准备和时机。

创意教学：启发课程之外的学习，授权和刺激孩子在课程之外拥有他们自己的创造性及独立性学习。

（3）心理及人心——了解环境。

运用对学校的相关理解。以学校的目标和宗旨开发一系列有深度的活动；运用对社会经济的理解。探讨学校与社会之间的长期负面和正面的影响。发展他人、提供建议，为直接的发展需要提供建议和意见；提供反馈和鼓励。教练其他人以帮助他们的发展；影响其他人的专业发展；对于他人的专业发展有一定的影响，也能影响学校的政策和专业发展。

（4）与他人合作——与家长合作。

把家长当作伙伴，让家长知道他们能对他们的孩子的教育发展有一定的贡献。团体合作，与他人分享，自愿的与他人分享；与同事合作和给予他们

帮助；分享资料和好的提议；向他人学习，拥有热忱学习。建立团队承诺，向团队指出队里的问题，并共同解决这些问题。

（5）创意与进展。

列出自己参与的创意和进展论坛、活动和项目。同时要列出自己参与活动所贡献出的创意和进展。

（6）鉴定和评论。

未来的志向；未来发展的趋向；优点/弱点，特殊才能/技能。评价完善而与时俱进的绩效评价指标和反馈向全体教师们传达了强烈的信号，引导教师不断学习、完善自我，向国家、教育事业、学校所期望的目标迈进。

3. 发展潜能评价，促进教师的发展

2002 年 9 月，新加坡教育部门计划开拓教师的事业发展进程，引导教师根据自身的专长和志愿，向教学、教育专才和管理三个领域发展。当时的教育部长张志贤认为，制定不同的事业发展方向来培养卓越教师、教育专长和管理人员，将能使教师从事自己喜欢并擅长的事业，并有突出的表现。

依照这项计划，在教学上表现出色的教师不一定要被擢升为部门主任、副校长或校长，如果他的爱好和强项是在教学上，将能够在新设定的领域中继续发挥所长，以成为卓越的教师。这样一来，教师的事业前景不再只朝着单一的管理方向发展，在教学或教育专业方面有突出表现的教师，也能在教学和教育专才的领域中晋升和发展。为更有效的促进教师发展和对教师进行潜能挖掘，在 EPMS 评价系统中，对于教师的潜能发展有着专门的评估体系。

新加坡教育部部长尚达曼在 2006 年教师节大会上明确指出："教师是我国教育事业的最宝贵资源。国家通过调整'教育服务薪金与职别架构'，希望不只是提高教师的待遇，更重要的是为教师提供更多符合教师意愿的发展途径，让教师在学术、行政、教学三大领域，发挥专业上的才华，并获得更多的发展和晋升机会。希望因此能鼓励更多的有志于教育下一代的人加入教师的行列，共同为我国的教育事业做出贡献。"

新加坡教师评价制度的几点启示

新加坡中小学教师评价改革是在努力改善学生学业成就、提高基础教育质量的大背景下进行的，是通过促进教师潜能和专业发展而实现学业成就提高的评价改革。这也正是我国新课程改革所追求的教师评价理念，我国的教师评价改革很有必要借鉴新加坡的教师评价中的一些成功的经验。

1. 借鉴绩效评价管理方案，提高教师评价的实效性

从新加坡的教师评估系统《提升表现的管理系统》来看，新加坡的绩效评价已经上升到绩效管理的层面了。在 EPMS 方案中，不仅每个管道有不同的评价、擢升办法，而且利用科学的管理工具对于绩效评价的过程加以管理和规范。例如关于绩效考评阶段的有关要求：绩效考评在绩效管理过程结束时进行。这正是评核人员正规的考评教师一年中的绩效，评估他们的潜能，把整个考评贯彻到底。在这个过程中，你可以找到以下信息，绩效评估过程的三个步骤：第一步，绩效考评面谈；第二步，绩效和潜力评估；第三步，评估结果。

如前面所述，最新的管理技术加强了教师绩效评价与学校战略的紧密相连。例如，新加坡绝大多数中学都在用平衡计分卡对学校绩效进行评价，将个人工作表现的状况和组织上的战略目标紧密地结合。

新加坡的教师评价体现出明确的绩效管理的目的，就是为提高全体教师和学校的整体绩效，在影响绩效的每个环节上加强规范管理。这对于改进我国经验型的教师评价管理很有帮助。目前，我国中小学教师评价管理存在着诸多问题与困惑，比如：学校缺少对各类岗位的职位描述，因而导致了教师职位要求的随意性，降低了工作分析的严肃性；指标体系设计的科学性不高，考核信息收集不全面；只注重结果而不注重过程的考核；对考核结果的解释、反馈不谨慎与评价结果运用不当等。为了保障评价工作的真实、有效和合法，教师绩效评价过程本身需要进行严格的管理和科学的设计。所以很有必要借鉴新加坡教师评价的管理规范，以提高我国的教师评价的实效性。

2. 借鉴发展潜能评估，促进教师专业发展和潜能挖掘

新加坡教育部针对人的自我需要，就如何最大限度地开发教师的潜能，鼓励教师自我超越，为全体教师设计了三条发展之路（即三条职业管道）。据有关人士介绍，制定三个不同的发展领域将能够应付教育工作者不同的能力、爱好和志向，使他们的事业更充实，更具挑战性。

可以说，新加坡教育部对教师的发展潜能评估（简称 CEP）是个颇有新意的评价制度。这是以提高教师专业水平、促进教师职业发展为目的的评价体系。每个教师都会在年中和年末由本人和其报告官分别评价该教师的未来志向、未来发展的趋向和特殊的才能。被教育部当作领袖来选拔和培养的校长们在其工作职责和业绩考评中也明确规定了他们有发现人才，帮助教师明

确自己的发展道路，培养人才，扩充有潜能的学校领导层人选的职责。校长们会为新人创造各种机会培养和锻炼他们。通过 5 年的锻炼和考察，确定该教师未来可能的最高潜能、最好的发展途径（教学、专才、行政），以及最高的职位。

运用系统机制的设定来激发人的自我超越的潜能，符合人的心理。如果一个年轻教师被上司评估为有领导潜能，那么在随后的学校工作安排中，会有意给这位老师更多组织学校某项活动的机会，以进一步锻炼他的领导能力，激发领导的潜能。一位新加坡的资深校长黄利发先生说潜能评估的意义就在于"你做得好，就多做，多做就做得更好"。然后如果顺利的话，经过十年一步步往上升，基本可以升到校长的职位。这就是顺应人的自我超越心里设计的一条发展之路。对一个教师来说，有了系统的支持，再加上领导的鼓励，教师个人的自我超越基本上可以实现了。最后能提升到哪个级别，完全取决于自己的表现。

这样不完全以行政职务来评定一个人的价值，给教师提供了更多发展的渠道，不再认为只有走行政这一条路才有升级的可能，也可以满足那些不愿意从政的优秀教师，给他们设计了专门的发展路线，在工资待遇上也不会比校长级别差。这样就避免了有些优秀教师干到一定程度有懈怠的感觉，照样会继续努力往上升，一则是工资在往上升，二则是随着级别上升，个人的价值被获得更大程度的认可，进行自我实现。体现出以人为本的理念。

新加坡采用的这样一种评价方式，对教师进行潜能评估和为教师提供多条发展渠道的体制，这是开发人力资源的有效措施。人的发展潜力无限，利用如此细致的体制来充分挖掘人的潜能，开发人力资源，使人最大限度地发挥自己的能力，同时找到自己存在的价值，这样的一种体制的建立，充分体现了马斯洛的需要层次理论，并很好地将教师个人的需要和组织的需要结合了起来。

学校生活中的安全、保健教育

学校的安全、保健教育是通过教育这一手段使学生理解日常生活中个人和集体的安全、保健所必要的知识、技能和态度，尊重自己和他人的生命，养成安全、健康地生活的习惯。

韩国中小学校中的安全保健分为安全保健教育和安全保健管理两个方面，

安全保健教育又包括安全保健学习和安全保健指导，安全保健管理包括对人的管理和对物的管理两个方面。

中小学校安全保健教育以防止在学校生活中发生的安全事故、健康上的问题和防止可能在家庭、社会、企业等成人社会中发生的安全事故、健康上的问题为目的。通过学校教育让各级学校的学生系统地学习关于安全、保健的知识技能、态度和其对策、方法等。

中小学校的安全保健教育由安全保健学习和安全保健指导构成。安全保健学习是指通过相关的教学科目使学生学到与安全保健相关的知识和技能，安全保健指导是通过年级指导、学校活动、学生活动、个别指导、教育课程外的与安全保健相关联内容的指导，所实施的与安全、保健内容相关的教育活动。

中小学校安全、保健教育的内容体系

中小学校安全教育的内容包括教学科目学习中的安全，娱乐活动中的安全，野游或修学旅行中的安全，休息时间中的安全，清扫活动等工作时间的安全，校内外游戏或运动中的安全，自然灾害等紧急时刻的安全，家庭生活中的安全，交通安全、事故发生时要遵守的事项等。

中小学校保健教育的内容包括日常生活和保健、身体的正常发育和保健、营养与保健、疾病与保健、药品的使用与保健、精神健康与保健、家庭生活与保健、性与保健、消费者保健、职业与保健、社区保健、国际保健等。

中小学校安全保健教育的基本方向

1. 小学的安全保健教育

在小学阶段，与安全保健教育的具体内容相比，以在日常生活所有领域中的生活安全和游戏安全为中心，使学生学到基本的国民生活所要求的关于安全、保健的知识和技能，感受到安全、保健的必要性。实施以事例为中心的教育使学生自然而然地形成必要的习惯和态度。与安全保健教育内容相关联的教学科目是正确的生活与道德、智慧的生活（社会科部分）与社会、智慧的生活（自然科部分）与自然、快乐的生活（体育科部分）与体育、实科等。

2. 初中的安全保健教育

初中的安全保健教育是在小学的基础上使学生理解安全、保健的概念，

学习预防的知识和技能，尤其要使学生具备对于产业安全保健的基础知识，培养学生对于劳动和职业的态度和习惯。与学校安全保健教育内容相关的教学科目为道德、社会、科学、体育、家政与技术产业等。

3. 高中的安全保健教育

在高中阶段，考虑到学生毕业后就业的情况，要使学生具备坚实的产业现场中所必需的产业安全、保健知识。为此，学校安全保健教育的内容要符合不同教学科目的特点进行具体指导。与此相关的教学科目为共同社会、经济、共同科学、物理、化学、生物、地理科学、体育、技术、家政、家事、农业、工业等。

韩国英才教育的传统与现状

在教育逐步走向大众化、普及化的今天，许多国家仍然非常重视英才教育，不断采取各种措施，完善英才教育制度，改革英才教育课程与教学体系，推进英才教育的不断发展。这些国家的英才教育制度值得我国借鉴。

在韩国，"英才"的特别内涵是："具有非凡的才能，为了开发其潜力需要'特殊'教育的个人。"一直以来，韩国政府不提倡对于英才的专门培养，认为这有悖于宪法精神。《韩国宪法》第 31 条第 4 项明确规定：教育的民主、专门性、政治中立是由韩国宪法所保障。通过国家宪法，自主自律已成为韩国学校教育的生命线。

20 世纪 80 年代，韩国发起面向 21 世纪基础教育改革运动。英才教育问题成为新的争论话题。韩国公众表示，政府为英才学生专门提供丰富的教育计划对于普通学生参加大学入学考试竞争是不公平的。1983 年，韩国第一所科学中学成立，主要提供科学领域的特色教学。1999 年，科学中学达到 16 所。此后，相关领域的特色中学产生，例如外语学校、艺术学校、体育学校等。2000 年类似的特色学校共计 78 所。尽管如此，这些学校根据韩国《教育基本法》设置，但是并未对英才学生提供足够的学术帮助。

亚洲经济危机后，为了挖掘卓越人才，开发其潜力，通过实施符合其能力及素质的教育、实现其自我价值、更好地为国家和社会发展做出贡献，1999 韩国制定了《英才教育振兴法》，并于 2000 年 3 月 1 日起实施。此法第 2 条规定：国家为了振兴英才教育应加强以下几个方面的政策，即制定有关英才教育的各种综合计划；英才教育内容及方法的改善和补充；英才教育及教育班级的设立和管理；支持英才教育所需的费用；制定有关振兴英才教育的其他政策等。法律还专门规定了实施英才教育的教育机构：普通学校的英才特殊班、英才教育中心、英才特殊学校。每一个学校委员会资助管理英才教育机构。

英才教育的对象是从全国高中以下各级学校的在校学生中选拔的。其选拔标准必须具备下列之一的卓越才能和优秀潜力，即包括普通技能、对学问的特殊兴趣、创造性的思考能力、艺术才能、身体才能及其他各种才能。

2002年，国际学生评价计划（PISA）表明，韩国5%的顶尖学生的成就表现比普通学生要糟糕。2003年在30个欧洲经济合作组织（OECD）成员国家比较中，韩国普通学生的科学成绩排名第一，数学成就排名第二，阅读成绩排名第六。但是，韩国5%的顶尖学生的相关成绩排名情况分别是科学成绩排名第五，数学成绩排名第六，阅读成绩排名第二十。欧洲经济合作组织建议，韩国应该重视优秀学生的教育，最好启动英才教育项目计划，激发这些学生的潜能。

2003年，韩国为中小学英才教育培训了4 457名教师。目前，韩国全国有2.6万名中小学生在接受英才教育。政府计划到2007年使接受英才教育的小学生人数达到4万名，同时为低收入家庭的孩子提供更多接受英才教育的机会。

为此，教育人力资源部将在2010年底前新建2所英才学校和58所英才教育院，并在2007年底前在50%的初、高中实施不同级别的移动授课，并于2006年实行提前修大学课程的制度（AP – Advanced Placement）。

同时计划多培养6千名英才教育专业教师，推进提前升班、提前毕业机制，并实行针对贫困家庭学生的英才教育方案。

为了实施英才教育制度，各校将对前1%学生选拔英才，并在设在大学、教育厅等外部机构的英才教育院或校内英才班进行落实。进入英才学校或科学高中、外国语高中、艺术高中、体育高中等特殊高中的学生也将接受英才教育。

为了进一步扩大英才教育，教育部决定分别在2007年和2009年建设艺术英才学校和信息英才学校。目前只有一所（釜山科学英才学校）英才学校。

另外，还决定对于由教育厅和大学运营的英才教育院，从目前的192所增加到2010年的250所，并把设在各级学校的英才班级从目前的253个增加到350个。同时，计划在2010年底前，也把英才教育专业教师增加到11000名。

综观韩国英才教育制度的形成与发展，我们可以发现适合英才成长的教育教学制度，应体现这样几个特征：即开放性、多样性、主体性。

所谓开放性，是指教学活动不是在封闭的状态下进行的，对内对外都要实行全方位的开放，尤其要瞄准国际教育科技发展的前沿，吸纳百川，为我所用。同时在教师的选配，学生的选拔，学习内容和学习方式的选择上也应该是开放式的。

所谓多样性，是指在培养目标、办学形式、教学模式、评价方式、升学制度等等方面的多重构建，真正为因材施教创造条件，使学生具有与自我发展相一致的选择对象和选择权。

所谓主体性，是指在生活、学习和管理诸方面都要体现以学生的发展为本的思想，重视学生个性的陶冶，强化学生的自我教育、自我管理和自我超越，使学生形成高尚的人格和创新的品质，并具备很强的创业能力。与英才教育相适应的制度创新涉及到教育教学领域的方方面面，是一项复杂而艰巨的工程，不可能一蹴而就。但是，培育英才，事关国运，必须加快英才教育制度创新的步伐，以便在我国尽快开拓出符合素质教育精神的英才教育的新天地。

韩国的精英教育振兴计划

韩国是当今世界上实施平等教育制度的国家之一。自上世纪 70 年代起，韩国推行一种教育平等化政策，不管是城市还是农村，适龄学生都机会均等地接受教育。然而，长期平等教育的弊端显而易见，择其大者是良莠同修。然而，人人受教育并不等于人人都能成为人才。于是韩国政府出台了精英教育扩大计划，改革人才培养机制，给天资聪明的学生以特殊教育。人说"居者有其屋"，韩国提倡"学者有其校"。

精英教育研究背景

韩国的精英教育始于 1983 年。1995 年，有关部门向总统提交了一份关于提升精英教育的建议报告，韩国的精英教育开始得到快速的发展。1994 年，在韩国汉城召开了第三届亚洲太平洋精英会议，这次会议进一步提高了人们对精英教育必要性的认识。1996 年，在总统建议报告的作用下，众多新的振兴精英教育的政策应运而生，如，加速在综合性大学建立精英教育中心等。

2000 年，韩国发布了《精英教育法》。法规规定了学校、学校委员会和中央政府向 1～12 年级优秀学生提供精英教育项目的职责。法规为从单一的科学中学向更多的为天才学生的专门中学的转化奠定了基础，为研究和发展

精英教育提供更多支持奠定了基础，为学校委员会进行精湛的教师培训和扩大精英教育服务奠定了基础。从 2002 年以来，政府指派并支持国家精英教育研究中心（NRCGTE）和科学精英研究中心来发展精英教育。

韩国的精英教育项目表现为以下多种方式：跳级；针对精英的专门中学；中小学的课外特殊课。其中课外项目由附属于各学校委员会或大学的精英教育中心提供。

精英教育发展现状

从 1988 年以来，韩国学生参加了国际物理、化学、生物和信息奥林匹克大赛，韩国队多年来一直处于领先水平。然而，在 2002 年的国际学生评估项目中，韩国的精英学生的成绩却低于韩国的普通学生。在 30 个 OECD 国家的排名中，普通学生取得了科学第一，数学第二，阅读第六的好成绩。然而韩国的精英学生中仅有 5% 获得科学第五，数学第六，阅读第二十的成绩。从这些结果中可以看出，提供给精英学生的教育不是很有效，而提供给普通学生的教育相对来说更加有效。因此，有必要花更多的努力为精英学生提供更好的教育，以便使精英学生的潜能得到最大发挥。

1. 精英教育服务的现状

韩国精英教育的组织机构由支持系统和教育机构组成。支持系统包含相关法规、国家和省级精英教育促进委员会和国家研究中心。精英教育的教育机构包含专门进行精英教育的专门学校、精英教育中心以及普通学校的特殊班。同时，精英教育中心又由 16 个省会城市的学校委员会或科技部、信息技术部和文化旅游部提供支持。

2. 专门学校，精英教育中心和特殊班

20 世纪 80 年代，韩国教育发展研究所开发的丰富的精英教育项尽在普通学校的各学校委员会精英教育中心和特殊班进行推广。精英教育的老师在国内外接受了培训。每个学校委员会都有自己的鉴定政策和支持系统。然而，大部分的大学精英教育中心都是在科技部资金和政策的支持下自己开发精英教育项目。

3. 精英学生的数量和比例

截至 2003 年 7 月，在 225 个特殊班（其中初级班 101 个，中级班 95 个，高级班 29 个）中有 8 325 名学生；在 171 个学校委员会的精英教育中心（其中初级班 74 个，中级班 91 个，高级班 6 个）有 8 496 名学生；在 21 个大学

精英教育中心（其中初级班17个，中级班16个，高级班5个）有4 651名学生；还有114名学生在为超常学生设立的专门学校中。总之，在418个精英教育机构中共有21 616名学生就学。

与韩国的学生总数相比，接受精英教育的学生的比率只有0.28%，这个数目是相当低的。从1年级到12年级的学生总数为7 774 905名，接受精英教育的学生比例小学是0.22%，初中是0.59%，高中是0.09%。

表1　各种精英教育机构中的学生数目和比率

	精英学生数目（教育机构数目）比率							比率
	初级		中级		高级		总数	
特殊班	4，039	（101）	3，172	（95）	1，114	（29）	8，325（225）	74.6%
学校委员会 GEC	3，264	（74）	4，923	（91）	309	（6）	8，496（155）	20.7%
大学 GEC	1，884	（17）	2，697	（16）	70	（5）	6，651（21）	4.7%
精英学生总数	9，187	（176）	10，792	（202）	1，493	（40）	21，472（401）	100%
学生总数	4，138，366		1，841，030		1，795，509		7，774，905	－
精英学生／总学生	0.22%		0.59%		0.09%		0.28%	－

韩国的精英教育的主要精力集中在数学和科学领域，而在语言艺术、艺术和信息领域的学生比例相对较小。接受不同学科精英教育的学生比例分别如下：科学43%，数学39%，其他18%。

表2　不同学科精英学生和教育机构数目

精英教育机构	数学				科学				总计
	初级	中级	高级	总计	初级	中级	高级	总计	
特殊班	2，106	1，385	304	3，795	1，413	1，271	418	3，102	1，428	8，325
学校委员会 GEC	1，328	1，787	110	3，225	1，385	2，263	165	3，813	1，458	8，496
大学 GEC	677	707	12	1，396	718	1，520	30	2，268	987	4，651
专门学校	4，111	3，879	426	8，416	3，516	5，054	613	9，183	3，873	21，472
学生比例	48.8%	46.1%	5.1%	100%	38.3%	55.0%	6.7%	100%	100%	－
不同学科学生比例	39.2%				42.8%				18.0%	100%

4. 精英教育的专门学校

（1）每个学科领域的学校数。韩国精英教育的专门学校始于1983年。最初，这些学校倾向于提供所有学科方面的精英教育，如：科学、外国语、艺术、以及体育运动等。因此有16所科学中学，16所外国语中学，23所艺术中学和15所运动中学。这些学校中一部分是省级学校，也有一部分是私立学校，其中只有一所针对精英教育的专门科学中学由科技部和教育部直接管理。

这些专门学校都配备了先进的教育设备，其师生比是1∶8，远低于普通中学的1∶31。

初中学生中那些处于某一学科顶尖1%的学生和那些在竞赛中得过奖的学生才有资格申请进入专门中学。在进入之前还要考察他们的平均成绩、获奖纪录以及身体状况。在1983～1997年期间，通常都是用试卷测验来考查学生是否有资格进入这些学校。到了2002年，这些针对精英的专门学校开始采用一套以测量更广泛的和创造性的问题解决能力为基础的多阶段鉴定程序和多重标准。

表3　各学科中的专门学校数目

精英教育专门学校		监督代理	学校数	每个年级的平均班数	每个班的学生平均人数
依据第一、第二教育法	科学中学	省级	16	8.8	24
	外语中学	省级	22	22.9	40
		私立	17		
	艺术中学	省级	6	16.3	44
		私立	17		
	运动中学	省级	14	8.5	40
		私立	1		
总计			73		
依据精英教育法	专门科学中学	省级	1	6	24
总计			1		

（2）精英教育专门中学中的课程。专门中学使用独特定制的课程，课程基于一种非年级的和个性化指导的系统。课程的主要特征包括：①具有更多专业学科的前沿知识；②更多的额外课程活动课时和义务劳动；③更多的选

修课和个别学习。

表4　普通学校和专门学校的课程

	国家公共课程			选修课		研究课		总计
	科目	学校课程	额外课程	普通	主修			
普通学校	56	12	12	136				
ESEL 的专门学校	56	12	12	26 +	82 +			188 +
GEL 的专门科学中学	无			必修 32	选修 28	必修 34	选修 51	校内 20

	校外	总计
GEL 的专门科学中学	10	175

（3）跳级。1995年，新的教育法允许学生根据学习速度跳级。精英学生可以提前进入小学，并且自由选择年级，并可提早进入下一学段。通过评估，每个学校都可以确定这样的学生，如果家长和学生同意，就可以让他们跳级。对跳级生来说，没有国家考试。但是也有一些学生和家长不愿意跳级，怕降低以后的成绩。

（4）精英教育的教师。只有19.2%的精英教育教师接受过在职培训。并且，其中58%的教师在精英教育中的教龄不足一年，因此，有必要通过调整政策来加强教师培训，以适应韩国精英教育的步伐。另外，大多数在职培训项目主要集中于数学和科学方面，而针对信息、技术、艺术、语言艺术或外语方面的培训项目很少。

精英教育服务的研究和发展

教育部指派 KEDI 为精英教育国家研究中心，该组织与其他的不同学科的研究中心合作。精英教育国家研究中心在开展各种主题精英教育研究的同时，也发展精英教育教师选拔的鉴定和指导工具。目前在数学、科学、语言艺术、社会学习、艺术和音乐方面有89种不同的指导教具，而其中科学方面的最多。就鉴别工具而言，目前有12种标准化的创造性问题解决测验用于数学和科学领域。

在每年的寒暑假，精英教育国家研究中心会为精英教育教师提供在职培训。另外，每个部门都可以任命和支持本领域的精英教育研究中心。

精英教育的问题和展望

在韩国，目前仍然存在一些妨碍精英教育的问题，如大学的入学考试，教师激励机制缺乏，还有资金缺乏导致的精英教育项目在年级和学段上的不连贯等。

首先，大学入学考试对精英教育的课程和指导方法是不合适的。在韩国，能否进入重点大学是家长和学生衡量学习好坏的主要标准，但能否进入大学主要依赖于学校成绩。因此，准备大学入学考试是创造性和精英教育的绊脚石。2001 年，教育和人力资源发展部开始计划修订一个新的大学入学政策，使得该政策能够符合精英教育学生而不是普通学校教育的学生。而对于专门中学的教学来说，应该将注意力更多的集中在发展学生的个别技能和才干上，而非入学考试的准备上。

其次，对教师的教学缺乏激励机制，许多教师即使接受过精英教育培训，也不愿意从事精英教育。为了保证专业的受训教师能够连续的服务于精英教育，必须建立一种具有吸引力的教育政策和积极的激励机制。

第三，接受精英教育的学生比率很小，并且在年级上不连贯。在 5、6 和 8 年级接受精英教育的学生较多，而在其他年级则只有很少一部分学生。因此，每个学校委员会和科技部要更好的合作，为所有年级的学生提供更好的精英教育服务，从而使精英们能够连续参加这些专门的项目，并使自身潜能得到最大发挥。

第四，精英教育没有专门的管理机构。很多事情由教育和人力资源发展部管理，如科学教育、信息和科学、中学教育、甚至小学教育。由于缺乏管理机构，因此学校委员会与学校、父母以及研究中心的交流效率不高。因此，如果有了专门的管理机构，精英教育的开展将会更加容易。

最后，中学的精英教育、大学入学考试和大学教育之间存在不连贯。有些学生在中学接受了良好的精英教育，但进入大学以后却找不到感兴趣的项目。因此，加强中学和大学精英教育的连贯性非常重要。

第四章

世界各国学校管理新思路

英国中小学的教育督导

1992 年的教育法案规定建立教育标准办公室（Office for Standards in Education），对英国所有的政府幼儿园，中、小学进行经常性的检查。此检查也适用于那些在教育就业部注册的私立学校。多数的检查工作是由注册督导官下属的独立督导团承担。有些是由皇家督导官、教育标准办公室的成员、或由教育标准办公室临时借用的一些现任校长和学校资深职员来负责完成。所有独立的和临时的督导官都须经教育标准办公室挑选、培训和授权。

督导目的

督导目的在于帮助学校总结成绩，找出不足，以提高教育质量，提高学生的学习成绩。根据《家长宪章》的要求，督导结束后所形成的书面报告和总结报告应为家长和地方社团提供必要的信息。督导过程、信息反馈和所形成的报告是由外部专家对学校工作所进行的客观评估。督导团对一些重大问题都会提出改进建议，学校将根据这些报告来制订、调整和改进学校的规划方案。

督导框架

1992 年教育法案第九条规定督导的重点为以下几点：

学生水准与成绩；

学校的教学质量；

学生在精神、道德、社会和文化等方面的发展；

教学资源与设备；

领导与管理；

财政；

督导官的行动准则；

工作中要体现出职业风度，作风严谨，礼貌待人；

客观评估学校的工作；

坦诚公正地对学校工作，做出书面报告；

以学生的利益为重；

对在督导中涉及的人事材料或其他信息要注意保密。

准备工作

督导团——督导团在正式检查的前二至三个月与校方取得联系，双方共

同决定检查日期。在正式检查前还要召开三个重要会议：

（1）校长会议——初步了解学校的领导框架，讨论有关督导团所需要的书面材料的准备工作，共同商定检查期间的行政安排。

（2）部分职工会议——商定听课、课后总结及信息反馈等事宜，因为督导团成员应尽力确保在检查期间学校的一切工作都正常进行。

（3）家长会议——通常要在三个星期之前由校董事会以书面形式通知家长。校内职工及董事会成员不可参加家长会议，除非他们本人是校内学生的家长。通过家长会议以了解：1）他们子女的学习成绩，学校所提倡的学习态度与风尚以及学生的表现和出勤情况；2）学校对家长所提供的信息及对学生的帮助和指导；3）家长在学校日常工作中所起的作用和学校对家长的建议和投诉的反应；4）其他方面，包括课外作业。校方应为督导团准备以下资料：

校长表格与校长声明（由督导团提供，由校长填写）；

学校简介；

学校发展规划（或相应的材料）；

近12个月内校董事会会议记录；

上年的年度报告；

教职员工手册；

课程设置的政策、计划与指导原则；

学校有关其他政策的文件；

教师教学规划和评估文件；

检查期间全校的课时表；

学生人数、男女生比例、国籍比例；

16岁以下学生名单及缺席记录；

近两年的全国考试成绩；

全、半职教师名单（包括出生年月日、专业和学位）；

行政管理人员名单。

督导时间

3~5天，视学校规模而定。

督导过程

听课、观察学生活动——督导团将从听课中获得第一手资料，因此他们60%的时间都用在听课、观察教学和观察学生在课堂上的反应方面。听课的

范围要广，既要听正式教师的课，又要听代课教师和实习生的课。通过听课来了解学生的学习程度、学习态度、课堂表现和教师的教学水平、组织课堂的能力等。听课时要着重注意：学生偶然性的谈话和评论；参与课堂活动的程度；对问题的反应；提出的问题；他们在讨论时所表达的观点、感情和意见。

与学生交谈——通过与学生交谈可证实他们的程度和学习态度，并可鉴别出他们对功课的理解程度和在不同环境下他们运用知识的能力。通常的情况是督导官在学生做功课时或课后与他们交谈，有时也组织学生座谈会以听取不同学生的不同意见。

抽查学生功课——学生以前和现在的功课是学生取得成绩与进步的重要标志。通过抽查学生的作业也可对校内贯彻全国课程设置大纲的情况和教学质量略见一斑。每个年级组至少抽查3名（上、中、下）学生的功课。对于16岁以上的学生要针对他们所选修的不同课程进行抽查。同时也要抽查有特殊教育需要的学生的功课。

与教职员工、校领导和其他参与学校工作的人员交谈——与校长、教学组长和某些肩负管理责任的员工交谈以了解学校管理操作的程序和政策、每人的具体职责以及各级负责人的工作胜任情况。与教师的交谈一般应在听完课后马上进行，特殊情况下也可另行安排时间。

督导重点

1. 学生的成绩与进步

根据全国标准，重点检查不同性别、种族和背景的学生的学习成绩；

在检查英语、数学和常识以及在其他要检查的科目中要着重指出每科的强弱项；

分析学校总成绩的发展和变化倾向和学校所规定的奋斗目标的实现情况；

将目前的成绩与过去的成绩进行比较。

2. 学生的态度、表现和自身发展

学生的学习态度直接影响学习成绩。督导官应注意：①学生在课堂上的参与程度，他们是否喜欢学习；②他们是否愿意完成手头上的任务；③他们是否积极提问和回答问题等。

学生的表现，包括是否有学生被开除等。良好的表现会导致良好的学习效果，也会提高校园生活的质量，使学校的秩序井井有条。

校内各种关系的质量，包括种族和谐的程度。

个性发展包括对当地社区的贡献。这里主要是指培养每个学生的道德观念和信仰，以及拓宽他们对自己与别人人生的理解程度。

3. 出勤情况

了解学生的出勤和按时到校的情况——按规定，学生的出勤率应超过90%并应按时到校上课。缺席的原因可归为：无故缺席、经准假缺席、校外逃学、校内逃学、病假等。

按法律规定，16岁以下的学生如缺席应有家长证明或医生证明。尽管法律上对16岁以上的学生的出勤没有明文规定，但是学校对学生出勤方面的要求也适用于这些学生并且也要对他们进行考勤。

4. 教学

通过检查应了解学校教学中的强弱项、影响教学质量的因素、教学是否能适应所有学生的要求，是否特别注意到有特殊需要学生的要求以及英语非母语的学生的要求等。

可根据以下几点鉴别教师的教学能力：

在自己的专业科目和领域中具有牢固的知识；

对学生要求高并能通过教学深化他们的知识和理解力；

教学有计划，有安排，行之有效；

采用的教学方法符合全国课程设置大纲的规定并适合所有学生的要求；

课堂组织能力强，课堂秩序良好；

合理有效地利用资源设备、分配教学时间；

透彻地有建设性地评估学生的工作并将评估的情况反馈到教学中去；

有效地利用学生的作业来巩固或延伸课堂上所学的内容。

可根据以下几点鉴别教师的专业知识能力：

胜任教学工作，对全国课程设置大纲规定的内容及考试要求了如指掌；

发问的技巧和解释问题的能力；

对学生功课所附评语的深度；

利用某些条件和设备提高学生明白理解专业知识的能力；

因人施教——能为智商较高的学生布置有难度的功课。

5. 对全国课程设置大纲的落实情况与评估

通过检查，了解学校贯彻课程设置大纲的规划和内容：

对 16 岁以下、16 岁以上学生开设的科目与课程；

专业课以外的个性教育和社会教育，包括健康教育、性教育和反毒教育；

对中学生提供的志向教育与指导；

课外活动，包括体育；

评估学生成绩的程序。

督导团应重点考察课程设置是否：

比例均衡、开设科目广泛、有利于学生智力、体力和个性发展并且为学生下一阶段的教育、培训或就业做准备；

符合全国课程设置大纲的法定要求，开设宗教知识教育和性教育等课程；

为学生提供均等的入学、学习和进步的机会；

满足有特殊教育需要的学生的要求；

为学生提供连续性的、循序渐进的教育；

提供内容丰富的课外活动，包括体育；

对中学生提供志向教育和毫无偏见的指导。

6. 学生在精神、道德、社会和文化方面的发展

传授有关道德观念和信仰的知识，以在学生的行动中能体现出他们的精神意识和自知之明；

教授学生一些辨别是非的原则；

鼓励学生积极与人接触、承担责任、参与社区活动，逐步懂得公民的权利和义务；

教育学生懂得自己的文化传统并能欣赏丰富多彩的其他文化。

7. 学校与家长、社区的合作

重点检查以下几个方面：

家长对校内工作的参与、对其子女功课方面的参与（家长的参与有助于学生学习）；

与社区挂钩，与当地一些公司挂钩，以丰富学校生活并为中学生提供工作经验；

学校提倡学生为当地社区做贡献，包括在中学阶段参加义务服务。

三个问题：

（1）学校与家长、社区联络的脉络是否清晰？

（2）学校与家长、社会的联络是否坚持经常？

（3）学校是否尽其全力争取家长的参与工作？

8. 学校领导与管理

学校是否达到以下标准：

领导班子坚定，办学方向明确；

教学与课程设置方面都有监督和援助服务；

学校的目标、准则和政策都能在领导工作中反映出来；

在学校的发展规划中确定工作重点与目标，采取必要的行动，采用有效的监督和评估办法；

校风正派，学习风气浓厚，学习环境良好；

校内关系和睦，学生机会均等。

遵守有关法律规定：

董事会——负有具体的法定责任。董事会实质上有三项任务：掌握办学方向；作为能为学校工作提出批评意见的朋友；引导学校提高教育水准和教育质量；

校长——是学校的专职带头人，把握学校的方向，负责校内的日常管理和组织工作。一个效率较高的学校通常是校长带领校内资深人员，同心协力提高教学质量，对学生一视同仁，利用现有资源来贯彻落实校内政策；

其他职员——校内的一些其他职员如教学组长等也都应发挥他们的领导和管理作用。很多教师和一些行政人员都在课程设置与管理方面负有一些责任。在规模较小的学校，责任分工不会那么正规。但是在一个管理工作有条不紊的学校，责任分工应该明确，领导也应得力，对所有职员分工明确并鼓励他们在办校中发挥作用。

9. 职员、校舍和教学设备

重点检查项目：

教师的数量、学位文凭和经验是否符合课程设置大纲的要求；

对教职员工的评估和业务提高的安排；

校舍是否符合要求、授课是否不受任何阻碍；

学校的资源和设备是否充足并符合学校课程设置和有不同需要的学生的要求。

总体来说，教师应具备良好的知识和专长，胜任本专业的教学包括宗教知识教育、个性发展教育、健康教育和志向教育。如果学校招收 11～18 岁学

生的话，教师也应有能力开设职业教育课程。

对于校舍没有法定标准，但是校舍必须符合建筑规定和防火规定，要安全、有利于健康并且能允许学校为学生提供法定的课程。

教学资源与设备必须在种类、质量和数量方面都合乎标准而且是物尽其用。有些学生可能会有医生或专家证明需要一些特殊的设备。校舍与内部设施应符合残障儿童的特殊需要。

10. 财政与效率

督导团应重点检查学校是否：

有周密的财政规划以促进教学的发展；

充分发挥职员的潜力，有效利用校舍、教学资源与设备；

财政制度严格，学校行政工作效率高；

综合学校的情况与收入，学校所取得的成绩和提供的教育质量是否物有所值。

善后工作：

检查工作结束后，督导团应立即向校长将检查情况作以综合性的口头总结，其内容应是为将来的正式报告勾勒出框架。

督导团应在检查工作结束的 5 周内将检查结果形成书面报告，寄给校长。另有一份概要，把报告的重要章节摘录下来，是专门为家长而准备的。

所有的报告都在教育质量办公室存档。任何人都有权向校董事会索取督导团的检查报告。

督导官应将检查的全部记录保存 12 个月。

法国的教育行政管理

法国是一个集权制国家。国民教育部领导全国的教育工作，主要职责是：实施议会通过的教育法案和政府对教育的决定；制定和实施国家教育发展规划和改革政策；指导私立学校；分配教育经费；制定教学大纲、规定考试制度及证书发放标准；负责对教师的选拔、培训、晋升；组织和协调高等学校的科研；执行国家与外国的教育合作项目。

最大的地方教育行政单位是"大学区"，全国分为 26 个大学区，大学区总长下设省督学，负责管理包括初等教育在内的各类地方教育。

法国的教育制度与中国的教育制度非常相似，都是国家制度非常强，讲集中。在处理教育管理的思维上也极其相似，主要是两个方面：其一，如何

处理中央集权与地方分权的关系；其二，如何进行分级管理，下放权力，使大区和省政府的权力大一些。

在法国，大区和省政府学区的地域划分，与地区政府的划分是一致的。在15年至20年前，法国的教育管理非常集权，包括教师的选配、课程教材的选定、经费的分配等等，全部由教育部直接管理。从1983年开始，实行权力下放，大区和省政府的权力大了。目前，法国的小学由市政府管理，初中由省政府管理，高中由大区政府管理，大学由教育部管理。

教育部向大区的放权，别具一格。比如教育部向巴黎大区的放权，就分配给大区25万个课时，由大区教育局把25万个课时再分配给省政府，然后把这25万个课时折算成职称、教师的编制、教员的任命、经费预算，从而完成了经费下拨和教师定编这两大任务。

巴黎大区的教育管理机构，是由一幢1.5万平方米的六层大楼组成，其中一半为培训机构，另一半为管理机构。大区教育局管理人员约600人左右，其中的计算机房极为壮观，几十台高性能电脑联成网络，记录了大区所有初高中教师的全部信息资料。

尽管实行权力下放，但教育部在两个方面依然集权：

第一是教学大纲。法国的任何一个地区，教学大纲都是一致的。这一制度的好处是可以保持整体的平均水平；但弊端是同一教材大纲很难兼顾不同地区的差异性，另外，也造成学科的分科性，物理归物理、化学归化学，不利于学科综合。

第二是教师的任命。主要是指中学和大学的教师。在法国，教师都属于公务员，包括图书馆人员、门卫、清扫工等。教师的任命制度，可以保证各地区教育的相对平等。但现行的教师流动制度，越是经济发达的地区，好教师的人数越来越多，因为每个地区要进教师，首先要有课时数（也就是要有编制数），这样，各个地区要进人员就要考试，巴黎大区的考试分数很高，就使越来越多的好教师流到巴黎学区，而一般贫困的地区，好教师越来越少。在这种情况下，法国政府为了讲平等而对这些地区投入大量的人力、物力、财力，由于好教师少、生源比较差（大多是移民的子女），这些地区的教育质量始终上不来。

在法国，不同层次和类型的教育机构具有不同的法定地位。"学校"一词法文为"ecole"，它不同于其他语言是教育机构的总称，而是主要指幼儿学校和小学这些初等教育机构。比如教育部的"学校司"实际上是初等教育司。

在法国，小学隶属于市镇，在行政和财政方面都没有自主权。在发达国家中，法国的教育行政体系是最典型的由专家统治的中央集权制。其教育行政体系包括横向的教育行政、教育咨询、教育督学的三个系统以及纵向的中央、学区、省三个层次。

教育行政机构

1. 中央

自拿破仑时代以来，法国的中央教育行政机构已有近两个世纪的历史。在这期间，中央教育行政机构几经变化，先被称为帝国大学，后又称为公共教育部、国民教育部。1988 年社会党再次执政后，给该部定名为"国民教育、科学研究和体育运动部"。目前国民教育部包括 18 个司局，5 个专门委员会。有负责学前教育、初等教育、中等教育和高等教育的各司，以及总督学局、国立教育研究所、全国教育资料中心、全国终生教育发展署等附属机构。国民教育部设部长一人，教育国务秘书二人。部长系内阁成员，由总理提名，总统任命。国务秘书相当于副部长，他们协助部长工作，也由总理提名，总统任命。法国教育部长的权限相当广泛。他领导和检查教育部管辖的所有公立教育机构，监督和检查由教育部管辖的私立教育机构。他不仅确定学校教育方针和原则，还统一规定教学大纲、教学方法以及考试的时间和内容，管理公立学校教职员人事，制定公立学校规则，监督指导私立学校，确定教育经费等。

法国的国民教育部领导全国的教育工作，其主要职责是：实施议会通过的教育法案和政府对教育的决定；制定和颁布有关教育的各种指令、通报、指示、通知及具体政策；领导所有公立教育机构；监督、指导私立学校；分配教育经费；制定教学大纲、规定考试制度及证书发放标准；负责对教师的选拔、培训、晋升；组织和协调高等学校的科研；执行国家与外国的教育合作项目；制定教育发展规划。

2. 地方

法国地方教育行政的任务是：第一，配备代行教育部长职务的大学区总长和大学区督学，以实施垂直的教育行政；第二，负责省和市镇村立学校的设施、设备方面的行政事务，做好地方一般行政机关的行政事务。法国的地方教育行政机构有大学区和省的两个层次和介于两者之间的虽不是一级教育行政层次，但教育方面发挥着作用的一级地方行政机构的地区。

（1）大学区。大学区自 1806 年开始设置以后，其数量、性质几经变化。现在法国本土的 26 个学区有 19 个与所在地区地理范围相同，其他 7 个学区分属余下的 3 个地区。大学区设立初期，还不能真正算作一个行政管理层次，人员和机构都不完善，大学区总长只是作为教育部长的代表，在中央和省之间进行传达和协调。随着教育管理体制方面中央集权的加强，作为中央代表的学区长的职权不断扩大，权威不断增加。到了 20 世纪 60 年代，中央逐步把具体管理中等教育的权力下放给了学区。大学区总长，由教育部长提名，总统任命。他是本区内代表中央教育行政机关行使权力的高级官员。大学区总长必须是国家博士学位的获得者并担任过大学校长或教授。

大学区总长作为总统任命的本学区各级各类教育的总管，他的主要职能在行政方面，也就是领导、管理和检查。其职权为：1）在初等教育方面，管理学校和班级的开设与关闭，教员的任命，最高惩罚的执行等；2）对中等教育进行全面指导和监督，包括课程、教学方法、各种国家考试、教师培养、人事管理等；3）协调高等教育和中等教育的关系；4）在高等教育方面，以本大学区内各大学的"总裁"身份，参加各大学的法定机构。

中央的教育行政机构对学区具体的组织结构形式并没有统一要求，由于各地的历史传统和地域条件以及学区长的教育行政指导思想的不同，使得各地学区的行政组织结构方面的存在差异。通常，学区一级的机构主要由服务和运行两大类部门构成。服务部门分别负责统计、信息、资料、接待、后勤、培训等工作，运行部门则分别负责高等教育（仅限于监督和协调，特别是在财务方面）、中等教育、学校生活、继续教育、学徒培训、考试、私立教育、人事、财务等工作。与此相应的是，有一整套人员，在行政方面协助大学区总长工作，在技术方面充当他的顾问。如办公室主任、秘书长，以及技术教育、方向指导、设备、继续教育、青年体育、学校卫生等方面的专职官员。

（2）省。法国自大革命时期决定把全国分成若干省以后，省份的数量基本上一直在增加。目前，它的本土分有 96 个省，海外有 4 个省。在这个层次上，地方行政和教育行政合二为一的。

省长作为中央政府的代表，领导本省各个部门的工作，教育属省长当然的职能范围，所以要定期向教育部长报告情况。但是，各省教育的实际领导人是学区督学。1947 年 2 月 28 日的一项法令明确规定，学区督学是各省教育部门的负责人。从此，这一职务的任务更加明确，它受大学区总长和省长双重领导的地位也再一次得到肯定。可以这样说，学区督学原为一般意义的督学，后来（直到今天）演变为各省的教育局长，但保留着原来的名称。

作为传统法国的初等教育一直属地方管理，所以学区督学的主要职能在这方面。他决定学校及班级的开设和关闭，分配教师名额，管理校长和教师的任命、调动、晋升、考勤，并有权对他们实行纪律处分，从教育教学角度审查学校的修建计划，预审学校卫生、校车、市镇资助、设施维修、学校基金等财务总务问题，任命省级考试委员会和审查试题，全面领导本省的师范学校。作为本省初等教育委员会副主席，他还要准备会议文件和年度报告。

学区督学在各省的地位有如大学区总长在学区。在他们领导下，有一整套与中央和学区相对应的办事、总务、顾问、执行机构和人员。

（3）地区。提倡地区化的地区主义产生于大革命期间，1919 年法国出现了在商会基础上联合起来的首批地区性经济组织，这便是地区的前身。经过不断调整和发展，地区一级在二战后真正具有了行政、经济和社会方面的职能，并于 20 世纪 50、60 年代得以制度化。到了 70 年代，地区被定为公共机构。从 1968 年起，正式成为一级地方权力机构。

长期以来，地区的活动集中于经济和国土整治方面，但从 20 世纪 60 年代开始，随着分权放权政策的推行，它在教育方面的权限逐步扩大。进入 80 年代以后，法国分权放权的步伐加快，地区的教育职能也不断增加，在学校的建设、职业教育、教师晋升、处理与私立学校的关系等方面的影响力越来越大。1983 年，法国议会通过一系列的法律，使地区的教育权限进一步扩大，在诸如中等教育、特殊教育的发展预测，学校建设，学生课外文化、体育、教育活动、职业继续教育及学徒培训等方面得到了更多的权限和经费。

这样，全国的 22 个地区虽不算作一级教育行政层次，与大学区的地理范围不完全一致，但它们作为一级地方行政机构，也在教育方面发挥着作用。其主要工作是调查研究、制订计划、组织实施、提供资助。但是，地区毕竟只是与大学区平行的一级经济和行政组织，与专门的教育行政机构大学区相比，它很少介入具体的教学和人事工作，也没有专门的教育职能部门、协商机构以及工作人员。

教育咨询审议机关

法国为了防范中央集权的弊端，在各级教育行政机构之外，设立了由各方面代表组成的各种咨询审议机构。如中央教育部的重要咨询审议机关是："国民教育最高审议会"，由 80 名委员组成，其中公立学校教员代表 25 名，私立学校代表 5 名，教育行政代表 25 名，其他各阶层（政府各部、家长联合

会、学生联合会等）代表 25 名。该会对教育部长提出的有关重大问题的咨询表明独立见解；对教职员的惩罚，有行政上的最终裁决权。

在大学区这一级设有大学区审议会，大学区总长为主席，成员包括学区所辖各省的学区督学、本学区大学的校长、本学区大学教师选出的代表、中学校长代表、不同专业不同职称教师选出的代表、部长任命的省市议会的代表、学区长任命的私立学校代表。其任务是对中等教育的重大问题提出意见，调节中等学校教员的诉讼事件。该审议会在大学区的作用，与中央的国民教育最高委员会类似，只是工作重点在中等教育。

与中央和大学区两级对应，各省也有多种教育咨询审议机构，分别涉及人事、助学金、特殊教育、学校设备、校车、学校建筑等领域。这些机构或由学区督学主持，或者由省长主持，研究决定有关事宜。在这些教育咨询审议机构中最重要的是各省初等教育委员会。这种机构于开始设立于 1886 年，由省长和学区督学分别任正、副主席。委员会监督小学教学大纲的执行和学校的卫生工作，讨论本省初等教育的组织（数量、性质、布局等等），对各省初等教育的政策和实际发展具有全面影响。

督学制度

法国教育行政的一个突出特点，就是从上到下建立了一种完善有效的督学制度。各级督学辅佐各级教育行政首脑，视察、监督和指导学校的教学及组织管理工作。

在中央一级，设有总督学处，直属教育部长领导，负责对全国的教育情况及时提供信息、分析、评议和咨询，并完成由部长委派的特殊任务。按照职责分工，总督学处分为三个各司其职的部门。

（1）国民教育督导处，负责审议中等和初等教育的现行制度，检查教学质量，评议教师工作，参与对教师的招聘和培训，与教师、专家、教育研究人员共同制定中小学的教学大纲。处内具体工作按学科进行分工，有资料和外语教学督学团，数学、自然科学和物理教育督学团，工业科技、手工技术教育和经济管理督学团，社会科学、史地和哲学督学团，艺术教育督学团，学校生活督学团。每个督学团设主任 1 名，负责协调本督学团的工作。各处设处长 1 名，组织和协调各督学团的活动。

（2）教育行政管理督导处，主要任务是审查学校的地理布局，检查教育行政人员的招聘标准，评价各类学校的管理及设备的运转状况，审核部拨经费的使用情况。

（3）图书馆督导处，属教育部、文化部双重领导，负责好由教育部领导的全部大学图书馆和文化部管辖的公共图书馆，省级、市级图书馆，考核和评价这些图书馆的工作情况。

（4）青年与体育运动督导处，属教育部和青年体育运动部共同领导。在教育方面负责对学校体育教育和体育教师的督导。

在上述四部门共有 200 多名总督学。另外，在学区和省一级也设各级督学，协助总督学开展工作。

地方除大学区督学外，在省一级设有省督学处，它是大学区下一级教育行政机构，由一位大学区督学领导。他代表大学区总长在省一级履行教育领导的职权。除了高等教育外，他具体主管本省的幼儿、初等、中等及师范教育，并对省内私立学校进行监督、检查。根据需要，有些省的学区督学另配有若干学区副督学和省督学协助工作。在省以下的行政阶段设置初等教育、幼儿园、技术教育、青年体育、定向指导、学校卫生等专门领域的督学。这些督学对于教师具有很大的权限，这可以从他们具有高度素质和丰富的教学经验中得到证实。

例如，初等教育督学关于管辖区域内的公立学校的设置、私立学校和成人班级的开设、就学奖励、公立学校教师的任命、晋级、表彰、处分等加上自己的判断向大学区督学报告，但若要任初等教育督学，需取得"初等教育督学和师范学校校长许可证"以后，通过竞争考试才可以。初等教育督学的任期为 2 年，全国约 700 人。

长期以来，法国中央集权专家统治的教育行政体制在实现教育机会均等、确保教育质量等方面发挥很大的作用。但是这种教育行政体制使学校自成体系，在很大程度上与社会隔离。在高度中央集权的教育行政体制下，国家垄断教育，教育界排斥企业及其他社会力量的介入，相反企业及其他社会力量也将教育的责任完全推给国家，不愿意参与教育事务。从而使法国教育办学渠道单一，学校教育缺乏活力。20 世纪 90 年代以后，法国教育改革的一个重要方面就是要扩大学校自主权，增强学校与社会的联系。

新型的"小型学校"

小班化教育改革是近年来美国所实施的最热门的教育改革措施之一，小班化改革必然带来学校规模的缩小。与此同时，对小型学校的研究也在进行。许多研究证明，规模较大学校的学生，由于缺乏与同学及教师之间的互动机

会，较容易有压力感、侵略感、退缩感等反群性的发展。相反的，小型学校学生的学习情境、学习参与程度、学习满意程度较大型学校好。随着学生年龄的增长，小型学校的积极影响也在增大。教育者、政策制定者以及学生家长正越来越多地看到小型学校对于提高学生成绩、改善人际关系、为所有学生增加平等的机会以及实施学校改革有利。虽然并非所有小型学校都是最好的，一些大型学校也是很优秀的，但总的说来，较小的学校显示出较好的效果，而且小型学校更易于实施改革，虽然不能保证一定成功，但它使一个学校成功的机会增加了许多。美国芝加哥、纽约、费城和洛杉矶区是几个探索小型学校的城市。纽约曾发布了一篇报道指出，当考虑到那些显现出来的效果时，小型学校具有很高的成本效益。芝加哥关于小型学校成果的首次研究说，小型学校总体上造成了一种差别，而且对教与学都产生了一定影响。

然而，学校正在变大。研究表明，对于一所小学来说，300 到 400 名学生是合适的；对于一所中学来说，400 到 800 名学生是合适的。从 1940 年到 1990 年，尽管美国人口增加了 70%，k－12 年级公立学校的数量却降低了 69%，结果，学校的平均注册学生数增加了 5 倍以上。虽然中学校长们在 1992 年的全国中学校长协会上说，中学的最佳规模应是 400 到 599 人，但从 1988 年到 1993 年间，小型中学的数量明显减少了（从 34% 减少到 22%）。大型中学（800 名学生以上）在以前的 20 年内只增加了 2%，之后从 1988 年的 14% 剧增到 1993 年的 30%。全国范围内学校的合并影响新成立的中学的规模大小。尤其在乡村地区，那里正在将小型的社区小学的 6 至 8 年级去掉，而将其合并到大型的中学里。

1990 年，关于美国中等学校改革的一个国家论坛（包括 40 个中学领导、政策制定者、顾问以及来自各基金会、协会和高等教育机构的代表）发表了一份面向未来的声明，提出一个构想以加速推动中等学校的改革并有助于创造出表现一流的中等学校。这个构想中的三个主要概念是：表现一流的学校在学术上是优秀的（提高学生成绩）；在发展上极负责任（充满爱心的、安全的环境）；在社会上平等（公平，向所有学生提供严格的课程计划）。教育家苏珊·加利蒂认为，似乎没有几个学校作出朝着这些方向努力的承诺，而小型学校则可做到：

（1）学术成绩。虽然学校大小与学生成绩间的关系还不是十分清楚，但有些研究表明，小型学校有利于学生取得较高的成绩。同时研究还表明，在总体上小型学校可以使学生取得同等的或更优的成绩，而且小型学校对于那些少数民族学生以及社会经济地位低下的学生的成绩能产生更积极的影响。小型学校的教师更有可能形成教学小组，使教学内容成为一个整体，运用年龄段分组法和合作学习法，并使用多种评价手段等。这些学校也更加注重实际经验和校外知识的学习。

（2）学校风气。关于学生态度的研究结果是绝对支持小型学校的。研究表明，社会经济地位低下的学生和少数民族学生对学校规模尤其敏感，小型学校的学生进步更大，同时小型学校也比大型学校有更少的消极社会行为，少数民族学生以及社会经济地位低下的学生的社会行为甚至比同校的其他学生受小型学校的影响更为积极。

（3）学生参与度。小型学校不仅有比大型学校更高的课堂出勤率，而且那些由大型学校转入小型学校的学生也会提高其课堂出勤率。在小型学校，中途退学的学生更少，此外，小型学校辅助课程的参与度要高得多。尽管大型学校可提供比小型学校更丰富的活动，但对学校规模的研究表明，小型学校的学生在参与辅助课程的活动中更为活跃，更为主动。

（4）归属感。研究者们发现，小型学校的学生比大型学校的学生有更强烈的归属感。调查显示，这种增强的归属感能够减轻或消除学生的疏离感。因此，也肯定会影响他们的自信、自尊以及要对自己负责的责任感。

（5）师生关系。有些研究者们已经注意到了师生关系，尤其是在老师对学生的关注和对他们关心的表达上，发现在小型学校和良好的人际关系之间有确定无疑的相关性，各种人际关系的研究还没有发现在大型学校里有同等的或更好的人际关系。就管理人员和教师对工作、对领导以及彼此之间的态度来说，大型学校似乎促使教师们对学校管理产生消极的看法。小型学校的家长参与度更高，这种现象常被引用为对学生成绩和态度产生积极的影响的原因。

（6）公平。保持学校的较小规模，可为学生提供更多的平等机会。一般而言，拥有最大的学校和学区的州往往学习成绩最低，学生退学率最高，师生比例最差。进入大型学校学习受到最为消极的影响，而进入小型学校则会受到最为积极的影响的学生，是那些来自少数民族和社会经济地位低下家庭的学生。一个学校越大就越容易招到学生，从而就会提供不公平的教育机会和教育资源。

但也有教育家认为，大型学校不能通过创建教学小组以及"校中校"来达到小型学校那样的效果。学校越大，就越是难以提供教学与教育师生的领

导力量。即便是拥有优秀的教学小组，大型学校的规模仍然影响到以下各个方面：午餐轮班的次数；参加小组会议的次数；同一时间在门厅里的学生数；要求答复的父母的数量；学校建立改良小组的动力，学校的预算等等。

美国俄亥俄大学教育研究学者克赖格·郝利与马歇尔大学的学者罗伯特·比克尔的共同研究证明，小型学校在减低贫穷因素对学生学习的影响、学童暴力行为，以及增加父母亲对教育的参与、培养学生对自己行为与学业成绩的责任感方面，都有正面的效果。他们在七个州做了四个不同的研究，研究结果重复的显示，贫穷家庭的小孩，如果转读于小型的学校，他们的成绩可以明显的改善。另一项跨四个州的研究结果也显示，贫穷与成绩不佳间的因果关系，大型学校是小型学校的十倍。帕特·韦斯利负责的一项研究显示，小型学校学生的成绩，要优于大型学校的学生，而且学生、教师、家长及社区志愿者均对学校感到很满意，因为他们觉得在小学校内，大家关系非常密切。小型学校学生的成绩之所以优异，一个重要原因，是小型学校可以将学校中那些无人注意的"无名氏"的比率减到最低，让每一位学生与学校每一位老师、同学都彼此认识，这样对每一位学生的成绩都会有正面的影响。此外，韦斯利也发现，由于小型学校的师生彼此相互认识，因此校园亦比较安全，较少有暴力事件发生。学生也承认，由于大家相互认识，所以他们很少打架，同时也具有责任感。由于小型学校所具有的优点，韦斯利建议都市内所有的学校应小型化。另外，一项研究显示，小规模的学校有下列潜在的优点：①中途辍学率特别的低；②成绩较高；③学生的出席率较高；④功课不及格的比率较低；⑤学生表现出继续求学直到毕业的倾向；⑥功课停滞不前的情况很少；⑦在阅读方面，学生得到较高的测验成绩。

虽然，小型学校有上述的优点，但研究人员指出，光是靠着建立一个"小"的学校仍然不足以达到提高教育水准的目标，他们建议还应考虑下列因素：

（1）小型学校要达到小而好的目的，需有内在与外在有利因素的配合，在芝加哥地区所有的学校，均有校外的合作者提供各项援助。此外，教育主管机关亦应对小型学校提供相当的协助。

（2）小型学校之所以办校成功，最主要因素之一是所有的教师和校长均有充分的时间，来对学校未来的远景作规划。

（3）学校应该有进修计划来帮助教师吸取最新的知识，因为依据各种资料来作规划的学校总比附和潮流的学校要来得好。

（4）小型学校之所以能让学生有好的成绩，并不是因为学校小，它的"小"只不过是成为好学校的重要因素之一，"小"并不是一种万灵药。小学校因为比较脆弱，所以遇到问题时，更需要全体教职员同心协力来解决。

韦斯利认为，要建立小型的学校，可以将大型学校重新规划成为学校内包括数个小型的子学校或在大型建筑物里面改装分出许多小的学校。他的设想已得到美国联邦教育部的支持，教育部长理查德 W·利在众议院预算委员会曾表示：今后学校建设将朝着小校小班的目标方向进行。

决定学生学业成功与否的关键因素之一是学校规模的大小。创建小规模学校已成为纽约市教育改革的新动向，即由在校学生规模不超过 400 人的小型学校替代大规模的低绩效学校。在低绩效学校的转变方式上，可将绩效差的大规模学校转变为数所小型学校。为提高教育资源利用率，这些小型学校将共同使用原有的校舍和设备，形成"校中校"格局。同时，学校的自治权给予小型学校很大的特色发展空间，各类人文学校、科技学校、青年发展学校、民主与领导学校等特色学校在纽约市层出不穷，满足了不同孩子和家长的教育需求。小型学校显示出大型学校无可比拟的优势。

中小学"校本管理"的三种模式

为了调动学校教育工作人员的积极性，增强学校的生机和活力，提高教育质量，美国重视采取各种措施，改善中小学的内部管理机制，以便将校长、教师、家长和学生的权力、责任统一起来。实施并完善学校董事会（或理事会）制度。

美国通过推广校本管理模式，学区的权力转移到了学校，大大增加了学校的办学自主权，而在学校又实行广泛的决策参与。不过，这种学校权力在学校层次或学校内部的分配还有许多不同方式，其中比较有代表性的是：

达德县（Dade County）模式

佛罗里达州的达德县公立学校系统是全美四个最大学区之一，拥有 272 所学校和 1.4 万名教师、25.4 万名中小学生。

1986 年达德县学校委员会（School Board）根据地方教育督导和地方教师协会的一份特别报告，全票通过"校本管理"试验方案，旨在适应重建教育结构运动，开展学校管理改革不同范式的探索。围绕"校本管理"，委员会从改革教师合同入手开展活动，着手打破分散性和非个性化的学校体制；同时对工龄 3 年以上教师的工资人均增加 28%。委员会改革的目的是提高学校教

育水平，增强学校灵活性及教师的计划、聘用和预算发展的责任心，同时鼓励社区参与学校事务管理。

同年7月，达德县学校委员会经过与教师工会的协商，开始实施"以学校为基础的公立分享决策"试验计划，从学区的272所学校中选择32所学校进行试验。其目的是要使日趋庞大和非人化的教育过程人性化。达德县模式仿照日本企业中的质量管理模式建立了理事会。理事会通常由校长、工会代表、教师代表、学生、职工和家长代表组成。教师和其他成员花在理事会上的时间不算作其正常的工作量。教师和其他成员通过理事会在决定预算、人员雇佣、教学计划等方面获得了比以前广泛得多的参与机会，校长更多地以合作与协商的角色出现。不过，由于"校本管理"方案的实施，学校决策结构已经发生了戏剧性的变化。这种"校本管理"的驱动力来自教师协会，其意图是促使教育管理过程个性化。在运作过程中，该模式强调决策的分散与参与，并没有将真正的权力转移给理事会。校长仍然保留着对任何事情的最后决定权。

芝加哥革命模式

芝加哥的公立学校体系庞大，如1989年芝加哥有595所学校，在校中小学生406832人。芝加哥公立学校系统传统上曾经以其注册学生多和官僚主义严重而著称。教育委员会3000多名教育行政官员均由上级任命，家长组织参加学校决策的现象并不存在，即使中小学校的校长和教师权力也局限在学校和班级的日常事务之中，组织和管理学校的权力极为有限。1988年12月1日，在父母激进积极分子、社区领导和地方官员的率先驱动下，伊利诺斯州州长签署了《芝加哥学校改革法》，芝加哥革命自此开始。该模式的核心是在各所学校建立一个地方学校理事会，由6位家长、2名教师、2位社区代表、1名学生代表（无投票权）和校长组成。除校长外，所有理事会成员选举产生，任期2年，均接受有关学校管理方面的培训，以适应他们角色的需要。芝加哥革命模式将真正的学校管理权力移交给新建立的学校理事会，意义非常重大。一般而言，理事会拥有分配预算、进行教学改革、聘用和解雇校长的权力。由于理事会中的大多数会起决定作用，因此占多数票的家长占据了控制学校的地位。更引人注目的是，芝加哥的540个地方学校董事会根据校长合同，被授权可以任免校长。据美国《教育周刊》统计，1990年芝加哥276所学校的校长中有49名被理事会解聘，30名校长转而从事教师工作。

洛杉矶模式

经过教师联合会与学校委员会的艰苦斗争与协商，双方签订了一份合同，自 1989 年洛杉矶统一学区开始实施校本管理。该模式在每个地方建立一个学校理事会，每个地方学校理事会都着眼于"提高学校运作水平，使教师成为更有效的教师，使学生成为更成功的学习者"。根据每所学校规模的大小，一般在 6 ~ 16 人之间。校长、家长或社区成员代表、学校非教学人员代表（有时包括 1 名学生代表）占学校理事会成员的 50%，另外 50% 由地方教师联合会主席和教师代表组成。校长和联合会主席共同担任理事会主席，教师拥有决定性控制权。洛杉矶"校本管理"模式中，教师具有真正的权力去参与学校管理。理事会通常每月召开 2 次会议，1 次在教师的工作日期间，1 次在家长和社区成员方便的时间。该理事会通过合同的形式获得了有关教师发展培训、学生纪律、行为规则、活动日程、学校设备使用等方面的决策权。此外，教学仪器材料、彩券基金、教材费用和学校每年福利基金等特定预算项目方面的管理权也一并移交给理事会。总的说来，理事会工作的重心是制定政策、确定方向，而不是进行日程的行政管理或政策与计划的实施工作。理事会仍无权力聘用和解雇校长或教师。与此同时，洛杉矶还成立了高水准的中心理事会，特别在"校本管理"改革过程中扮演了关键的调节器。它负责教师培训，为地方学校理事会执行权力提供和反馈信息；研究和提供更有效的操作方法。其核心功能是"研究、评价和表决校本管理方案，开展各地方学校理事会关于校本管理的经验交流"。

美国中小学家校合作

美国中小学家校合作有效地促进了美国中小学教育的发展，家长参与教育已经列入法律法规，各级组织机构和学校等也为家校合作创造了众多的条件，促进家长在家校合作中扮演了多样的角色并促进了家长作用的发挥。

进入 21 世纪以来，美国各界要求加强学校与家庭联系的呼声越来越高。许多教育理论和实践家对有关家校合作的问题进行了广泛深入的探讨与研究。美国教育部"国家教育目标制定小组"（The National Education Goals Pane）把"父母参与"（parent involvement）列为第八项国家教育目标，即"每一个学校都有责任鼓励家长与学校发展伙伴关系，促进家长参与，以帮助儿童在社会方面、情感方面以及学习方面的健康成长"。许多中小学也纷纷采取措施，建立和健全学校、家庭联系制度，吸引家长参与和支持学校工作。家校合作

进入了一个新的发展阶段。而家长以什么样的角色参与到家校合作中来，对家校合作的广度和深度起着至关重要的作用。

多重的家长角色

1. 作为学习者和支持者

家长作为学习者，参与再教育活动，学习如何教育子女。以这种角色身份参与孩子教育是家长参与的传统模式，也最常见，往往受到教师、家长和学校管理人员的偏爱。家长也一般会在活动中感到轻松自在，其角色作用不受到别人的威胁。在这类活动中，家长与教师的面谈经常只限于讨论个别孩子的教育问题（通常是纪律问题），而与学校整体教育工作无关。家长只对自己孩子的进步感兴趣，学校则要求家长尽最大的努力来促进其孩子进步。教师与家长的关系保持着一定的距离，联络性质大多是单向的，由学校安排，家长一般处于被动。家校双方的交流是这些活动的主要特色，参与目的主要是学校得到家长对其孩子教育的支持，家长在活动中学习有关教育理论和方法。

美国的学校积极创造条件，家长可以通过许多渠道学习如何帮助孩子的功课，在许多方面支持学校的工作。在美国中小学的校园网上有大量的家长教育的资讯。随便登上某个美国中小学的校园网，一般都有 PTA（美国家长——教师协会的英文简称）这一栏，其中一定有各类家庭教育的网络资源。除了网上家长教育，学校是家长教育的基地。1992 年卡内基基金会准备了一份特别的报告，题为《准备学习：国家的指令》（Ready to Learn：A Mandate for the Nation）。

该报告得出的结论是，如果要让所有的儿童都为进入学校做好充分的准备，就必须优先做好 7 个方面的工作。其中第二个就是培养称职的家长，在每一个州发起一种以学校为基础的家长教育计划。具体到学校方面，鼓励家长参与学习的方法有：①借 PTA 会议之机，在小组内向家长解释生物或历史教师如何用合作学习法教授课程；②邀请家长参加教师的在职培训；③主动与所有家长联系——包括家访。他们还利用下面的方法向家长提供更多信息：定期出版学校和班级的时事通讯；在整个学校和社区（包括银行、商场、市政府/乡政府）展示学生作品；组织学生展览和课程节日；在家长会上展示学生的成长记录袋。

所以，如果说美国的家长能够成为积极的学习者与支持者，很大程度要

归功于美国的学校为他们创造的条件。

在支持的范围上，美国的家长对教师的支持不仅仅是提供教具和所需设施、信息，还能参与学生的评价、课程改革、学校日常事务等。

对部分家长来说，与孩子的教师、咨询者和其他教职员保持交流本身就是一种参与的目的，而且是他们追求的惟一一种参与形式。但对另一些家长来说，这只是起步。他们会从这类活动中获得参与的勇气和经验，从而在学校教育中充当更积极的角色。

2. 作为自愿参与者

克莫（comer，1993 年）在实际调查中发现，在开展"学校发展项目"（School Development Program）的学校中，有 10% 到 15% 的家长作为志愿者为学校服务。

参与教学，丰富学校教育资源。家长志愿者是学校丰富的课程资源，他们参与课堂教学活动，促进学生整体、全面发展。美国是一个多民族国家，许多新移民的孩子在课堂上往往需要更多的单独辅导，同时学生的学习程度不同，有意识地分层教学能更好地照顾孩子的需要。许多家长志愿者具有较高的文化素质和专业特长，他们往往会被邀请在课堂上辅教甚至主教某些课程。

家长常常参与策划、协助组织全校性大型活动。对校运会、艺术节、庆祝会以及郊游等，家长们给予了非常大的支持，包括参与设计活动方案，帮助编辑印刷相关宣传单，装饰活动场所，以及一些具体的服务、安全维护工作。在这些活动中，一方面家长发挥了支持学校教育的作用，另一方面通过与孩子共同的游戏，使家长更了解孩子的发展状况，从而有效地促进家长与孩子的沟通。此外，也减少了家长对孩子们举行活动的安全问题等方面的担忧。

家长为子女而积极参与学校教育管理。美国舆论普遍认为，由于拘泥于标准化、程序化教育，很多中小学权力过分集中，官僚主义、教条主义盛行。为改变这一状况，一方面，作为努力改革学校教育管理的一个组成部分，教育工作者建立了一系列的责任制度。这种责任制度允许家长以及更广泛的社会人士参与学校教育目标的制定，允许他们了解、掌握学校教育的情况，从而发挥他们的监督职能。另一方面，在改革学校教育管理的呼声中，许多家长纷纷在其子女所就读的学校积极、主动地参与了学校教育管理。他们与学校管理工作者、教师联手管理学校，一起研究解决学校教育所面临的、特有

的各种问题，共同承担对下一代的正规教育的结果。家长的参与，完善了学校教育管理，在教师、家长和学校管理工作者之间，建立起了一种崭新的协作关系。

筹措经费，改善学校办学条件。家长们常常帮助学校筹集经费，填补政府经费削减留下的漏洞，包括教学用具、清洁用具、科技设备、教学资料甚至教师工资。据统计，近年79%的家长为孩子就读的学校捐款，39%的家长一年至少捐100美元，11%至少捐300美元。基层PTA为了筹集教育经费，可谓尽心尽力，除了鼓励会员捐款，收缴会员费，组织会员向亲朋好友、公司同事集资外，还会想出各种办法。比如向家长售商店或餐厅的优惠券；组织一些学生竞赛活动，让家长根据学生的成绩相应给予奖励作为对学校的捐赠，如跳绳比赛，约定每跳多少下就为学校募捐多少钱。这样既为学校募集了经费又激励了学生的爱校情感。有了PTA的支持，学校与教师的压力大大减轻，教师能更专注于学生的教育成长。对家长而言，为了让子女能得到更好的教育环境，他们不会吝惜捐款（这些钱是可以抵税的）。当然，所有这些捐款都由PTA委员会统筹安排，其账目受到严格的审计，而且要向家长、教师公开汇报。

3. 作为决策者

美国的家长参与学校决策，参与儿童教育计划的制定是受法律保护的。在理论上，美国的家长交纳了教育税，作为纳税人，他们有权监督其税款的使用情况，这是美国人参与学校决策的法律基础。美国1974年《公法93-380》规定，有联邦资助的学区和学校，应成立咨询委员会，委员应包括大量的家长，以协助教育项目的实施和管理。一年以后，美国《残疾儿童教育法》出台，规定家长有权参加与其孩子教育有关的学校会议，有权对学校做出的决定发表意见。这部法规的作用远远超过了残疾儿童的特殊教育，对普通中小学生的家长参与管理也有深远影响。家长参与学校决策的全过程，即决策形成、决策执行和决策监督。

鼓励"家长—教师协会"或其他家长团体的成立，以充分反映和代表家长的利益。所有团体都吸纳家长成员参加，并确保其接受诸如政策、课程、预算，学校改革行动、安全及人事等方面的适当培训，所有的管理机构，都给予家长平等的代表权。在设定学校目标、开发或评价学校有关项目与政策时，允许家长以合作者身份参与，并促进家长参与学区、州及全国的委员会讨论有关教育问题的解决。家长—教师协会、家长顾问委员会和家长委员会是家长参与学校决策的组织形式，其中家长—教师协会（PTA）是最普通的组织形式。学校 PTA 往往会派出家长代表与学校负责人组成理事会，共同计划、管理学校的各项活动，以确保学校的教育政策与行为切实符合学生的利益，并能促进学生健康发展。

家长们通过研讨小组讨论学校系统的政策和实践，家长教师合作采用的方法以及学生成绩通知书、家庭作业、学校中的社团等问题。家长们积极帮助学校确定教育目的、具体领域的目标以及学生所学课程，在课程的适当性、课程修订等方面提出建设性意见供学校参考。另外，家长们为了一种专门的问题而组建的团体，是家长能影响学校决策过程的另一种形式。

从美国家长在中小学家校合作中扮演的多重角色可以看出其家校合作达到较高的广度和深度，能顺利实现这一点主要有以下几方面的原因。

1. 相关法律法规的出台为其提供了强有力的保障

从 20 世纪 60 年代至今，美国制定了一系列关于中小学家校合作的法律法规，将家长参与学校教育的权利明确纳入了联邦政府的法律，使其有了强有力的制度保障。1970 年，美国国会通过了《初等和中等教育法》（Primary and Secondary Education Act）的修正案，其中在"第一条款"明确提出，有联邦资助项目的各学区应成立家长咨询委员会（Parent Advisory Council），以协助学校设计、发展和实施那些促进低收入家庭儿童发展的计划，该委员会成员应从学生家长中选举产生。家长参与教育的权利被正式纳入联邦教育法规。以及上文所提及的《残疾儿童教育法》的出台，规定了家长有权与其孩子教育有关的学校会议，有权对学校做出的决定发表意见。《2000 年目标：教育美国法》中也规定：每一所学校都应积极发展与家长的合作，使他们配合教师帮助儿童在家学习，并欢迎家长参与学校的教育决策。

2. 正规化的组织机构促进其长足发展

美国中小学家校合作的组织形式"家长—教师协会"（PTA）已经呈现出正规化的趋势，形成了从全国、州到地方的一体化机构，它对家长在家校合作中扮演多样积极的角色起到了举足轻重的作用。

不难看出，PTA 不仅为家长提供了各类家庭教育的网络资源，为家长作为参与教育的学习者提供了丰富的条件，还为家长自愿参与学校教育，如在组织家长筹措经费，改善学校办学条件方面尽心尽力。并且，家长参与学校决策也主要是作为 PTA 的一员在 PTA 活动或会议的过程中进行。

从全国到地方到学校的 PTA 有共同的任务，共同的活动，完备的组织形式，完善的规章制度，高一级的对低一级的进行指导和帮助。历史之久，人员之众，成就之巨，使美国"家长—教师协会"成为全国最具影响力的儿童问题的民间机构。

3. 民主开放的学校管理模式为其提供了宽松的氛围

凡属于民主开放型的管理模式都比较注重学校与外部环境的关系，而集权封闭型的管理模式则倾向于把学校与环境的联系减少到最低程度以履行它的职责。美国的公立中小学在管理模式上属于典型的民主开放型，校内管理实行校长负责制，校长具有高度的办学自主权，校长与教师、家长分享一部分权力。家长代表直接参加校委会，行使决策权。除此之外，美国国家校董会联合会（National School Boards Association）还积极探索让所有受决策影响的人都参与决策的其他形式，即"分享决策"（share the decision – making）。这类的途径有组成"现场理事会"（sitecouncil）或"专题议事小组"（singlee – ppurpose team），其中包括家长、学生、社区代表以及所有直接受政策影响的人群的代表。这类组织只能通过校董会对公众负责，与校董会权力共享（collegiality）、相互合作（collaboration）并且少数服从多数（consensus）。

4. 学校积极主动的为家长创造了参与教育的条件

在美国的中小学网站上，学校都提供了很多关于家长教育和家长如何帮助孩子学习以及生活等资源。其范围涉及到学生功课的学习、安全教育、健康教育、学校活动参与的方式等诸多方面，家长可以在网上获得非常丰富的教育资源。同时，作为家校合作的重要基地，学校还会主动邀请家长参加各种教育子女的培训；主动与所有家长联系，包括家访等。正是由于处于教育主导方的学校积极主动的创造了很多条件，家校合作才可以获得较快较好的发展。

总之，美国中小学家校合作已经发展得相对成熟了，家长在其中扮演了丰富多样的角色，起到了举足轻重的作用。同时，国家、各教育组织与团体、学校与教师在如何促进家长参与教育的深度与广度方面作出的贡献也是非常值得我们学习的。

韩国中小学校的教育管理

韩国是亚洲经济发展最快的国家之一，也是高度重视教育的国家，中小

学实施校长负责制。韩国政府规定小学校长必须毕业于四年制的教育大学或学院，中学校长必须毕业于综合大学里的师范大学和专业大学里的师范系。有了高素质的中小学校长，韩国的学校教育和管理，不仅对培养现代化所需要的中高级科技人才和训练有素的劳动者起到决定性的作用，而且大大提高了国民总体的文化素质。

为了充分调动广大家长参与办学的热情和社会各界力量发展教育的责任感，近年来韩国中小学普遍设立了"学校运营委员会"，由学生家长、教师、教育专家、社区各界代表等组成。委员会的主要任务是：审议学校的经费预算和决算；审定教学科目及教科书；审议特别教学活动计划；制定学校宪章及校规等等。总而言之，委员会与校长紧密配合，成为以教育自治为目标的保证学校健康运营的中枢机构。

中小学校管理人员的任务

1. 学校的校长

韩国中小学的教育行政管理体制属于"一长制"。即校长对外是法人代表，对内管理学校的所有事物。韩国《教育法》第75条规定："校长要统管校务，监督学校所属的教员，教育学生。"校长作为学校管理的最高责任者要控制、管理学校教育的所有业务，不仅要监督、指挥所属的教员，还要担负教育学生的责任。校长之下设有校监，相当于我国中小学的教导主任，其任务是"根据校长的命令处理校务，教育学生"，校长不在时代理校长的工作。学校校长的活动包括对内和对外两部分。

校长的对外活动包括：

（1）与教育委员会和教育厅的联系。

各级学校的教育都要坚持执行国家的教育政策，韩国所有的初、中等教育机关，要与按照中央教育行政机关的教育政策，制定具体的教育计划和管理、运营措施的各市、道教育委员会及教育厅紧密联系，直接接受教育监的监督，使教育委员会与教育厅所制定的种种教育政策在学校内得到体现。校长平时要与以上各级教育行政机关的有关人员进行频繁的接触，保持密切的联系，明确学校管理上的指示，同时在各方面得到上级机关的协助。与小学、初中直接联系的教育行政机关为教育厅，与高中直接联系的教育行政机关为教育委员会。学校校长为了对学校进行民主性的管理，要在与国家教育政策不相违背的范围内，发挥高度的创造性来完成其各项任务。

（2）与地方公共团体的联系。

《教育法》第六条中规定："国家与地方公共团体依据《教育法》和其他法律的规定，设置并管理学校以外的教育设施，并对所有的教育机关进行指导、监督。"这表明了公立学校与地方公共团体之间的紧密联系，其主要的联系体现在教育财政方面，在这一方面学校校长要与地方行政机关很好地合作。

（3）与期成会的联系。

为了加强学校与社区的联系，与期成会的合作，以促进学校的发展。在制定学校政策的时候，要加强期成会对学校的了解，这是十分重要的。

校长的对内活动包括：

在学校内部，学校校长的活动大体上分为管理的职能和指导的职能两种。

第一，属于管理职能的活动主要包括：

①教育委员会或教育长官所决定的事项在学校中的实施和监督；

②制定学校自身所需要的规定并加以实施；

③管理学校的建筑物和其他附带物品；

④编成班级，并升级进行管理；

⑤开发管理自己学校的教育课程；

⑥监督课外教育；

⑦监督教职员的任用、教职员的组织与他们的工作。

第二，属于指导职能的活动：

①组织合适的教育课程；

②鼓励教师的发展和提高，以便于对学生的指导；

③对社区进行调查和研究；

④确保有关的教育资料；

⑤了解班级的情况，对教师进行评价；

⑥领导职员会；

⑦领导教职员的研究课题。

2. 主任教师

为了减轻学校校长和校监的业务负担，提高教师的参与意识，促进学校管理的合理化和民主化，韩国在小学和中学实施了主任教师制。主任教师制是1970年12月26日根据文教部训令第209号公布的《主任教师任用规程》形成制度化的机制，其基本精神是增加教员的晋升机会，进一步提高他们的士气。主任教师在学校管理方面分别承担制定各业务的计划、推动研究的任

务。主任教师接受校长的命令对学生进行教育，并分担以下的任务。

教务主任教师的业务职能：制定教务计划、活动，学籍管理，安排就学事务、日程表，整理保管生活记录簿以及表扬儿童的业务，教育课程的管理等。

研究主任教师的业务职能：制定和评价教育计划，在职研修，主持教科研究会、教学研究，组织特别活动、学力评价及统计，现场教育研究等。

科学主任教师的职能：促进科学教育研究计划，主持科学室，开展科学活动，做学习材料的开发及整理，管理视听觉器材及教材，管理综合学习院、电子计算机教育，主持科学班等。

国民伦理主任教师的业务职能：国民精神教育，统一安保教育，校内外生活指导，儿童会的组织、运营，慰问及帮助邻里、民防等事务。

新村主任教师的业务职能：制定新村教育计划，经济教育，清扫区的安排，校内外的卫生，参与各种新村教育活动以及教室、废品收购、储蓄等事项。

体育主任教师的业务职能：制定体育教育计划，体育设施的管理，体力检查，青少年野营训练，运动员的强化训练，保健卫生的指导等。

学年主任教师的业务职能：按班级分配学年业务，调整学习进度，主管年级学年会，制定开展学年活动计划，管理学习资料，传达各种指示，落实生活指导计划、特别活动运营计划、安全教育计划，收集和整理学年统计资料，以及协助教务主任教师和研究主任教师的工作。

实科主任教师的业务职能：承担实科教育计划与生产物品管理等有关实科的业务。

一般情况下，主任教师必须由具有一级正教师资格的教员担当，其中教务主任教师还必须具有教务主任教师资格证书，国民伦理主任教师必须由具有伦理或社会科资格证书的教员担当，小学的体育主任教师与科学主任教师可以由具有二级正教师资格证书的教员担当。

对于主任教师的任免，高中的主任教师由教育监负责，初中与小学的主任教师由教育厅长或学校校长任免，直辖学校的主任教师由学校校长任免。

小学、初中和高中主任教师的定员如下：

小学：

（1）在6个班级以上，11个班级以下的学校设教务主任和教新村主任教师各1名；

（2）在 12 个班级以上，17 个班级以下的学校中设教务主任、教新村主任和体育主任教师各 1 名；

（3）在 18 个班级以上，35 个班级以下的学校中设教务主任、研究主任、国民伦理主任、教新村主任和体育主任教师各 1 名；

（4）在 36 个班级以上的学校中设教务主任、研究主任、国民伦理主任、科学主任和体育主任教师各 1 名，在每学年设学年主任教师 1 名。

初中：

（1）在 3 个班级以上，8 个班级以下的学校设教务主任教师 1 名；

（2）在 9 个班级以上，11 个班级以下的学校设教务主任和学生主任教师各 1 名；

（3）在 12 个班级以上，17 个班级以下的学校设教务、研究、学生、国民伦理、新村和体育主任教师各 1 名；

（4）在 18 个班级以上的学校设教务、研究、学生、国民伦理、新村、体育和教导主任教师各 1 名，在每学年设学生主任教师 1 名；

（5）在分校设分校主任教师 1 名；

（6）除以上的教师外，在得到教育部的承认后可根据需要设必要种类的主任教师。

高中：

（1）在 3 个班级以上，5 个班级以下的学校设教务主任和学生主任教师各 1 名；

（2）在 6 个班级以上，8 个班级以下的学校设教务、学生、国民伦理主任教师各 1 名；

（3）在 9 个班级以上，17 个班级以下的学校设教务、研究、学生、国民伦理、新村和体育主任教师各 1 名；

（4）在 18 个班级以上的学校设教务、研究、学生、国民伦理、新村、体育和教导主任教师各 1 名，每学年设学年主任教师各 1 名；

（5）在综合高中和实业高中中，可设实科主任教师 1 名；

（6）根据需要，在得到教育部认可的情况下，可设除上述种类以外的其他主任教师。

在韩国的中小学，为了加强学校管理而成立的校务分工组织没有一定的标准，是按照学校的规模即教职员数、学生数、校舍设备和其他学校所具有的特点，切合实际地组成的，也与学校校长的管理方针有很大的关系。

一般情况下，校务分工组织由教育部、学生部和庶务部等 3 个部门构成，在指定的研究学校和以研究为中心的学校还设有研究部。教育部主要负责规划，各种活动的安排，学籍管理、教学、图书、教科书、教育实习（只限于教学实习指定学校）等事项。学生部（生活指导部）主要负责有关生活指导、周边环境清理、保健卫生与学生自治会活动的事务。庶务部主要处理管理、会计、育成会等事项。

在庶务部的设置方面，小学与初、高中之间存在一定的差别，在初中和高中设有专门从事庶务的专门职员，但在小学，根据《教育法实施令》第 39 条"小学庶务人员的设立标准为 21 个班级以上的学校"的规定，小规模的学校中不设庶务专门职员，由一般职员承担有关庶务的事务。

中小学校长与校监的选拔任用制度

经过长期的实践，韩国已经形成了自己的一套比较完整的教育公务员选拔任用制度。中小学校长的选拔、任用及管理也是根据《教育法》和《教育公务员法》的规定进行的。《教育法》规定：中小学校长、校监都要符合此法附录（二）的资格标准，并根据总统令的规定，获得教育部长官授予的资格证书。

韩国中小学校长的选拔任用制度的特点是：①中小学的校长的选拔和任用实行资格证书制度；②规定的资格标准是严格而具体的；③校长必须具有校监资格和教员资格以及经历，不是任何教育公务员都可以做中小学校长的；④必须经过职前培训才能任用上岗。

中小学校长的选拔任用原则，首先必须是获得资格证书者，其次是坚持"成绩主义原则"，就是要根据本人的能力、资格和业绩等进行客观公正的评定后予以任用。这种资格、再培训成绩、工作业绩等实际任用的原则，是为了防止任人唯亲的弊端而制定的。选拔和任用校长时，一般采取公开竞争和竞争演说等形式进行，增加选拔任用的透明度。目前，韩国教育公务员晋升标准的量化指标是："经历评定"为 90 分，"工作成绩评定"为 80 分，"研修成绩评定"为 30 分，"加算分数制度"共 9 个系数列，合计 115 分。例如，"研修成绩评定"是根据研究论文提交给不同规模的学术会议和论文评选的级别，给予不同的分数；取得不同的学位，其论文的分数也不同。获得不同级别的奖励给予不同的分数，在不同的艰苦地区和不同类型学校工作所得的分数也不同。也就是说受奖的级别越高，分数就越高；在越偏僻的地区、工作环境越艰苦的学校工作，分数就越高。

中小学的"学校运营委员会"

面向 21 世纪，韩国的教育改革近年来出现了许多新变化，实施了许多新举措。整个的教育改革，从过去重视数量的增加转向重视质量的提高，从过去的重视学历教育转向重视推进以"信息化"、"社会化"、"国际化"为目标的大规模的教育改革。

在这场教育改革热潮中，引人注目的是，为了构筑旨在初等·中等教育自主运营的学校共同体，国家"教育改革运营委员会"提出了在全国的小学、初中、高中普遍设立"学校运营委员会"的重要建议。这一建议提出后，受到社会各界的欢迎和重视。如今，"学校运营委员会"的设立已经成为韩国中小学教育改革的一项具有划时代意义的重大举措。

"学校运营委员会"委员人数为 7 ~ 15 名，其构成比例为：学生的父母占 40% ~ 50%；校长、教师、教育专家占 30% ~ 40%；社区各界代表、校友会代表占 10% ~ 30%。这是个原则性的比例，各校可根据所在社区和本校的特点自行决定其构成比例。"学校运营委员会"的设立，势头很大。从 1995 年下半年开始，半年中就设立了 300 多个。到 1998 年年底，已在全国普遍设立起来。

"学校运营委员会"的主要任务是：审议学校的经费预算和决算；审定教学科目及教科书；审议特别教学活动计划；制定学校宪章及校规；选定学校的制服；审议由父母负担经费的修学旅行等活动计划；接收社区捐赠给学校的赞助费；审议校外教育活动的计划及经费问题；审定"校长推荐委员会"和"教师推荐委员会"的建立及运营方针；承担"学校发展基金"和社区捐赠款的管理业务，等等。总而言之，这个委员会与校长紧密配合，成为以教育自治为目标的、保证学校健康运营的中枢机构。

对于私立学校，政府尊重办学者的经营方针，不强求它们设立"学校运营委员会"，只是建议它们设立。

"学校运营委员会"的设立，促进了教育活动的主导者（学校的校长和教师）、教育活动的需求者（学生及家长）、教育活动的受益者（社区）三者之间的团结合作，使得以学校和社区共同得到发展为目标的"学校共同体"能够顺利地构筑起来。

"学校共同体"是由对学校的教育活动承担责任并享有权利的三大集团共同构成的。这三大集团是：设立者集团、教育者集团和需要者集团。设立者集团指的是国家、地方政府及自治团体、私学财团，它们享有开展学校教育的权利，也承担办好学校的义务，肩负着策划、建立、经营、管理学校的责任；教育者集团指的是教育家、校长、教师、职员、工人等，他们肩负着开展各种教育活动为国家和社会培养建设者和接班人的重任；需要者集团指的是学生、家长、社区居民，他们一方面享有宪法和其他法律规定的自己受教育或子女受教育的权利，另一方面又有义务为发展国民教育作贡献。

为了使学校教育工作顺利进行，使学校这部机器协调运转，上述三个社会集团必须正确认识各自的权利和义务，并且不折不扣地采取应有的行动。如果这三个社会集团之间出现了矛盾，学校教育的运营就不可能顺利，教育事业的发展就不可能一帆风顺。从这个意义上讲，新设立的"学校运营委员会"具有非常重要的、划时代的意义。

新加坡教育细节中的创新魅力

新加坡是一个融东西方文化于一体的国家，新加坡的教育制度集东西文化之所长，以培养适应现代社会与市场经济的骨干人才为主要目标。由于采用全世界独一无二的双语（英语为主，华语为辅）教学制度，教育成就为世人所瞩。新加坡的教育又融合了东西方教育的精华，创造性教育在新加坡得到了教育工作者乃至全社会的认同。

在继承东方传统文化中，坚守不变的教育理念

新加坡是一个多元种族与多元文化共存与融合的法制国家。这里的华人占77%，其他的族群由马来族、印度族和欧亚种族构成。其独特的双语教育（即英语和华语）使中国留学生更容易适应，而英语作为新加坡的官方语言，被广泛的使用于商务、行政、社交等场合中。此处丰富的多元文化氛围为培养出适应世界经济高速发展的大量创新人才提供了十分有利的外部条件。然而，无论新加坡多元文化背景不断增添其积极因素到哪种程度，其都坚定不移地继承东方传统文化精髓，并以此作为不变的教育理念。即以道德价值观为首，培养温文尔雅、高贵大方、乐观开朗、遵纪守法、关切时事，道德素养过硬，基础知识扎实，能说会干的国际化双语交流优秀人才。

在更新教育政策中，完善现行的教育制度

新加坡的历史背景告诉我们，由于其自身缺乏天然资源，人力资源成为重要的生存条件，教育体系的发展必须配合政治、社会和经济的需要。以素质教育为切入点，提升年轻一代的整体素养，不断开发人力资源，以应付多

变的未来。为此，新政府从 1959 年起至今，近 50 年中三次更新教育政策，即从"生存导向"到"效率导向"，再到"能力导向"。综观其发展阶段，具体来说分为：从整体规划的普及教育、双语教育、学术教育、工艺教育，到自主参与发展的分流制度、自主学校计划、自治学校计划，再到大力倡导教育关注"人格培养"、"重思考"、"少教多学"、"多元化"、"灵活性"、"创意教学"的特色鲜明学校发展个体量身定制三个阶段。

新加坡教育政策不断地推陈布新，实为现行教育制度完善导航。让其更能促进学生、教师、学校与国家发展。

在整合教育资源中，营造多元的教育环境

根据现代管理科学的观点，要搞好一个企业需要有三大资源：物质资源、人力资源和信息资源。现代学校教育，同样也需要此三种资源整合来作为支撑教育可持续发展的元素，营造多元共生的教育环境。新加坡学校教育可谓做出了此方面的典范，取得了令人羡慕的成绩。

新加坡丰伟小学的领导在传统的学校介绍中讲道，一所学校，首要目的是培养学生成为一个独立的人、有主见的人，其次才是培养其成为有用的人才。这充分地体现新加坡学校在课程设置上的多元性，充分尊重了学生的个性和个体差异，更好的诠释了"以人为本"的思想。在日常的教学课堂上，为营造一种轻松、民主、自由的良好氛围使得孩子们能学得开心、学得投入，并且畅所欲言，思维活跃，充分挖掘学生的学习主动性和潜质。新加坡的学校教育管理工作中，无时无刻不体现着人性的设计，哪怕是最不起眼的地方和角落。在丰伟小学的厕所里，除了非常干净卫生外，厕所里的墙壁和门都被装成非常卡通、亮丽的颜色和内容，一个成年人走进去都觉得非常亲切好玩，更别说是孩子，新加坡学校管理的核心是学生，学校管理者的首要任务是为孩子服务，一切工作都是从孩子角度为出发点考虑的。

以"圣尼格拉女校"为例，该校拥有 3000 余名中小学生，是新加坡国内一所少有的大型学校。浓密树阴掩映着洁净的校园路，教学楼宽敞明亮，与大陆不同的半开放式教室确保了更多新鲜空气的流通。室内过道是学生作品的展示区或学生培植的一些小型花草。学校请学生参与校内设施的布置。仅厕所内就张贴了许多学生自制的图片或文字。除此之外，学校还特意开辟教学楼之间的空地作为学生课间、午间、双休日留校时的休息场所。这里既摆设有几架钢琴供学生随时弹奏，又有各类游戏让学生玩耍。这些物质资源的配置，充满了自然与人文的气息，让人留念。

同时，"圣尼格拉女校"也非常重视来自教师、学生、家长以及政府方面的人力资源和信息资源的利用。从教师进修角度来看，学校积极利用新政府教育部推行的新措施、新教学法与行动研究法，以及教师学科学历专业知识的提升，不断提高学校教师适应现代教育快节奏的良好综合素质。而且，学校每年一度举办校友回归日活动，邀请校友回校助教、讲述成长经历、辅导问题学生等，让学生从本校曾经培育的优秀学生身上发现成功的秘诀，找到克服困难的勇气，多了一份智慧的思考……在组织的家校联谊活动中，学生的家长们，其中不乏有该校校友。他们齐聚一堂，为学校发展出谋划策，出资出力。如：学校新址建设需要一定资金，于是就动员家长或相关社会人士，以他们的名字命名的形式为教室、多功能厅、会议室等筹集修建款。

在建立师生共同体中，创设开放的课堂教学

语文新课程标准（实验稿）提出："努力建设开放而有活力的语文课程""积极倡导自主、合作、探究的学习方式""具有丰富的人文内涵""具有很强的实践性"等等促进学生终身发展、幸福成长的相关目标。新加坡华文学科教学目标与此有着异曲同工之妙。

由新加坡何若锦老师执教的《孟母三迁》一文的教学中，老师本着师生同处于一个对话与实践水平面，在老师预设目标与学生生成目标的交汇、融合之中引领学生在知识、技能、情感、态度与价值观方面的纵深发展，达到对学生的生命教育与公平教育。全文教学采用台湾陈龙安教授创造思考教学模式与威廉氏创造思考教学策略，配合主旨设计了创造思考活动达 11 次。充分让每一位学生都有参与学习，展示学习成果的机会。而且这些活动不是独立存在的，而是利用学生已掌握过的知识与技能，如：用词创意造句，相同或相近词造词，尝试为意义段设问，列举模仿商人做买卖，小记者采访新闻并书写新闻题目……其中，后两者则是结合该班学生参与课外兴趣活动的相声小品表演与小记者培训班活动而设计的。每一项创意活动本身，老师也力求有不同的形式表现出来。例如：请学生思考孟子小时候住在坟场附近，他每天看到、听到、嗅到、触摸到、感受到的是什么？这时，老师为每个学习小组发下一张填写此问题的颜色纸。颜色纸上设计的问题回答内容一致，但形式各不相同。有些是横式排版，有些是纵向延伸；有些是纯文字表示，有些是图文并茂。同时，中华传统文化精髓的渗透也是本课教学的精彩之处。老师开课伊始，直接切入主题。由"迁"字理解引入，并拓展运用，到"孟母三迁"题目的理解，与孟子个人简历介绍。学生学文，懂文之时，也对中

华古代圣人"孟子"有了更多认识。为他们后来了解以孔子与孟子为代表的中国儒家学说有了最初的启蒙教育。因此，在整堂开放式教学授课后，老师是越发投入，学生热情更加高涨，教学效果非常理想！

创新教学就是要给学生一定的自由空间，充分展示他们这一年龄段所具有的好动性和表现欲，课堂上每个学生都踊跃举手，让他们都能参与到课堂教学当中，教育创新就是要尽可能增加学生自己探索知识的活动量，增强学生思考问题的思维能力。从新加坡教育创新的细节中可以领略到新加坡教育创新的无限魅力，淋漓尽致地体现了新加坡教育工作者在布置教学环境上的用心和精心。

俄罗斯中小学的管理制度

俄罗斯的教育管理体制仍残留着前苏联教育的浓厚色彩。其中小学管理制度形成和发展于苏联时期。从苏联诞生到 20 年代主要是对旧教育制度进行改造，建立了统一劳动学校。经过 30 年代的教育整顿，确立了普通学校制度，即四年制小学、七年制不完全中学和十年制中学。在二战后教育大发展和大改革时代，逐步确立了四年制小学、九年制不完全中学和十一年制中学的体制。

俄罗斯中小学实行一贯制

俄斯独立的小学只是在农村和山区设立。其他类型的全日制普通学校还包括寄宿制学校、长日制学校、特科学校和特殊学校等。此外，儿童的入学年龄有所提前，由十月革命后的 8 岁，到 1943 年改为 7 岁，1984 年又改为 6 岁入学。俄罗斯的学年划分与众不同。每学年从 9 月 1 日开始，分为 4 个学季：9 月 1 日至 11 月 4 日为第一个学季，11 月 5 日至 9 日为秋假；11 月 10 日至 12 月 29 日为第二学季，12 月 30 日至次年 1 月 10 日为寒假；1 月 11 日至 3 月 23 日为第三学季，3 月 24 日至 31 日为春假；4 月 1 日至学年结束为第四学季，1 ~ 4 年级在 5 月 30 日放假，5 ~ 7 年级在 6 月 5 日放假，8 年级在 6 月 10 日放假，9 ~ 11 年级在 6 月 25 日放假。表面看来，俄罗斯中小学的假期不少，其实每学年学生在校日多达 210 ~ 230 天之间，几乎是世界上最长的；而教师的假期只有 48 天，其余时间用于进修提高、开会或严格的校务工作，教学管理沿用学时制。

儿童入学后实行"同学保护制"，由高年级同学负责其生活、思想教育和学习。中小学不实行能力分组，而是采用就近学区入学和按年龄分班的制度。

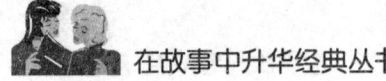

小学教师采取包班制，一般负责所有科目的教学；10～15 岁的学生由专科教师任教。由于绝大多数学生 15 岁后要去完全中学继续学习，因此 15 岁是一个分化年龄，为此有一次比较容易通过的考试，但更为重要的是每个学生的平时成绩，教师和学生各有一份各门功课成绩记录本，每次作业也以 5 分制记分。因此，学生对课堂作业和家庭作业十分重视。关系重大的是 17 岁举行的"成熟"证书考试，如果成绩不佳只能获得低一级的"中等教育证书"。

1988 年教育改革后，提倡"民主化"和"人道主义"思想，学校教育政策表现为结构灵活多样，改变传统的按地区划分、儿童就近入学的原则，规定学生有权选择学校的类型并有权转学，有权选择学习形式和教学大纲，有权确立掌握各门学科的进度和期限；强调分化教学及教学形式和方法的个别化和民主化；普通学校加强自治。在经费上给学校有自主权，一是要使学校有权独立自主地使用预算拨款；二是有权建立自己的基金，由学校委员会决定其用途。这种改革内容在苏联解体后得到了进一步强化。

国家、社会相结合的民主化管理机构

俄罗斯一直强调，中小学学校管理要体现"国家——社会"的民主化原则。学校的最高权力机关是由教师、学生和社会各界组成的校务委员会。它由校长、副校长、教师和学生代表、家长委员会主席、学校职能部门负责人联合组成，由校长任主席。负责研究和解决学校的一切重大问题，其主要职责是审议学校教育教学中的基本问题，联合全校教职员工参与学校管理，提高学校的工作效率和工作水平。校务委员会每年至少举行 4 次会议，它体现了学校、社会和家庭三者密切合作、民主管理的时代精神。

学校代表大会是 1988 年教育改革后学校最高的自治机构，其成员由教职工、学生、家长和社会各界三方代表各占三分之一组成。代表会议每年至少召开一次。休会期间设学校委员会作为代行机构，平时由校长行使管理权。学校委员会不仅规定每周上几天课，而且讨论诸如新生入学年龄、成绩考核办法及升留级等一系列问题。

中小学还设有教师工会，代表教师利益，反映教师呼声，参与学校的决策和管理活动。中小学的班主任由校长从本校教师中委任，其工作职责是与其他教师密切合作，负责自己班级的教育工作；力求把学校和家庭对学生的教育统一起来，与各个团体、企业的"家庭与学校协作委员会"保持持久的联系；必要时，给学生学习上及时的帮助；保存班级需要的有关文件，向学校管理部门提供学生考勤及操行情况；采取措施以增进学生的健康，组织学

生参加社会公益活动，等等。

家长委员会主要是配合学校教学教育和管理的辅助机构，80年代后它的地位和作用日显重要。

近年来，俄罗斯中小学十分注意鼓励学生会组织发挥积极性，承担起主动监督和自我管理的责任。学生会设有若干委员会，分别负责学生的组织纪律、学习活动、各种劳动和体育活动、宣传和文艺活动以及社会公益活动等。这被看作是学校管理方式改革的重要方向。

学校的法律地位、财政和物质技术基础

学校的财政经费由预算拨款和其他财源形成的学校自主的资金构成。

学校的教学教育资金、劳动集体的社会发展经费、工作人员的劳动工资的主要来源是国家根据标准定额拨发的预定资金，这些资金确定期限为5年，它保障教育达到一定的水平。

学校自主资金的主要来源如下：

——学校经济性活动收入，学校的有偿服务收入，出租学校场所、房屋和器材的收入；

——国家、社会、合作团体和其他组织、学生合作组织、车间、生产队、家长和其他公民的自愿纳费；

——各专业部、主管部门、基地企业和其他企业及国家机关、社会和合作组织的专项投资；

——银行贷款和其他进项。

学校提供的有偿服务指下列活动：

——组织各类收费的选修讲座和超出一定教育要求水平的学习个别学科的加深课，从其他单位（大学、文化和艺术机构、创造性协会等）聘请的高级专家讲授的专题课和辅导课，艺术、体育运动和其他门类的补习课等等；

——为成年人开办各种不同的培训班；

——销售师生劳动活动过程中以及在他们完成企业和机关订货时得到的服务项目的产品；

——出租学校场地、体育馆、实物器具等等。

根据规定程序批准的价目表对居民提供有偿服务，在没有这类价目表时，按照协商价目办理。

上级机关不得以任何形式就发展有偿服务向学校规定任务计划。

提供有偿服务不应代替财政预算内的活动，也不能靠降低无偿服务的水

平。由区（市）国民教育委员会对无偿服务水平进行监督。

学校可以使用银行贷款。银行对学校的短期贷款可用于学校的日常活动。长期贷款可用于充实物质基础和社会性发展，并随之与以学校的生产和社会性发展基金款项偿还贷款。

学校的财政基金完全由学校支配，不得冻结使用。这些资金的分配权属学校委员会。

在学校财政基金的基础上建立统一的劳动工资基金和物质技术、生产和社会发展基金。上述基金的构成是以学校总的财政基金的比例定额为基础的。

学校自行制订并审定的包括按年度分配的经济与社会发展五年计划是拟定学校经济活动计划及其组织工作的主要形式。拟定计划的依据资料是：控制数字指标、国家定制品、长期经济指标和限额——这些均由加盟共和国部长会议规定。

控制数字指标不具有指令性，它包括学校的学生人数、技术装备状况、物质基础发展和学校集体社会发展定制品项目的付诸使用、对居民有偿服务的实施总量等。

国家定制品项目的付诸使用，依靠全国和共和国集中的基本投资。

各项长期经济指标是稳定的，它由上级管理部门审批，为期5年：

——财政预算指标；

——统一的劳动工资基金指标；

——统一的劳动工资基金增长率与学校财政基金总额增长率比例指标；

——生产发展和社会发展基金的构成指标；

——外汇提成和外汇收入基金指标。

上级管理部门不向学校规定预算支付款和留成款指标。

限额要规定集中分配的物质资金的最大数额，以保障学校的日常活动。

学校工作人员的劳动工资及其物质奖励在劳动工资的统一基金额度内实施。

学校可自行核定人员编制，并根据现行工资表，在不顾及平均工资的情况下规定职务工资额。

职务工资额和工资率是对相应各级教育人员和其他工作人员最低限度有保障的工资报酬。学校对业务技能娴熟、在劳动中有突出成绩、能完成特别重要工作和兼职工作人员付给不同的补加费和附加工资。

学校在确定劳动工资支付形式和制度方面，在根据每个工作人员的劳动

贡献分配统一的劳动工资基金方面，享有广泛的权利。同时，工作人员（包括领导者）的工资数额不受限制。

奖励教育人员和学校其他工作人员的条件和办法，由学校委员会确定。

校长代表学校有权：

——向任何企业、组织、合作团体和个人以划拨结算和现金结算的形式，在零售网和代售商行不计入小额批发商品限额，也不受单项开支现金结算数额的限制下，购置、承租、订制学校所必需的设备和其他物资；

——与各组织、机构和个人，以及学生签订有关学校各种修建安装工作、日常修缮工作、学校场地、建筑物等的装修和保养管理等方面的合同；

——向学生及其家长、其他公民以及企业、组织和机关提供各种服务项目签订合同；

——与其他学校、教学教育机关、科学机构和校外机关、企业、合作团体建立联合体签订合同，借以集中所有或部分资金用来建立校际联合体、训练班、教学生产和经济联合体，开展个别活动，等等。

地方向学校提供必要的设施和场所、公用管线、土地面积、教学设备、仪器，保障学校建筑物和装备的及时大修理和日常修缮，向学校划拨装备所需限额。

学校房舍的装备和使用应符合技术安全规则和卫生保健标准。

学校物质基础的加强与扩充有赖于统一基金，也有赖于学校的财政基金。

根据法律规定，学校工作人员、学生及其家长（或代理人）对学校建筑物和设施、教学设备、器具和其他财物的损坏有财产责任。

根据法律规定，学校负责人对遵守学生和学校工作人员的健康和劳动保护要求承担责任。

充满人性的中小学教育规范

俄罗斯普通初等和中等教育将实施新的教学规范，以改善教学条件，减轻学生负担。俄罗斯的中小学教育规范充满着人性，政府对教育的细致及认真，以及自始至终流露出的对孩子的透彻关怀，实在是我国目前的国情无法满足、目前的体制无法企及的。当然，我们可以借鉴，以促改进。现下对俄罗斯中小学的一些人性化的教育规范作一简述：

实行小班教学

俄罗斯义务教育阶段实行小班教学，一般每班不超过 25 人，甚至五六个

学生就组成一个班。由于小班有利于形成良好的人际关系，有利于学生和老师间的情感交流，教师有更多的机会对学生进行个别辅导，教学方式更加多样化，有利于提高教学效果。

教学时间不要太长

童年是人生最美好的时代，不应过早剥夺儿童无忧无虑地游戏的乐趣。俄罗斯儿童入学年龄为 7～8 岁，具体由家长决定，但至少应在 9 月 1 日前达到 6 周岁零 6 个月。应由心理——医疗——教育咨询组确定儿童是否已做好入学准备。

入学对儿童来说是心理和体力上的极大转折，应逐渐适应。一年级学生每周上学 5 天，课时都安排在上午，每课时不超过 35 分钟，每天不得超过 4 节课，第二、第三节课之间安排 40 分钟以上的课间休息；第一学季每日只安排 3 节课。对一年级学生不布置家庭作业，学习成绩不记分。在第三学季中间安排一周春假。

二年级起，每课时 35 分钟，分班课、大课和个别辅导的时间，均计入学生最大课时负荷。低年级学生在 6 日制的情况下，最大负荷为 27 课时；在 5 日制的情况下，最大负荷为 25 课时。中年级学生负荷为：31～34 课时（6 日制）或 28～31 课时（5 日制），高年级分别为 35～36 和 32～33 课时。

教学楼要低矮便利

为便于出入和疏散，市区新建教学楼不得高于三层，人口稠密地区不得高于四层，容纳学生的规模不得多于 1000 名，农村地区不得多于 500 名；原先建造的三层以上教学楼，四、五层只许设置偶然使用的实验室等厅室。

教学楼一层设衣帽间，以班级为单位。低年级每班应有固定教室，中高年级教学进程根据班级教室和科目教室的体制安排，可在教学楼除地下室和半地下室之外的任何一层。每名学生在教室所占面积不得小于 2.5 平方米。化学、物理、生物和信息学一定要设实验室。

在教学楼附属建筑的一层设健身房，面积不得小于 9×18 米，高度不得低于 6 米。礼堂应能容纳在校学生的 60%，每个座位占地 0.65 平方米。医务室面积不得小于 14 平方米，长度不得小于 7 米，以便测学生视力和听力。

每层设男女卫生间各一个，便池各有隔间。每 30 名学生 1 个洗脸池，每 20 名女生 1 个便池，每 60 名男生 1 个小便池和两个大便池。教学楼内的墙壁应光滑，可水洗，使用木地板或加保温层的地板砖。

教室要宽敞温暖

教室内最远的课桌同黑板的距离不得超过 8.6 米，学生从那里看 3 米长的黑板时，视角不得小于 35 度；最近的课桌同黑板的距离不得小于 2.4 米。课桌间通道应宽于 60 厘米，课桌同临街墙或走廊墙的距离不得小于 50 厘米，最后一排课桌同后墙距离不得小于 70 厘米。讲台同黑板的距离不得小于 100 厘米，黑板下缘离地应为 80～90 厘米。

教学场所的室温为：教室、讲堂、礼堂和实验室 18～20 摄氏度，教学工场 17 摄氏度；电脑教室 19～21 摄氏度，图书馆 17～21 摄氏度，健身房 15～17 摄氏度，健身房更衣室 19～23 摄氏度，医务室 21～23 摄氏度，课间休息室 16～18 摄氏度，门厅和衣帽间 16～19 摄氏度。

一公里以上要开校车

在城市里，学生上学步行距离不得大于 500 米，学校同交通繁忙街道的距离不得小于 100 米，操场同教学楼的距离不得小于 25 米。

在农村，学校与学生住处距离不得超过 4 公里，学生上学乘车不得超过 30 分钟。对家庭与学校距离大于 1 公里的学生，村政府有责任提供校车，住处同校车站的距离不得超过 500 米。对住处离学校 15 公里以上或因恶劣天气无法每天到校的学生，学校应提供住宿。

饮食要营养卫生

学校应为学生安排一次热食（早餐），如果家长愿意，还可提供午餐。对全日制班级学生应提供早餐和午餐两次热食。学生人数超过 100 名的学校应设学生食堂。为保证饮食卫生和饮食平衡，校内饮食不得使用未经消毒或煮沸的散装奶、未经烹制加工的奶渣和酸奶油、易变质的肉冻和冷汤、无法加热消毒的饮料、有害健康的油炸食品，蘑菇因难以迅速鉴别大量毒副作用，故不得出现在学校食堂饭菜中。

课上课间要做操

为预防过度疲劳以及脊椎和视力受损，低年级上写作、阅读和数学课中间，应做短时间的体操和眼保健操。全日制班级要安排午休。为增加在校活动量，学生除按教学大纲上体育课外，每天要做早操，每课中间应在课桌旁做短时间的体操，课间安排体育活动，全日班每天安排一小时体育活动。学校应组织学生课外体育活动和比赛。

以人为本的教育体制

德国的教育体制由幼儿教育、初等教育、中等初级阶段教育、中等二级阶段教育和高等教育五个阶段组成，还有一类是由初等教育与中等教育阶段少数需要特殊照顾和帮助的学生组成的促进学校。

幼儿教育

幼儿教育的目标是培养儿童良好的行为习惯、环保意识及求知欲望。举办者有政府、教会、企业、家长协会四种类型。入园年龄在 2 个月到 6 岁之间。幼儿园一般采用混龄教育，每个班级都是类似家庭中兄弟姐妹的组合，大孩子照顾小孩子，小孩子在玩耍中向大孩子学习。德国幼儿教育没有全日制，只有半日制。一般认为，照顾幼儿是家庭的责任，同时也是家长的权利，这种观念已有二百多年的历史。

初等教育

初等教育即小学教育阶段，学制 4 年，凡有能力在学校学习的儿童都有权利进入小学学习，所有学生都处在同一起跑线上。小学四年毕业就开始分流，分别进入不同类型的中等初级教育的学校。

德国一向重视学校教育，在第二次世界大战中德国共有 500 万套住房全部或部分被炸毁，但是，不管住房多么紧张，最好的房子往往留下来作为学校，许多地方在战争结束后几个星期内就恢复了学校教育。德国的教育政策目标是使每个人都有可能获得最理想的支持与资助，并接受合格的、与个人兴趣相符合的教育培养，即人人有机会在其一生中接受个人、职业或政治方面的教育。德国的基础教育制度，为每个人创造了按自己的爱好和能力来发展自己的种种可能性，使社会需要和个人生活设计有益地结合在一起。

目前，巴州 19% 的儿童在单亲家庭中生活，40 岁以下的妇女有 25% 的未生育孩子，35 岁以下的有 30% 未生育孩子。政府通过提高津贴、减少税收来鼓励妇女生孩子，但出生率下降仍是大趋势。同时，外界媒体也对青少年发生影响。

总之，新时期的教育要传授给学生关键素质，传授相互联系的思维、多角度的思维，培养创新能力，自主学习的能力，自信、批评、多元价值导向的能力以及社会能力。在中学中加强学生实际生活能力的培养。总之，现在的教育，要让每个学生学有所成，上级机构都是服务，最终是为了提高学生

质量。

中等初级教育

中等初级教育实际相当于我国的初级中学。它由完全中学、实科中学、主体中学构成，学制一般为6年（即5～10年级，其中主体中学5年）。多数普通成绩的小学毕业生进入学制5年的主体中学，毕业后多接受职业教育，成为熟练的技术工人、技师、绘图员等蓝领阶层，也有较少人通过努力进入大学深造。小学成绩中等的人进入实科中学，6年毕业后就读专科学校。他们毕业后主要从事职业教育、护士、试验员或银行职员，也有的经过文化补习通过资格考试后进入应用技术大学，毕业后成为较高级的技术人员。只有小学成绩特别优秀、各种能力和表现良好的小学生才能进入学制9年的完全（文理）中学，这类学生比例只有30%左右。9年后他们通过毕业会考，获取直接进入大学的资格。也有些完全（文理）中学的毕业生并不急于上大学，而是根据自己的志向接受职业培训，积累一定实践经验后再上大学。

分类的根据是学生小学四年的学习成绩与教师的建议，决定权是家长。三类中学的人数比例每年都有变化，一般是25%、40%、35%。完全中学注重对学生进行深入的人文和科学教育（外语2～3门）；实科中学是普通教育与职业预备教育两者并重；主体中学课程贴近生活与职业。三类学校学生的学籍管理采取大稳定、小变动的原则，对成绩特别优秀或特别差的学生可以提升或淘汰一个层次，分别进入适合自己实际情况的相应学校就读。

中等二级教育

中等二级教育即为职业教育阶段和完全中学高年级教育阶段（10～12年级或11～13年级）。凡是实科中学、主体中学的毕业生或不在完全中学继续就读的年轻人都有义务接受职业教育或职业培训。职业教育强调文化知识教育和职业技能培训并重，学生每周一半时间在学校，一半时间在工厂（农场），这就是德国著名的双元制职业培训，它是德国教育的一大特色，也是德国教育的重要组成部分。毕业生一部分升入高等专科学校，一部分持职业证书进入社会直接就业。完全中学高年级教育阶段，集中了全州最优秀的学生，绝大部分来自于完全中学初级教育阶段的学生，培养目标是未来的学术性人才或科技精英。经过毕业会考，合格者可直接选读4—6年制本科大学。

促进中心学校

这是为初等教育和中等教育阶段中少数生理缺陷、心理有障碍或弱智的困难学生而设立的学校，这些学生也是社会中平等的一员，需要专门进行针对性的帮助与照顾，学生的接收有推荐和诊断两步程序。学生入校后经过一定时间的特殊教育后，如果有明显的进步或恢复正常的，经鉴定后转回相应的学校随班就读，也可留校就读进入职业培训期，直至毕业。德国的每一个州有特殊教育的专家，专门对这类困难的学生定期进行帮助。

高等教育

高等教育分为综合性大学、技术大学、高等艺术学校和高等专科学校，完全中学的毕业生可进入前三类学校学习，实科和主体中学的毕业生可进入高等专科学校学习。公立高等学校大学生也可免学费学习。

尽管德国的初等教育和中等教育有公立、私立之分，但这两个阶段的教育均为免费义务教育，学生的学习免交学费和书费，部分困难学生的伙食费也给予减免，这些费用都由国家承担。德国的基础教育实行分类教育体系中职业教育比重较大。分类教育的宗旨就是有效地保障每个学生按照自己的能力和天赋选择自己的就学道路。在德国职业教育与普通教育同样受欢迎，在世界上享有极高声誉的德国产品质量和技术水平，就是以职业教育为背景创造出来的，德国人认为，职业教育是德国经济发展的"秘密武器"。无论在学校还是在家庭和社区，每一位学生都能得到同样的尊重。

别具一格的德国中小学教育

德国在教育方面的投资巨大，无论小学、中学，还是大学均免费就读。德国的教育制度鼓励学生个性发展，学生可根据自己的爱好与能力自由选择学校、培训场所、受教育的方式。另外，德国的基础教育、课堂教学、职业教育和教师工作有其独特的地方，其特色如下：

实行12至13年的基础教育，高中阶段双向分流

由于德国是一个联邦制国家，各个邦、州在教育上各有一套，所以教育体制复杂，各种情况并存，但都实行12至13年基础教育。

6岁上小学，学制为4年，部分地区6年。一年级到二年级基本没有考试，从三年级开始引入外语，小学毕业后，家长在教师的推荐下根据学生的兴趣、爱好、能力、特长和成绩选择不同的中学。德国人认为，儿童修完基础学校后应当进入最适合于他们学习能力的学校就读。

中学分为三类：第一类是职业中学，学制4～5年，其毕业生再经过3年

职业教育，大多数成为技术工人。第二类中学为实科学校，实科学校是一种继续学校，实科学校的修业期为6年，学生年龄一般为11～16岁，德国的实科学校于18世纪初就出现了，是一种既有普通教育性质，又具有职业教育性质的新型学校，为社会培养不同层次的职员。第三类学校是专为上大学的学生设置的完全中学（勃兰登堡州又叫高级文理中学），该类中学学制9年。完全中学5～10年级属中等教育领域的第一阶段，从7年级开始引入第二种外语，学生享受义务教育，11～13年级是完全中学的高级阶段，这一阶段实行课程制。完全中学以毕业证书考试告终，学生通过这一考试后即可进入大学学习。这种分流有时也会出现交叉情况，如有学生读了一阶段的高级文理中学后学业跟不上，也可转到实科中学就读。一般来说，德国学生需要接受13年的基础教育才可进入大学学习。20世纪80年代产生了综合学校。它试图消除三类学校间的差距，给人人以均等的教育机会。

当谈到学生选择就读职业中学、实科中学还是高级文理中学有没有生源的比例控制这个问题时，人们的第一反应是："如果大多数学生都去抢读文理中学，都要求升大学怎么办？"德国的一位中学校长的回答令人出乎意外："这是不可能的。"经他解释，德国人的观念和中国人不同：中国人都是"望子成龙"、"望女成凤"，都指望自己的孩子通过考大学来成材。而德国人看问题很实在，他们知道孩子的学业成绩和在学校里的表现后，决不会硬逼着子女去读高中、上大学，家长会根据教师、学校的建议结合学生的特点选择相应的学校，有的家长甚至反过来劝自己的孩子："你去读职高不是很好吗？何必要去吃那么多苦读文理中学呢？"由此可见，德国人的现实态度。而实际上，德国的学生中，大约有30～40%的学生选读十三年制的文理中学，读完高中以后上大学；有1/3学生读职业高中；还有1/3左右的学生读完11～12年后，申请读13年级，以后再升入大学或申请进入专业高等学校学习。

德国教育最大的特点就是灵活，它注重的是能培养学生的实践能力，而不是让他们成为只会学习的人。

进行半日制授课，利于学生的全面发展

德国的中小学进行全日制授课的学校很少，多数中学均是半日制授课。

慕尼黑的中学都是半日制教育，当然部分家长也在试图推进全日制教育，但效果甚微。半日制授课，学生上午8点进校，在校上6节课，到中午13点30分放学回家，学业负担比中国的中学生轻松。学生半天上学，其余时间都有安排。下午半天，每个学生在家：①有一定数量的家庭作业需要他们完成；

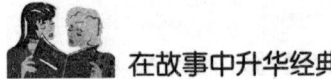

②可以参加社区教育协会的各种活动，其中包括体育类——参加体育锻炼；艺术类——参加美术、音乐、戏曲等培训班。这种协会是社会性的，学生参加需交一定的费用，每个学生只参加其中的一项，这样有利于他们全面发展。由此可见，德国对人的素质的全面化的培养是十分重视的。

小班制对话式的课堂教学，注重启发学生思维

德国中小学生在校都没有固定的教室，一到了时间，教学楼里到处都是学生，背着书包向各个教室跑。走廊的墙上到处可见一排排挂钩，专门供学生挂书包用，有的学生就坐在地上休息。每个教室都是小班制授课，一般每个班的学生在 25 人左右，最多不超过 30 人。教学环境自由宽松，学生一边上课，一边吃口香糖，教师也不干涉。学生回答问题，可以站起来，也可以坐着讲，师生关系融洽，从未发现学生与教师在课堂上产生矛盾的情况。课堂教学形式生动活泼，学生成 U 字形状环绕教师而坐，便于师生之间的交流。课堂教学形式基本上是对话式，一节课的知识容量很小，教师十分注意启发学生的思维，教师提出问题后，师生共同讨论，也有学生引经据典，相互争辩，双边活动频繁，气氛十分活跃。这样的教学方式是为了培养学生学习科学文化知识的思路，教会学生如何搜集资料，教育的立足点在于引导学生自发地研究问题，拓展思路。从教学质量上看，德国的教育质量观与中国不同，我国所要求的教学质量是指学生能够掌握浓厚、扎实的文化知识，并以考试分数来作为衡量标准；而德国的教学质量则着眼于学生的思维能力的提高，在于学生能否运用学过知识去研究问题、解决问题。

德国的中学生一般学习三种语言，除学好本国语言外，英语是必修课，另外在西武语和拉丁语中任选一门课。他们在中学阶段的学习比较轻松，这是国家为了青少年在长身体时的自由发展，启发思维。而一旦进入大学阶段，要求将会非常严格，学术水平必须达到一定的层次，学生非下苦功不能完成其学业。

双元制培训的职业教育，理论和实践并重

德国有一个完备有效的职业教育培训体系，大量训练有素的青年劳动者使德国产品以高质量保持了强大的国际竞争力，职业教育是德国的教育体制中举足轻重和极具特色的一面，是德国经济得以高速发展的一个重要原因。德国职业教育的一个显著特点是双元制培训，即企业和学校共同体作为教学实体承担学生的培训工作。培训的内容由州政府和企业根据劳动市场的需求

共同确定，培训的时间根据职业的不同在 2 年至 3 年半之间，接受培训的学生是以企业的学徒角色一边参加企业的劳动，一边在有关的职业学校学习职业课和基础课。在学期间，学生可以获得一定数量的津贴。学习期满，通过结业考试后即成为技术工人，但这并不意味着事业的终点，经过几年实际工作后，人们可以通过考试获得更高的技术职称乃至进入大学深造，成为高级人才。越来越多的高中毕业生宁愿先接受职业培训，再去争取上大学的机会，这样做的优势是积累就业经验，尽早走向自立，建立就业关系，有可能的话还可以获得上大学的资助。

德国的奔驰车和工业产品的质量非常优良，这完全得益于该国的良好的职业教育。德国实行双元制——理论和实践并重的职业教育体制，培养出一批又一批技术精湛的技工队伍。

德国的学生完成 9 年基础教育后，由教育局和劳动部帮助进入职业学校学习。进校后，首先签订两份合同：第一份是与学校签的培训合同。合同规定经过 3 年的培训，学生应达到什么水平；第二份是在有关部门的安排下，学生与企业签订的合同。合同规定学生边学习边在企业中实习，从 10 年级开始拿工资，每月由企业发给学生 800 马克。由于学生在学习期间能拿到这么一些钱，无怪乎能吸引了大量的学生上职校。

学生在职业学校上课的时间也随年级的升高而逐渐减少。第一学年，每周有 2 天时间到校上课，每天上 9 节课，其中有 3 节文化课，6 节专业课；第二、三学年每周在校学习时间只有 1 天，其余时间均在企业实习。由此可见，德国的职业学校十分注重学生专业知识的实践，而对于文化知识，则是需要什么学什么。这种强化学生技能的培训所产生的作用是不可估量的。在德国任何一个宾馆饭店里，看到的每一种摆设、用具，哪怕是一个挂钩，一个开关，尽管用的材料并不是最好的，但其制作的工艺水平十分精湛，这完全得益于他们重视职业技能培训。

入门难且要求高的教师行业，工作辛苦压力大

德国没有专门的师范学校来培养教师，进入教师队伍较为困难，但可选专门的师范学校或专业。师范专业的大学生也与其他学生一起上课，只不过所学的课程范围有所不同，有些专业课必须到专门的教室中去上。取得教师资格，必须通过两次国家考试，通过第一次国家考试后，向教育局提出申请，由教育局推荐到学校去补习两年。在这两年中，第一年是听课、改作业、熟悉学校的运作情况；第二年才可以试着上课，同时还必须在教育局举办的学

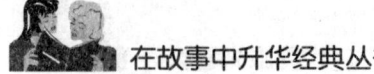

习班学习教育学、心理学和教材教法等课程，补习期间的表现由学校打分，校长签字，但校长无权录用，满两年后参加第二次国家考试，通过后由教育局决定是否录用，并成为国家公务员。新教师由教育局聘请，分配到各个学校，工资由国家发放，到一定时期给予晋级。校长的职责权利是管理学校，努力提高教学质量，给每个教师作鉴定，至于教师的调动、辞退和聘请等则是教育行政部门管的事。

德国教师的收入较高，在中等城市，一位教师的月收大约是 3000 马克左右（约合人民币 12000 元），但是教师很辛苦，工作量很大。教师每周工作 5 天，但平均周课时却达到 23.5 节，几乎每天都要上 5 节课。因为德国中学里课堂教学和学校管理十分民主，教师如果没有较高的水平，又不肯钻研业务，不能在课堂上吸引学生，那么这样的教师是干不下去的。所以德国的教师即使在家中的半天里，也在不断地备课、查资料、批改作业，工作一点也不比我们中国教师轻松。

高校升学制度——无统一的国家高考，由学校根据学生的毕业考试成绩推荐上大学

德国从来不组织全国统一的高等学校入学考试，学生读完 13 年或 12 年后，是继续读大学，还是读职业高等学校，完全由他们自己选择决定，学校老师只给予指导。

德国没有高考，但高校却有名牌大学和一般大学之分。那么凭什么来录取大学新生呢？凭学生在学校里的高中毕业考试成绩。德国的教育行政部门从来不组织统考，毕业考试由本校的教师命题，经州教育局审核，如考试水平达不到要求则加以修改。学校组织考试后，教师评分，学生成绩记入档案，各个大学再根据中学对学生的推荐材料进行录取。

日本教师的"定期流动制"

众所周知，日本当代基础教育世界领先，其均衡化也已达到相当高的程度。究其原因，日本教师的"定期流动制"功不可没，它是促进校际之间师资的均衡配置，保证校际之间教育乃至整个日本教育均衡发展的关键途径。

日本教师的"定期流动制"始于"二战"后，主要在公立基础学校（小学、初中、高中及特殊学校）范围内实施。60 年代初，该制度趋于完善。按

日本法律规定，日本公立学校教师属地方公务员，政府对他们的管理有一套比较完善、规范的制度和法律。日本中小学教师的定期流动（或者叫"转任"）属公务员"人事流动"的范畴，其主要目的：一是不断提高教师的工作热情和创新能力，增加教师多种经验积累；二是合理配置人才资源，保持学校之间教育水平的平衡；三是打破教育的封闭状态，使学校办学始终充满活力。

日本教师"定期流动制"的基本情况

日本教师的定期流动，从地域看可分为两种情况：（1）同一市、街区、村之间流动；（2）跨县一级（相当于我国省一级）行政区域间流动。从日本文部省 1996 年度末统计资料来看，小学、初中教师流动的比例最大。当年有 96033 名教师实行了流动换岗，流动率为 17.1%，其中 52105 名教师是在同一市、街区、村之间流动，占流动总数的 54.3%（有的县高达 94.5%）。可见，教师流动的地域以就近为主。各类学校跨县一级和"政令指定都市"一级行政区域流动的有 797 人，比例最小，且主要集中在较大城市间。偏僻地区学校同其他地区学校之间以及不同类型学校之间教师交流的比例大致平衡。

从流动的学校种类来看，教师既可在同级同类学校之间流动，如从小学流向小学，从高中流向高中等；也可在不同种类学校之间流动。从日本文部省 1995 年统计资料来看，当年在不同种类学校之间流动的教师有 12268 人。其中，小学教师 84.2% 转任到初级中学；初中教师 84.2% 转任到小学；高中教师 85% 转任到了特殊教育学校；特殊教育学校教师流动到小、中、高的比率分别占 40.4%、27.5% 和 32.1%。

从流动的对象看，既有教师也有校长。日本文部省根据近年来教师的平均流动率推算，全国公立基础学校的教师平均每 6 年流动一次；多数的中小学校长一般 3～5 年就要换一所学校，每一名校长从上任到退休，一般要流动两次以上。此外，从教师在同一学校任教的年限，也可看出教师流动的频率。从小学、初中、高中、特殊教育的整体统计数据看，每年都相差不大，不存在大起大落的现象，这说明日本教师的流动是很规范的。

表1　教师在同一学校任教年限（1996）

6 年未满的比例 P/%	6～10 年的比例 P/%	10～15 年的比例 P/%	15 年以上的比例 P/%
76.3	18.1	4.1	1.5

日本各都、道、府、县在教师定期流动政策的主要方面是一致的，如人事调动及审批权限、基本原则及年限的规定、流向偏僻地学校的有关津贴标准等。以东京都为例，其《实施纲要》规定，流动的对象可分为：（1）在一所学校连续任教 10 年以上以及新任教师连续 6 年以上者，此为硬性条件；（2）为解决定员超编而有必要流动者；（3）在区、市、街道、村范围内的学校及学校之间，如教师队伍在结构上（专业、年龄、资格、男女比例等）不尽合理，有必要调整而流动者。另外，对不应流动者也作了相应的规定，如任教不满 3 年的教师、57 岁以上 60 岁未满的教师、妊娠或休产假期间的教师、长期缺勤的教师等。

为了配合教师的定期流动，日本还在教师待遇方面，特别是提高偏远贫困地区教师待遇方面有相应的配套措施。

日本教师"定期流动制"的实施效果

实行教师定期流动制非常成功的日本，教师对参与流动普遍持欢迎的态度。那么，日本采取了哪些措施来激励教师参与流动呢？

1. 法律规定，教师必须流动

二战后不久，日本的教师"定期流动制"已经出台，但直到上世纪 50 年代中期，《关于地方教育行政组织及营运法律》、《国家公务员法》、《教育公务员特例法》、《行政不服审查法》等一系列的相关法律出台后，该项制度才得以逐步推行。到 60 年代初趋于完善，并一直沿用至今。法律规定，公立学校教师属地方公务员，日本中小学教师的定期流动属公务员"人事流动"的范畴，主要在公立基础学校（小学、初中、高中及特殊学校）范围内实施。

（1）法律规定了教师流动的义务性。日本法律规定：一名教师在同一所学校连续工作不得超过 6 年。这就以法律形式规定了教师流动的义务性，使教师基本处于流动的状态，同时，也规定了流动的定期性，因而，教师流动的比例很大。

（2）法律对流动对象作了明确的规定。以东京都为例，其《实施纲要》规定，流动对象分为：凡在同一学校连续任教 10 年以上以及新任教师连续 6 年以上者，必须流动；为解决定员超编而有必要流动者；在区、市、街道、村范围内的学校及学校之间，如教师队伍在结构上（专业、年龄、资格、男女比例等）不尽合理，有必要调整而流动者。

2. 政策激励，吸引教师流动

为了吸引教师流动到偏僻地区工作，日本采取了一系列措施，提高在这些地区教师待遇。早在 1954 年的《偏僻地教育振兴法》（1974 年第四次修订）中就规定，市、町、村的任务之一是"为协助在偏僻地区学校工作的教员及职员的住宅建造及其他生活福利，应采取必要的措施"。在该法中还规定都、道、府、县对在条例指定的偏僻地区学校或与其相当的学校工作的教职员，发给"偏僻地区津贴"，月津贴额在工资及扶养津贴月额总数的 25% 以内。当教职员工因工作地点变动或随校搬迁到偏僻地任教时，从变动或搬迁之日起三年内，对其增发在本人月工资和扶养津贴总额的 4% 以内的偏僻地区津贴的津贴。此外，还有其他形式的津贴，如寒冷地区津贴、单身赴任津贴等。

3. 流动过程规范，保证教师流动的公平

日本教师流动具有程序化、制度化和公开透明等特点。每年教师定期流动按以下程序逐步实施：①每年的 11 月上旬，由县（都、道、府）一级的教育委员会发布教师定期流动的实施要旨，内容包括地区的指定，有关原则、要求等。②全体教师都填写一份调查表，其中包括流动的意向。③由校长决定人选（充分尊重本人意愿并与之商谈后）并报上一级主管部门审核。④由县（都、道、府）教育委员会教育长批准（校长由教育长直接任命换岗，本人也可以提出申请）。⑤到来年 4 月流动教师在新学期前全部到位。由于制定了教师流动的政策，设立了实施程序，形成了一整套完善的教师流动制度，操作上有章可循，十分规范。而且，由于日本公立基础学校教育发达且均衡化程度高，学校间教育质量差别并不大，没有重点学校和普通学校之分；教师流动期间的待遇不变，流到偏僻地区学校还有专项津贴，就消除了教师流动的后顾之忧；一定程度上消除了教师不合理流动的动因，因而教师流动的操作过程规范，公开透明度高，保证教师流动的公平。

4. 政府直接组织调控，确保教师合理轮换

由于日本公立中小学教师的公务员性质，其定期流动制度具有政府直接主导、参与和调控等突出特点。政府除了制定教师流动的法规政策和实施程序外，日本教师流动的方针，每年也都由都、道、府、县教育委员会制定。制定方针时要考虑到都市和乡村之间、偏僻地和非偏僻地区间教师的交流，同一学校教师构成的合理性，同一学校长期任职者变动等问题。由于是政府

直接组织和主导，教师流动必须能满足各地各校，特别是偏僻地学校教师在质和量上的动态平衡，避免这些地区学校优秀教师的单向流失。因此，日本中小学教师流动具有多向性的特点。

日本教师在多向流动的过程中，一般都要在条件好的地区和学校与条件差的地区和学校之间轮换流动，以保持各地各校师资的动态平衡。由于法规、政策合理和完善，日本根本不存在教师单向上位流动的问题，广大教师乐于参与流动，从而极大地改善了薄弱学校的师资状况，缩小了地区间、校际间师资的差距，从师资配备的角度促进了各级各类学校师资的均衡发展，进而促进基础教育的均衡发展。

此外，日本教师在流动流向方面一般要充分尊重本人意愿并与之商谈后才实施，注意解除教师流动的后顾之忧。如东京都的教师流动《实施纲要》中对不应流动者也做了相应的规定，如任教不满 3 年的教师、57 岁以上未满 60 岁教师、处于妊娠或休产假期间的教师、长期缺勤的教师等。另外，如前所述，教师流动地域一般以就近为主，绝大多数是在同一市、街区、村之间流动。跨县一级（相当于我国省一级）行政区域间流动比例较小。

日本中小学教师定期流动制已实施了 40 多年，由于是在政府主导下实施的，能保证经济发展水平不平衡的各地域间的师资均衡配置，有助于均衡校际间、地区间师资差异。日本的中小学教师处于动态流动的状况，使优秀的教师获得选择权利而无职业危机感的压迫；使后进的教师在流动中既获得激励，也获得重新奋起直追的机会；使少数不合格又不思改进者被淘汰出教师队伍，从而整体提升了教师队伍素质。教师定期流动制，对促进日本基础教育均衡化发展，提高教育质量，实现教育公平起到了不可替代的作用。

我国教师流动中的不足，应以日本教师定期流动制为借鉴，探讨规范和完善我国教师流动的策略，以"抛砖引玉"。

日本中小学的教育评价制度

日本的现代教育评价制度是在吸纳外国教育评价理论和实践经验的基础上建立并发展起来的，连教育评价这个概念也是二战以后从国外引进的。根据日本学者棍田正已的研究，日本的现代教育评价体系可以分为三个层面：一是自我评价与他人评价；二是绝对评价与相对评价；三是诊断性评价、形成性评价与总结性评价。这三个层面的评价是日本学校教育中被广为利用的，

它们与教师的教学有着密切的关联。另外，现在日本中小学的教育评价中还十分重视个人内差异评价这种评价形式。下面对这几类评价作以简要阐述。

自我评价与他人评价

日本的自我评价和他人评价是就教育评价的实施者（评价主体）与实施对象（评价客体）之间的关系而言的，当评价的主体（评价者）和客体（被评价者）不是同一人时，就属于他人评价；相反，当评价的主体和客体是同一人时，就属于自我评价。在教学评价中，教师充当评价者，学生成为被评价者，由教师对学生进行评价，就是一种典型他人评价；另外，学生对自己的学习目标、学习过程、学习结果等进行评价的，就相当于自我评价。

自我评价和他人评价是根据不同的教育观实行的。过去，人们一直认为教育是教师向学生传授知识和技能的过程，受此教育观的影响，在教育评价上，盛行的是他人评价，这主要是教师对学生的评价。而现在，对教育又有了新的理解，即教育不仅是师生之间授受知识、技能的过程，同时还是学生自我教育的过程，受此教育观的影响，自我评价开始受到重视，这主要表现为学生的自我评价开始受到重视。

当然，自我评价和他人评价也随着评价主体和评价客体的变化而变化，比如，学生之间的相互评价、学校对教师的评价、校外评价机构对学校的评价等都属于他人评价；在自我评价中，除了学生自我评价以外，还有教师自我评价、学校自我评价等等。

在日本的教育评价实践中，对于他人评价，除了日常教学中的他人评价以外，日本文部省实行的"全国综合学力调查"和各都道府县教育委员会、市町村教育委员会实行的"学力调查"等更是一种典型的他人评价。在自我评价上，日本不仅强调学生对自己的学习状况进行自我评价，而且也重视学校对本校的课程实施状况等进行自我检查和自我评价。

绝对评价与相对评价

绝对评价在日语中又被表述为以教学目标为标准依据的评价。所谓绝对评价，是指对照"学习指导要领"所确定的教学目标，不仅对知识和技能的掌握程度，而且对包括自学的积极性、思考能力、判断能力、表现能力等素质和能力在内的整个学习完成程度进行评价的一种评价。目前，日本小学、初中的"各学科学习记录"和高中的"各学科、科目等的学习记录"中的"观点和学习状况评价"和评定，以及小学、初中、高中的"综合学习时间记

录"、"特别活动记录"和小学、初中的"行为记录"等，都是绝对评价的形式。

相对评价在日语中又被表述为以学生集团为标准依据的评价。它是指以年级或班级为集团，用"集团基准"（即对某个学生集团进行测评所获得的测定值）评价每个学生，根据某个学生在所在集团内的相对位置来评定他的学习状况的一种评价。过去，日本中小学各学科学习记录中的"评定"是在适当加进一些绝对评价的意味的基础上，进行相对评价的。但是，现在各学科学习记录中的"评定"也要求实行绝对评价。这样，相对评价就大大后退了。然而，由于相对评价还有使学生在与集团成员相比较的基础上发现自己的适应性和优点的作用，所以现在日本仍然主张把相对评价的结果记载到中小学"指导要录"中的"综合所见和指导上的各种参考事项"栏目之中。

诊断性评价、形成性评价与总结性评价

诊断性评价、形成性评价和总结性评价是布卢姆等人的教育目标分类和教育评价理论被引入到日本以后，一直在日本十分盛行的几种评价形式。

所谓诊断性评价，是指在教学目标设定之后，在开展具体的教学活动之前，为了弄清楚学生在此前的学习状况，有效地开展所计划的教学活动，而进行的一种"事前评价"。它一般由前提条件测验和事前测验组成，进行前提条件测验是为了弄清楚学生是否具备了学习所需要的能力等，进行事前测验是为了弄清楚学生对将要学习的新内容哪些已经掌握了、哪些还没有掌握。换句话说，诊断性评价是开展有效的教学首先应该进行的一种摸底性评价，这种评价的功能在于调查学生在学习上的经验、兴趣、积极性、理解程度等，明确学生对学习的准备情况、问题所在和适应性等。

形成性评价是指在教学过程中所进行的一种教学评价。它是按照教学目标的规定开展一段时间的教学之后（如一个单元的教学进行到一定程度之后），为了检查前一段时间的教学是否达到了教学目标的要求，并根据检查结果调整下一段教学的目标、进度和方法等，而进行的一种"事中评价"或"中途评价"。通过这种评价可以检查出哪些学生在多大程度上理解了教学内容，哪些学生还没有理解所教的内容，对于还没有理解的学生要进行相应内容的补习，对于已经完全理解的学生要提出深化、提高和扩大的目标和内容要求。这样，形成性评价并不只是为了检查而进行检查，它还有另外一个目的，就是根据检查所反馈的结果修正后续教学的目标、内容和方法。也就是说，形成性评价的根本目的是为了改善教师的教学，促进学生的学习。

总结性评价是指一段时期的教学结束之后（如一个单元的教学完成之后，或者一个学期的教学完成之后等）所进行的一种教学评价。它是为了检查特定单元的教学或者特定时期的教学等是否完成了既定的目标而总括性地进行的"事后检查"或"事后评价"。通过检查发现学生对有的重要内容还没有掌握的情况下，要对其进行辅导，改善其学习；如果所有学生都掌握了全部学习内容，就进入下一阶段的教学。这样看来，总结性评价还有改善教学的功能。

个人内差异评价

个人内差异评价在日语中又被表述为以个人内部标准为依据的评价。它是以每个学生自身为标准依据，积极评价学生的优点、可能性和进步状况等的一种评价。个人内差异评价是"最适合于重视个性的教育"的一种评价形式，它对于促进学生的自主学习，发展学生的个性具有重大作用。现在，日本新修订的中小学"指导要录"中设立了"综合所见和指导上的各种参考事项"栏目，其中可以记载学生在各学科学习、综合学习时间的学习中特别值得记载的事项和在特别活动、日常行为中那些特别值得记载的事项。

"教学与评价一体化"是日本在中小学教育评价中所积极倡导并切实奉行的一项基本原则。例如，日本学者水越敏行和奥田真丈等人编写的《新学校教育全集17·教育指导的评价》一书中，至少有两处专门论述了"教学与评价一体化"问题，该书中还多次提到了这个问题。他们提出了两个重要的观点："为了使教学有目的有意识地进行，必须谋求教学与评价的一体化。""评价结果只有被用于支持学习活动才有意义，所以要推进教学与评价的一体化。"另外，日本文部省教育课程审议会在2000年12月发表的咨询报告《关于儿童学生学习与教育课程实施状况的评价的应有状态》中也明确提出了"教学与评价一体化"原则，这就意味着日本中小学的教育评价在对待教学与评价的关系上有了一个明确的指针，这一指针对于使教学有目的地进行、发挥评价在改善教学的真正功能上将会起到重大的作用。

日本已经认识到不能为了评价而评价，应当使评价真正发挥促进教师教学和学生学习的功能。这一动向将会使日本的评价按照此次新课程改革所确定的培养学生"生存能力"的方向发挥应有的作用。

教学与评价不可割裂、不可分离是人们对教学规律、评价规律的一种新认识。现代教学设计理论，尽管流派纷呈，但有一点几乎是一致的，就是把教学评价纳入到整个教学过程之中，把它视为教学过程的一个环节，教学和评价互为促进。这样，无论是在教学与评价理论上还是在国外（如印度等）的评价实践上，教学与评价相融合或一体化已经成为一个理念或原则。

我国在新课程与教学改革的大背景中，为了切实推进素质教育，尽早提出类似教学与评价相融合或一体化这样的指针已成为当务之急。当然，不主张照搬国外的理论和实践，应立足于我国的实际。

"人天合一"的环境教育

中小学生是未来的建设者，也是未来环境的主人。中小学环境教育是关系到整个环境教育成功与否的一个非常重要的问题，涉及到为21世纪培养什么样的人才的问题。因此，加强中小学环境教育具有深远的战略意义。

在英国，环境教育已明文列入教学大纲。有的学校为完善学生自我教育机制，在校内成立了"学生环保公司"、"旅行社"、"修理自行车小组"等。在"旅行社"里，要求学生们在旅行前先要论证各种交通工具对环境的影响，选择低污染的交通工具旅行。修理自行车小组让学生们通过组装、修理自行车锻炼动手能力，广泛宣传骑自行车的好处，为保护环境做贡献。

为使学生们把对环境的认知转化为对环境的自觉意识，英国各地都建了博物馆、城市农场、植物园之类的环境教育实践基地。学生们在教室里上完理论课后，可以上博物馆。馆内各处都贴有"请你动手"的提示语，鼓励孩子们亲手摸一摸实物，做一做实验或游戏。有时，博物馆的工作人员还会开着大巴，把实验材料送到学校，开展直观生动的环境教育活动。在城市农场里，孩子们被分配参加各种实践活动，如学习喂羊、挤奶等技术。低年级的学生在老师的带领下，可参加一些力所能及的劳动。高年级学生可租下一小块地，直接参与从种到收的全过程。植物园大都建在山区或湖边，种植了各种各样的草木花卉，被誉为"活的植物标本馆"。

值得一提的环境教育实践基地是英国丘园植物园。这是皇家植物园，占地面积达133.2万平方米，另外还在别处开设了一座分园，占地更多，为200万平方米。走进园内，各类植物应有尽有，接近6万种，有些植物可称之为世界各个地理带的活标本。植物园内开辟了几十个专门的展室，如高山植物室、水生植物室、温带植物室、澳洲植物室、蕨类室、仙人掌室、兰花室和棕榈室等。凡是适合当地气候的植物，都是露天种植，十分壮观。其余的则栽培在几十座大型的玻璃温室里。以热带棕榈为例，它们高大挺拔，抬头看

不见树冠，为方便参观者清楚地看见棕榈林的全貌，在温室顶上，还专门开辟了一条"空中走廊"。

英国丘园植物园已有几百年的历史，自建园以来，专家们曾经引种过许多珍贵的植物，像三叶橡胶和金鸡纳霜等，在原产地早已绝种的植物，在这儿却可见到。

在英国丘园植物园里，还有一座别具一格、气势宏伟的温室。它用的材料是钢框玻璃，中央最高处达11米，相当于3层楼房的高度，长度130米，总面积近4300平方米。说它是一个微缩了的自然界，一点没有夸大其词。温室内分为11个小区，有沙漠、高原森林、红树林沼泽、热带水域各种自然环境和蕨类、睡莲、兰花等多种娇嫩的草木。为了满足不同植物所需要的温度和湿度，各个小区的特殊气候全部由电脑控制。在温室中中心还建有一个小山，上面种满了花草，游人可以在这儿尽情观赏、休憩。

伦敦的中小学把丘园植物园当作学生认识植物和自然的"第二课堂"，生物课的实地观察和实验也安排在这儿。学生们在这里能够全面直观地了解各种植物的生态、引种、驯化以及生长发育情况，接受生动形象的环境教育。"我们喜欢上丘园植物园，这儿太美了，可以学到很多书本上没有的知识。"每个来这里的中小学生都会兴奋地这样说。

结束参观后，孩子们还有机会得到"奖品"。这项活动很有趣，采用的是"临别测验"方式，参观者答对就有奖。测验的题目贴在出口处，涉及的知识面非常宽泛。例如，"哪种植物能够治疗牙痛？""什么植物含有最丰富的营养？""你能举出三种原产于中国的树木吗？"如果答不出，还可以返回植物园，通过认真观察找答案。不但可以获奖，还能增长知识，何乐而不为呢？学生们都愿参加这样的测试活动。

经过这"人天合一"的环境教育，孩子们大都有了保护环境、热爱自然的意识。

英国让孩子迷上垂钓

大卫·贝拉米是英国的自然资源保护学家，他曾把垂钓者视为水环境的"耳目"。他认为，垂钓者对于水生生态系统（aquatic ecosystem）起着重要的作用，因为他们是垂钓所在河流、湖泊所发生的哪怕最细微的变化的第一个发现者和提醒者。

这样一种对水生生态系统的责任感正是英国环境局大力推广的，特别是在孩子身上。因此，英国环境局参与了鼓励儿童从事垂钓这项绅士运动的项目。

"我们的研究显示，20%的12～16岁儿童在过去两年有过垂钓经历，另有20%的儿童将要做。"英国环境局的垂钓推广负责人理查德·维特曼说，"有很多证据显示，垂钓对于儿童的身心都有好处。它让孩子们走到户外，让他们认识大自然，还有助于他们集中注意力。"

有的孩子已经用垂钓来代替利他林——注意力缺失患者最常服用的药。"垂钓需要集中注意力，但却没有压迫感。"维特曼说，"相反，它令人安静而沉思，这对于儿童来说非常有益。"

英国环境局支持的其中一个项目叫做"迷上垂钓"，由达拉谟市的警官麦克·华生发起的。华生坚信垂钓能够让儿童远离麻烦，他被授予了"女王和平奖章"。

"迷上垂钓"已经推广到了克鲁、普雷斯顿、利物浦和伯明翰等市的学校和青少年组织。这个项目由三个模块组成，第一个模块是关于健康与安全的引论，第二和第三个模块便是实践性很强的内容，孩子们会被带去钓鱼，然后写下自己的亲身感受。他们还将承担辅导年龄较小的垂钓者的责任，同时还要培养他们对垂钓的环境产生兴趣和自豪感。

克鲁市的维多利亚学校将"迷上垂钓"作为课程引入学校。据校长反映，这个项目大获成功，垂钓不仅培养了孩子们的团队精神，提高了他们的社会技能，学校还把他们的垂钓经历运用到了课堂教学中，例如，在讲体积和重量的时候用鱼来做例子，能给学生带来更加直观的感受。

伯克郡的温莎市也有一个类似的儿童垂钓项目，它是由当地的一个垂钓中心设立的，学校可以组织儿童来这里免费钓鱼。

垂钓中心的负责人莱斯·韦伯介绍说："我们给每个孩子发一个笔记簿，让他记下钓到的东西，以及观察到的植物和动物群落。通过让他们计算购买垂钓工具所需的费用，我们还教他们简单的算术。"

对于那些在常规课堂上学习有困难的孩子来说，通过垂钓来给他们讲授核心课程看来很起作用。"有的孩子在课堂上安静不了5分钟，现在能够在河边静静地坐上5个小时，然后认真地写下自己所有的感受。"牛津郡一所普通学校的助教说。垂钓已经成为该校课程的一部分，很受学生欢迎，虽然现在仅限于低年级学生，学校准备把它推广到初中。

韦伯还认为，这个项目除了能够帮助孩子集中注意力，促进他们对环境的了解和学习之外，还有助于他们远离毒品和犯罪，因为它"让孩子有了生活的乐趣，且自信心得到了提升"。

维特曼也对此表示认同。"垂钓的包容性很大，你不必富有，不必聪明，也不必像运动员那样。很多孩子发现垂钓给他们带来很好的感受，就像在学校里打橄榄球一样。不同的是，垂钓能够让任何人都得分，并获得成就感。"

维多利亚学校的学生桑娜对此深有感触："当我被安排辅导一个小学生垂钓时，我对赋予我的信任感到自豪。垂钓给我的作业和行为都带来了很多帮助。我能够静静地思考问题，然后以全新的面貌回到学校。"

促进教育平等

如果说1980年法国只有34%的同龄人口获得高中毕业会考文凭，1994年已经达到71%，2002年为69%。这一增长惠及到社会各个阶层，特别是平民阶层的获益更大。在获得高中毕业会考文凭上的教育不平等已经缩小，但是差距依然悬殊，1974年至1978年出生的管理人员的子女获得高中毕业会考文凭的比例为89%，而工人的子女只有46%。特别是平民子女获得的高中毕业会考文凭多数为技术类和职业类，其社会价值低于普通高中毕业会考文凭。

学校虽然不是教育不平等的肇事者，但是也在参与和制造不平等。学校教育的不平等首先在于学校质量的不平等。优质的学校经常服务于生活处境优越的学生。"一所城市中心区的学校比处境不利的郊区学校具有获得优异成绩的全部机遇。"

其次，学生的划分方式也扩大了教育的不平等。按居住地划分学校的分区方式，本意在于为学生提供平等的教育机会，但却出现了相反的结果。随着社区居民身份的趋同化，学生的来源也呈极大的一致性，平民家庭的子女集中到同一学校，导致这一学校的质量进一步下降。

再次，一些例外的措施，如允许通过选课的方式变换班级或学校，加强了学生分化的程度。

最后，学校的考试、评估、分流、定向，更加剧了学校教育的不平等。特别是平民的家长，不了解教育系统的特点，盲目地同意其子女分流到无发展前途的学习系列，导致学业失败和无文凭与无职业资格的学生大量出现。

如果仅仅用教育机会均等的标准衡量法国教育，至少是实现了社会各阶层的全部儿童进入基础教育。但是法国学校所造成的大批学生的学业失败，所产生的大量文盲或半文盲，使许多青少年丧失自信，感觉受到轻视，甚至

用暴力来报复学校，就说明现在的法国学校与平等和公正相距甚远。

为了使全体学生成功，学校未来全国讨论委员会表达了四项愿望：（1）实施面向全体学生的教育；（2）掌握所有必要的知识和能力；（3）保证每个人在其专业方向上获得成功；（4）使初始教育与终身教育更好衔接。

根据学校未来全国讨论委员会的建议，《学校未来的导向与纲要法》的附加报告确定了设立教育成功个人项目、增加奖学金学生数量、促进男女学生平等、改善残疾学生教育等促进教育平等的措施。

设立教育成功个人项目

对于感到学习困难和有特殊需求的学生，学校有责任给予特殊的帮助。教育评估的重要目的就是检测学习有困难的学生，并向他们推荐教育成功个人项目。实施这一项目，首先要由小学生家长或中学生本人，与校长和班主任共同签署一份文件。这份文件具体说明校内外的辅导措施，学生评估过程和家长监督的责任。项目的实施通常由学校教师负责，但学区督学将安排经过特殊培训的教师参与辅导，必要时也会请医生和心理顾问共同参与。

为此，国家将在 2006～2008 年间，每年为小学增拨 10700 万欧元，为初中增拨 13200 万欧元的专项经费。

增加奖学金学生数量

增加奖学金学生的数量，有助于促进真正的机会平等。在学生依据社会保障标准获得相应的助学金之后，还有可能获得奖学金。获得奖学金的基本要求是在全国初中毕业考试或高中毕业会考中获得优秀或优良的成绩。预计在 2006～2008 年间，中等教育奖学金学生数量的年增长幅度为增加 16600～16700 人，高等教育奖学金学生数量的年增长幅度为增加 1200 人，法国每年将为中学增拨专款 1700 万欧元，为大学增拨 600 万欧元。

促进男女学生平等

学校是促进男女平等的首要场所，学校首先要保证男女学生在教育过程中的平等。法国将在三个方面促进男女学生平等：在学习和就业定向上，消除性别歧视；鼓励女学生选择科学与技术专业，支持男学生选择男性比例小的职业；监督教科书中具有性别特征的职业偏见。

改善残疾学生教育

学校应当给予残疾学生平等接受教育的权利，使他们能够在距家庭最近的学校学习，并享受必要的照顾。从学前教育到高中教育，残疾学生的教育

均可以采取多种模式组合：融入普通班级、学校生活助理陪同、集体辅导、在特殊学校学习、远程教育等等。法国拟扩大普通学校中特殊教育单元的数量，预计至2010年将新增加1000个特殊教育单元，追加拨款6000万欧元。

尽管法国政府最大限度地动员了教育界和其他社会各界参与学校未来的大讨论，并促成了新的学校未来法的诞生，但未来的教育发展不可能一帆风顺。

实际上，法国教育未来法所确认的"构建共同基础"和"为了全体学生成功"，体现了21世纪教育的新理念、新要求。从教育学的角度看，这一教育改革目标正在逼近教育发展的新境界，或者说是新的教育乌托邦，因此其难度极大，甚至有些渺茫。即使这些改革目标最终未能实现，追求教育平等与公正的路总要继续。

韩国中小学的人文教育改革

韩国政府高度重视教育改革，历届总统总是把教育改革作为主要施政纲领。迄今为止，韩国教育经历了7次教育课程改革。第七次教育课程改革的基本方向是"为主导21世纪的信息化、全球化时代，必须培养具备自律精神和创造性的韩国人"。具体方向是：教育目标要建立丰富的、具有浓厚的人文关怀和创造性的基础教育；课程内容要适应全球化和信息化的教育要求；课程教学要适合学生的个性和能力、以能够开拓未来出路的学习者为中心；课程管理与开发要不断地扩大地方政府及学校编订和实施教育课程的自主权。韩国教育要培养的"理想的人"具备以下特点：既全面发展又具有个性；具备基本能力，并能发挥创造力；能够在深厚教养基础上开拓未来；在理解本国文化的基础上，能创造新价值；在民主市民意识的基础上，为人类发展做出贡献。韩国与中国和日本一样同属东亚儒家文化圈，儒学是其人文精神的根基。在信息化、产业化高度发达的今天，韩国"以人为本"的中小学教育改革日益深入。

韩国的人文教育改革举措

韩国近年来根据儒家的教育思想，实行了许多"以人为本"的教育改革措施。

1. 加强世界化、信息化教育

韩国根据孔子"性相近，习相远"的哲理，去认识现存世界的同一性和

多样性。他们认为，国家在跟随"全球化"、"世界一体化"的步伐的同时，既发展自身的特殊性，又要加强与不同国家的对话交流。其强调了加强世界化、信息化教育的重要性，要求从初中开始就加强计算机、英语、汉字、世界文化史的教育。

2. 推行"随人异教"

"5·31方案"贯穿了儒家"随人异教"的教育思想，以人为本，充分尊重人的个性化，恢复教育陶冶人的个性和人格的本来精神。因此，韩国大力推行"开放教育"和"终生教育"的新教育体制，保障任何人随时随地可以按个人意愿进行学习。除此之外，还大力改革传统的"应试教育"，注重提高学生"自主学习"的能力，让学生从以教师与书本为主的单一的"注入式"教学方法中摆脱出来，确立以学生为中心的"讨论学习"、"实践学习"、"创造性地解决问题"等学习方式，广泛开展以人文教育为核心的课外教育活动。

3. 注重人文教育

在当今韩国中小学教育改革中，儒家提倡的勤劳和仁爱，注重家庭和集体，维护人与自然的和谐的思想也得到充分体现。在韩国学者看来，儒家注重人文教育的思想可以弥补西方片面发展专业技术教育的缺陷，儒教以人的存在为其核心，强调精神与物质的统一性。儒家"仁"和"公"的思想有利于创造安定祥和齐心协力的社会氛围，纠正现代化过程中过分物化、享乐主义、拜金主义的价值观念。据此，韩国的教育改革大力提倡恢复民族传统、吸收儒家文化、将加强人性修养、提高学生人文素质作为首要任务。

4. 实行有品味的人性教育

韩国教育改革委员会1994年5月呈交总统一份报告中指出："由于家庭、社会教育的缺乏和入学考试为主的教育，使人性和道德教育失去应有的地位。"为此，必须"实行有品味的人性教育"。首先，高考录取标准要参考学生过去的创造能力和道德品性的评价，而非单纯依赖于考分，因而从1993年起大学入学总成绩40%为高中按品行推荐的成绩。此外，要对学生实行系统的人性教育，幼儿园至小学三年级为礼貌、基本秩序、共同体意识等教育。小学四年级至初中为民主公民教育，高中重点放在世界公民教育。前总统金泳三在其《开创21世纪的新韩国》一文中认为，新时期的韩国人应具备三方面的心理素质："第一是细腻而精巧的精神；第二是充满多种多样的个性，又富有把它们合而为一的强大凝聚力；第三是坚韧不拔和善始善终的精神。"

韩国人文教育改革对我们的启示

韩国的"以人为本"的教育改革，对我国现代中小学教育要做到"三个面向"和实施素质教育，培养21世纪所需要的和谐发展的人才，具有重要启示。

1. 注重培养未来需要的人才

我们的中小学教育，不是仅仅培养各科成绩都好的学生，而重要的是培养思想品质、文化技能、身心素质、生活本领和劳动素养等方面和谐发展的未来需要的人才。韩国加强世界化、信息化教育在这方面启示我们，我国的中小学教育必须面向世界、面向21世纪确定培养目标。因此，我们首先把着重点放在学生思想品德的培养上。一是加强传统文化，特别是儒家思想文化的教育，使学生继承和发扬民族光荣传统，增强民族自信心；二是加强爱国主义教育，使学生树立远大的理想信念，立志报效祖国；三是加强人生价值取向教育，使学生逐步确立正确的人生观、世界观和价值观；四是加强审美教育，增强学生辨别真假、善恶、美丑和是非的能力，做"美的人"；五是加强伦理道德教育，使学生养成勤劳的习惯和"仁爱"的品质，具有刻苦精神，坚韧不拔的精神和敬业精神。同时，使学生还具备会生活、善交往的能力和团结互助的品质。其次，在文化技能方面要加强对学生的计算机、外语和外国国情的教育，为其未来世界全球化能够会生存、会交际和具有创新、竞争能力。

2. 创设生动活泼的教学氛围

课堂教学是教育、培养学生成为有用之材的主要渠道，应高度重视课堂氛围的问题。韩国"以人为本"的教育改革启示我们：要努力创设一个生动活泼的教学氛围，这也是素质教育的必然要求。为此，首先要牢固树立"以学生为本"的教育思想，真正确立学生在课堂教学中的主体地位，使其成为学习的主人；其次是教学要面向全体学生，做到因材施教，使每个具有差异的个体都能得到全面发展；其三是废除"填鸭式"、"注入式"等呆板的教法，积极推行启发式、诱导式、点拨式等教学方法和情境教学、情感教学、愉快教学，不断激发学生的求知欲望和创造性思维，使其乐学、会学；其四是实行"开放教学"。即教师根据学生的差异性，确定不同的教学目标，采取分级教学的方法，使每个学生都能得到提高。同时，课堂教学与课外活动紧密而有机地结合起来，开展"讨论学习"、"实践学习"、"创造性解决问题"等；其五是改革高考、中考制度，主要是：一方面命题内容要贴近学生生活，

注重其能力考查。另一方面要改革录取标准和办法，废止"一张考卷定命运"的做法。

3. 加强系统的人性教育

根据韩国的做法，结合我国中小学生的现状，在学校教育工作中应该切实加强"有品味的人性教育"。首先，制订教育计划。每学年或学期初要根据本校实际和学生的家教、社会教育情况制订学生的人性教育规划，明确目标、要求、内容、形式及责任。其次，体现教育的层次性。即根据不同年龄确定不同重点的教育内容：小学 1~2 年级为自理、劳动、礼貌、秩序等教育；3~6 年级进行文明礼貌、集体观念、民族传统、爱国主义等教育；初中开展爱国主义、社会责任意识、伦理道德、民主法制等教育；高中学生应把儒家思想、世界观、人生观、价值观、自悟自省以及做国际公民等内容作为较高品味的教育重点，使之努力成为未来世界一体化的完美的人。

不断修正的新加坡小学教育改革

新加坡十分重视基础教育的发展，一直不断地修正和完善他们的小学教育。2004 年以来，新加坡主要从以下五个方面进行了改革。

减少小一、小二班级人数

从 2005 年起，小一班人数减至 30 人；从 2006 年起，小二班人数减至 30 人。

新加坡学前教育的班级人数一般是在 30 人以下，小一、小二学生刚从幼稚园升上来，不适应新环境，需要教师的特别照顾，把小一、小二班级人数减少至 30 人可以让学生更容易适应小一、小二的学习生活。减少班级学生人数可以让教师有更多的时间与学生交流，更好地实行因材施教，照顾学生的个别差异；更好地满足同一班学生的不同需求，使他们打好识字与数学的基础。此外，因为减少班级人数，每所学校会获得额外师资，可以让学校在各年级进行更灵活的课堂教学以及更好地调整班级的安排。

部分单班制

大多数的学校将高年级（小三至小六）的班级安排在上午上课，低年级（小一、小二）的班级安排在下午上课。大多数的政府学校将在 2014 年实施部分单班制。

2000 年，新加坡教育部完成一项 22 亿元的计划，以便使所有中学都能实行单班制，教育部开始研究小学是否也推行单班制。现在已经有一部分小学开始实行单班制。

实行单班制后，学校可以利用下午空出来的时间，组织更多不同的课程辅助活动及深广学习活动，从而让学生有更多的时间参加学校的活动和课外活动。学校实行单班制，可让学生有更充裕的学习时间，有更多的活动空间，可以发展个人的特长取向，缓解学生学习上的压力，平衡身心的发展。此外，把小一、小二年级较小的学生安排在下午上课，是顺应学生的身心发展。

改进小学分流制度

新加坡教育制度的最大特色就是实行教育分流制度。对于新加坡的学生来说，他们总共要经历小学四年级结束、小学六年级毕业和初中毕业时的三次分流，这三次分流基本上决定了一名学生今后的发展方向。"小四分流"是小学四年级结束时按照学生能力把他们分入 3 种不同的适合他们学习进度的语言分流课程（EM1，EM2 和 EM3）。EM1（约占 10%）是英语和母语都是第一语言，此流是为学术性强并具有杰出语言才能的学生提供一级水平的英语与母语。EM2（约占 70%～75%）是英语为第一语言，母语为第二语言，学生的英语和母语达到中等水平，大多数学生进入该语言流。EM3（约占15%～20%）是英语为第一语言，母语只要求掌握熟练口语，此流为少数能力较弱的学生和母语较差的学生提供作为第一语言的英语和达到熟练口语水平的母语。学生在定向阶段可根据年中和年末考核成绩的升降转换语言流。小四分流，一方面选拔了那些具有优异语言才能的学生，另一方面也减轻了少数能力较弱的学生的学业负担，使他们有可能集中精力进行英语和数学的学习，因此能有效地鼓励他们继续留在学校求学，不会感到跟不上其他同学而放弃学业。这样尽量为学生安排一种合适的学习速度，有利于因材施教，有助于提高教育质量。

然而这一政策也受到家长、媒体的广泛抨击。很多人认为小孩在四年级的时候还没充分成长，过早分流对发育迟缓的学生有不公平之嫌，学生承受的学业和心理压力太大。此外认为 EM1 和 EM2 的学生学习同样的课程，惟一不同的是 EM1 的学生学习母语的要求更高，该政策并没有什么管理意义。新加坡教育部鉴于"小四分流"的实际情况，对它进行了一些改革。

（1）2004 年，新加坡教育部合并了 EM1 和 EM2，让 EM2 的学生能选读高级母语。EM3 的源流仍然保留，以便集中为这类学生提供基本知识。学校

将为家长提供关于孩子是否适合报读高级母语的专业意见。

（2）从 2004 年起，各小学有了自己拟订小四分流考试考题的自主权。学校可以灵活地制定小四年终考试，以确定哪些学生适合进入 EM3 源流（小五至小六）。不过家长还是可以参考学校的意见，自行决定是否让孩子进入 EM3 源流。这场考试是为了鉴定哪些学生适合修读高级母语，哪些学生需要进 EM3 源流，巩固好基础知识。

（3）学校可以自行决定是否让 EM3 学生同其他源流班级的学生一起上课。事实上很多学校已经开始把 EM3 的学生和所有学生合在一起不分班，以便鼓励他们更好的学习。上述改革给予了学校更大的灵活性来安排学生的学习活动，也更加配合了因材施教的教育理念，从而取得最佳的教育效果。

卓越学校计划

为了能够重点培养更多的人才，让学校发展有益学生的教育强项，从而塑造各自的特色，目前新加坡开始进行"卓越学校计划"。被选中的学校将获得政府更多的拨款（可申请高达 10 万美元的资金）提升学校在各方面的设施，发展自己的专长项目，以确保达到与先进国家的学校同等的水平。同时，教育部也将调动资深校长及教师来掌管这些学校，且让校长有更大的自主权，学校管理层可以用他们认为最适合的方式去管理学校，以取得最大的成效。

不过有关的名单并非是固定的，一旦这些学校的表现未有如期般出色，他们将会被踢出"卓越学校"的行列，由其他的学校所取代，同样的，那些表现出色的学校，也同样有机会被获选参与这项计划。

新加坡"学校家庭教育计划"

随着全球化的发展，新加坡年轻人受西方个人主义价值观的影响，有漠视家庭的倾向。新加坡政府认为必须遏制事态的蔓延，在出台一系列相关政策后，于 2002 年启动了学校家庭教育计划，旨在通过开设家庭生活教育课程，全面提升家长、学校员工和学生的家庭观念和生活技能，进而促进新加坡社会的和谐发展。

SFE 计划的背景

20 世纪后期，在西方社会价值观的影响下，部分新加坡年轻人追求个人安逸享乐，不尽孝道，甚至把年老的父母视为妨碍自己追求物质享受的绊脚

石。面对此情此景，新加坡政府坚持东方社会的文化传统，大力宣传家庭的价值，强调家庭的意义，促进家庭的功能。2000 年 9 月，家庭教育民众委员会成立，2001 年底，家庭教育民众委员会递交了第一份年度报告"重亲情，享天伦"，对开展全面家庭教育提出四类建议：向年轻人灌输积极的家庭价值观；让婚姻成为一个终身的承诺；开展家庭生活教育，提升家庭生活质量；创造和谐关爱的家庭环境。该报告在新加坡社会各界引起强烈反响，家庭教育民众委员会于 2002 年 10 月 1 日正式更名为"重亲情，享天伦"工委会，其成员包括公民代表、私立或公共机构的代表，旨在制定一系列面向民众的家庭教育的战略和对策，宣传婚姻和家庭的重要性，使民众形成积极的家庭观念。为了充分发挥学校的教育优势，该委员会于 2002 年 4 月启动了学校家庭教育计划（简称 SFE 计划）。

SFE 计划的推进

2002 年 SFE 计划启动时仅有 4 所学校，参与人数约为 12，000 人，截至 2006 年底，参与学校已达 109 所，惠及人数超过 30 万。起初 SFE 计划仅在中小学推行，从 2005 年起，该计划被推广到学前教育阶段，2006 年 10 月的统计数据表明，已经有 150 个学前教育中心加入该计划。SFE 计划旨在通过家庭生活教育，让新加坡的家庭快乐健康，进而构建凝聚力强、安定富强、生机勃勃的社会。

1. SFE 计划的实施主体

SFE 计划的实施动员了多方面的力量，包括社区发展、青年及体育部/教育部、学校的家长支援小组/家长教师协会、SFE 服务提供方、其他社会团体和企事业单位。该计划详细规定这些利益主体的职责和权利。

（1）社区发展、青年及体育部（MCYS）。

MCYS 负责整个计划的推进、评估、完善。具体职责包括：在国家政策框架内为 SFE 计划指明发展方向；向每个加入该计划的学校提供 3 年期的经费支持，第一年 2 万美元，第二年 1 万 5 千美元，第三年 1 万美元，从第四年开始学校需要自筹全部经费；开展与 SFE 计划相关的全国性调查；根据相关规定，向拟加入或已经加入 SFE 计划的学校和服务提供方提供各类资源；为学校和服务提供方搭建交流经验的平台，建设网站，印发资料等。

（2）SFE 服务提供方。

SFE 服务提供方需要向学校派遣一名联络员，以便制定、执行、监督家庭生活教育的各项计划；组建一个专家援助团，根据目标群体的需求开设多种课程，这些专家可以隶属于本机构，也可以是外聘的，但必须保证服务的时间和质量；服务提供方须确保能够提供优质的教育服务，努力达到预期效果。

（3）学校、家长教师协会/家长支援小组。

学校是 SFE 计划的申请者和实施者，要充分调查并了解家长、学校职员、学生的需求；与 SFE 计划的服务提供方密切合作，制定出具有前瞻性、预防性的实施方案，以迎合目标群体不断发展变化的需求；动员家长教师协会和家长支援小组支持 SFE 计划的推进；确保家庭生活教育课程可以覆盖目标群体，使他们及时获取课程信息和相关资料。

2. SFE 计划的利益主体

SFE 计划的直接服务对象包括家长、学校职员和学生，此外，受益方还包括学校与社会。

（1）家长。

SFE 计划向家长提供正确有效的抚育技能，使其能和孩子融洽地沟通，增进亲子关系；教会家长如何更好地维护婚姻关系，让家庭生活更加美满。此外，SFE 计划会发展一批家长志愿者，让他们成为学校和其他家长的联络员。他们要向其他家长提供指导和帮助，使之也学会正确的家庭生活技能和抚育技巧，甚至动员他们参与到 SFE 计划中。

（2）学校职员。

学校职员除了可以享受与家长同样的服务外，还可以学习如下知识：如何平衡家庭与工作的关系；学会提高家庭生活质量，进而转化为在学校工作的动力；学习积极的家庭观、婚姻观和亲子观，其中婚姻观对于单身职员尤为重要。

（3）学生。

向学生教授各种生活技能，使之能应对生活带来的各种挑战；让他们浸染积极的家庭观、社会交往观以及良好的生活态度。

（4）学校和社会。

SFE 计划的目标之一就是帮助学校创设理想的学习和工作环境；建立良好的家庭——学校之间的伙伴关系；由于学校职员也被纳入了 SFE 计划，从而减少了学校在该方面的额外投入；员工生活愉快、工作努力，学校自然也会成为最大的受益者。伴随着 SFE 计划的推进，有更多的成人和孩子拥有了

良好的家庭观念、积极的社会情感，这会让整个社会更加和谐安宁。

3. 学校加入并施行 SFE 计划的流程

学校申请成为 SFE 计划的一分子，需要遵循如下流程：学校收集并了解 SFE 计划的相关信息→阅读社会发展、青年及体育部公布的试行简报→登录网站 http：//www. sfe. org. sg，填写一系列调查问卷→社会发展、青年及体育部根据登记资料挑选符合标准的学校→学校选择适合的 SFE 服务提供方→学校向社会发展、青年及体育部提交申请表和提议书→如果提议被核准→学校敦促服务提供方开展如下工作：准备软硬件设施，包括活动场所、人员配备、文档资料等，针对家长、教职工、学生，分别制定全年的活动计划和方案→执行计划。

社会发展、青年及体育部非常重视对 SFE 计划执行情况的监督和反馈，建立了严格的评估机制。SFE 的服务提供方每季度都要向社会发展、青年及体育部提交详细的活动情况报告。对列入 SFE 计划的每一所学校的目标群体，社会发展、青年及体育部每年至少进行一次深度调查，以确认是否达到预期成果，了解在哪些方面需要改进，调查报告采用定量和定性相结合的形式。

4. SFE 计划的课程设置

参与 SFE 计划的每个学校每年至少要开办 100 小时的家庭生活教育课程，其中 70 小时面向家长和教职工（包括 10 小时的休闲活动与友情联络），30 小时面向学生。向家长开设的课程包括：建立自信、了解孩子、自律策略、有效沟通技巧、建立和谐的婚姻并养成健康的生活方式、如何让婚姻更美满、凝聚家庭成员、学习理财技能、平衡工作与生活之间的关系等。对家长开设的课程同样向学校职员开放。向学校职员开设的其他课程包括：压力管理、自我提升与发展、规划个人发展计划等。为学生开设的课程包括：建立自信、性格养成、成为理财能手、压力和冲突管理、如何应对媒体的影响、沟通和交往技巧等。

由于新加坡是多种族多民族国家，为了满足受众的需要，对于有些课程，学校还会安排华语和英语两场讲座。

5. SFE 计划的实施成效

从 2002 年起到现在，加入 SFE 计划的学校越来越多，惠及的人群也越加广泛。

社会发展、青年及体育部于 2006 年底发布的 SFE 调查统计报告显示，

SFE 计划的实施已经卓有成效，在三类目标群体中家长的满意度最高。来自家长的积极反馈包括："开阔了抚育孩子的视野"、"我更能够理解孩子了，并能更好地管教孩子"、"帮助我挽救了与爱人的关系"、"我能够更好地理解学校，并与教师及其他家长建立了联系"等。学校及员工对课程也颇为满意："这让我们知道如何与家长携手共同教育孩子"、"家长感到学校在关心他们，这让他们有信心解决问题。看起来这迎合了他们生活中的一些需要"、"这让我领略了平衡工作和生活、凝聚家庭成员的新视角"等。学生的正面感受有："通过沟通我们知道了父母的许多见解，因而更能理解父母的感受"、"我能更好地与他人沟通，尤其是家人"、"我拥有了更为健康良好的心理"、"我喜欢理财课程，这就像一个冒险游戏，非常有趣"。

新加坡 SFE 计划契合了终身教育、大教育观等先进理念，正在打破学校、家庭、社会之间的壁垒，共同致力于建设牢固、健康和快乐的家庭，让社区更加团结，社会结构更加紧密。

课程改革的人文化和人本性新特色

在俄罗斯学术界看来，教育的人文性一般是指加强人文学科的影响，在教学计划的结构中提高人文类学科的比重，减缩自然－数学学科的时数。某些激进的改革者使用"大众数学"这类口语结构时，试图使人们相信，在基础教育学校里，放弃系统的代数和几何课程是适宜的，教育应指向人格的完善、尊重他人、建立良好的人际关系、对社会对自然的人道主义。尽管激进的改革者的建议和解释是过于偏颇的，但人文化要求学校教育应该面向世界文化、世界历史和精神财富、提高人文学科的地位却是一个基本事实。实现这样一个目标，取决于这些学科内容的更新，取决于把它从平淡乏味的纯理性中解脱出来，揭示这些学科的精神内容和人性实质。

所谓人道化，俄罗斯激进的民主主义者将其解释为非政治化和非意识形态化。而对大多数人来说，可能更愿意接受这样一种解释：人道化的实质是弘扬学生主体精神。人道化要求摒弃学校教育中的种种"异化"现象，如教学目标、课程和教学内容的意识形态化和政治化，在课程设置和教学过程中应最大限度地考虑学生的能力，创造不让学生在这个过程中流失的条件，赋予他的知识以更多的个人意义。很显然，加深学习、补偿教学学校、班级和学校专业化以及使课程富有生活价值等，都是人道化的表现。

　　1988 年的教育改革中提出了"学校人道化"的思想，其本意就是要求学校面向儿童，爱护他们，尊重他们的个性和自尊心，信任他们，承认他们的个人目的、兴趣和需求，并为显示和发展他们的才能、为他们的自我实现创造最好的条件。人道化也意味着学校不仅要培养儿童走向未来的生活，而且要保证他们在每一个年龄段都要有自己充实而美好的生活。同时，1988 年的改革把苏联时期的官僚主义体制、技术至上路线、在教学中见物不见人的方法看作是缺乏人道主义的教育模式。

　　20 世纪 90 年代初，俄罗斯调整了中小学教育的培养目标和教学内容的设计。俄联邦教育法指出："教育目的是造就独立的、自由的、有文化的、有道德的人，使之意识到对家庭、社会和国家的责任，尊重他人的权利和自由，遵守宪法和法律，在人与人之间，在各国人民之间，以及在不同的人种、民族、宗教和社会群体之间，能相互谅解和合作。"这样一个开宗明义的教育目的的阐述，实质上已明确表露了其教育改革的人文主义和人道主义的取向。教育目的规定着教育内容，因此，俄罗斯教育法第十四条对教育内容的规定就具体体现了教育目的的价值取向：教育内容要确保为个人的自我选择和自我实现创造条件，以发展公民社会、巩固和完善法制国家为最终目的；教育内容应适合现代科技发展的水平，达到国际水平；教育内容应能促进不同肤色、种族、宗教信仰和社会团体的人们彼此理解，能顾及到各种不同的世界观，促进受教育者实现其自由选择信仰和观点的权利。所有这些阐释，无不反映出对人文主义和人道主义的教育价值的认同。

　　课程是能体现和反映这种价值认同的，俄罗斯基础教育课程改革中，从课程的设计到教学内容的组织，无不将其视为基本的参照。

　　1993 年 4 月俄罗斯《教师报》登载了由教育界、科学界以及社会其他各界人士、知名学者、专家共同参与制定的《俄罗斯普通学校基础教学计划》和 15 个不同的方案。其中，大大突出了人文学科的分量，体现了自然科学教育和人文科学教育的统一。俄罗斯学者认为，普通学校的基本目的是培养个性和谐发展的公民，在个性的形成中，社会科学和人文科学占着极为重要的地位，正是人文科学知识才有可能培养精神充实、道德纯正、面向全人类财富、拥有全人类价值观和高度责任感、克服技术至上和狭隘职业性思维的人。苏联时期，也强调追求个性丰富和全面发展，也重视人文科学的教学，但在教学中技术至上、偏重自然科学的思想及行为占优势；而其人文教育中异化现象比较明显，意识形态教育扼杀了人文教育中所应蕴涵的人道精神。

在俄联邦、各联邦主体的教学大纲、教学法参考资料和教科书编制中，普遍呈现出加强人文价值取向的倾向。1994 年，在对教学内容和课程的改革中，设置了不同水平的文学阅读课程，编制了带有明显的生态学倾向的教学大纲和教科书，开设了综合课程"民族学导论"、"你的宇宙"等具有人文精神的课程，出版了八种新的平行的教学法丛书。此外，还开设了逻辑学、心理学、电影制作、荧屏文化、宗教音乐等具有人文价值取向的选修课程。教育部还为需要加深学习的人文类课程编写了大纲和教科书。同时，还为 10 ~ 11 年级自然科学方向的学生提供了新的人文学科的教学构想。

在自然 – 数学类学科方面，俄罗斯学校在继承其重视自然 – 数学教育的传统、维持现行大纲与教科书的科学理论水平的同时，提出要编写不同难度的教科书，以适应不同类型学校的需要，主要反映于侧重点和水平的区分。学校的基本教学计划中充实了下列综合性课程：生物学与辩证法、人与自然、自然的利用等。同时对物理学、化学、生物学、地理学和生态学的内容也作了修订，增强自然学科中与人文精神的联系。

技术学是普通学校中一门新的课程，其中包括劳动与职业教学大纲、制图、日常生活中的技术，如居住与家庭（5 ~ 9 年级）、人 – 劳动 – 职业（8 ~ 9 年级）、艺术刺绣、艺术编织、烹饪等。1995 年度，教育部还制定了适用于人文类学校的自然科学课程教学大纲和教科书，为基础学校和中等学校编写了生态学、性学、学生生活与活动安全基础等与人类生活密切相关的人文性课程的教科书。

文学艺术被认为是最富有人文性的学科。作为一门学校课程，它的使命就在于把从艺术上理解生活的特点传授给学生，使学生有可能用自身的艺术经验来认识各种规律性，体验创作的喜悦，了解如何从艺术上研究生活、自我理解、自我确定价值。因此，在课程设置中，围绕着文学修养所开设的必修课和选修课更加丰富多彩，如名著欣赏、身边的文学等。尽管如此，俄罗斯联邦普通和教育部长菲利波夫在 2000 年全俄教育工作大会上仍然指出：常说要使义务教育人道主义化，但俄语语言文学课的课时在最近 30 年中，从 800 个课时下降到 600 个课时，以至于大学 1 年级新生现在还在学习俄语，因为他们不能像样地写作和进行口语表达。由此看来，人道主义还指向课程和教学必须为学生塑造基本的社会生活能力提供支持，而不仅仅是培养学生的审美和思考。

俄罗斯联邦教育部 2000 年工作计划中规定，制定并实施改善中小学教育

现状的重要措施，包括使学生负担正常化，加强中小学教育大纲对培养健康的生活方式的针对性，加强其在实践中的定位和彻底的人道主义。在这里，彻底的人道主义被理解为课程的设计和教学过程的组织必须围绕着学生展开，学生是一切教学活动的核心，而不能将成人的、社会的意志强加于学生的心理上，更不应当将政治意识形态的、某些集团的意志泛化于学校教育中，以强迫的方式灌输给学生，课程与教学内容要促进学生的独立思维，而不是用一种外在的精神控制他们并束缚他们一生的选择。

当前俄罗斯的初等教育课程改革

1991年苏联解体后，俄罗斯联邦共和国即着手改革中小学课程。同年，教育部在《转换时期共和国教育的安定化和发展计划》中提出改革教育内容的动议，号召通过课程改革，扩大学生选择教学内容的自由度，增强教学内容的基础性、客观性、全面性和非意识形态性，使学生更加了解世界和社会，了解自己的民族和其他民族的语言、历史和文化，以加深相互间的了解。

1992年7月，叶利钦签署了《俄罗斯联邦教育法》。该法令规定：选择教育内容时，必须以发展公民社会、巩固和完善法制国家为最终目的；必须使受教育者形成符合世界标准的教育程度和知识水平；必须保证个人的自我选择，并为其自我实现创造条件，以达到个性与世界文化、民族文化体系的一体化。

1993年，俄罗斯联邦公布了基础教育课程方案，方案有两种，分别与三年制和四年制小学相适应。在小学课程方面，新的课程方案主要进行了两大改革。

其一，增强了课程设置的灵活性，给地方以较大的自主权。前苏联在教学内容方面实行"三统一"：统一课程计划，统一教学大纲，统一教科书。这种整齐划一的课程管理，虽有利于保证教学质量，有利于小学与中学、中学与大学的衔接。但由于前苏联不同民族之间、不同地域之间、城乡之间，办学条件相差甚远，执行统一的课程方案困难重重。为了顺应教育民主化的潮流，《俄罗斯联邦教育法》规定，地方教育行政当局和学校在设置课程时，既要有统一的符合世界潮流的标准，又要从自己的实际情况出发。联邦公布的课程方案，只是一种基础性、规范性的课程方案，它只体现了国家最基本的教育标准。它不但允许、而且要求各地和各校发挥在课程设置方面的自主权。

在俄罗斯联邦的基础性课程方案中，课程由不变部分和可变部分两部分组成。在该方案中，占课时总数75%的俄语、语言和文学、艺术、社会学科、自然学科、数学、体育、工艺学等全国统一的必修课程，其教学内容并非全部是全国统一的：其中的"语言和文学"，内容主要包括本族语、民族文学、文学、外语等，具有很强的地方性。因此，联邦基础性课程的不变部分，所占比重实际上在70%以内。而地方性必修课、学生可以自由选择的选修课、针对学生个别差异开设的个别课或小组课等组成的可变部分，其比重实际上在30%以上。而在前苏联，课程的可变部分只占总量的10%左右，有时甚至更少。

目前，在俄罗斯，各地有各地的课程方案，各校有各校的课程方案，包括联邦、地区、学校三个级别的课程管理制度已经形成。据统计，目前俄罗斯联邦至少有数十种课程方案。

其二，削减了自然学科的课时比例，增加了人文学科的课时比例。为了顺应人们在科技发达时代对回归人文精神的呼吁，俄罗斯联邦推行"人文化"文化教育方针。在前苏联，人文学科的课时量占总课时的45%左右，自然学科的课时量占总课时的55%左右。在新的俄罗斯联邦中小学课程方案中，人文学科的课时比例提高到50%左右，大体与自然学科持平。

概括地说俄罗斯的初等教育课程改革大体有以下几个特征：

其一，政府或政府最高决策者亲自过问包括课程改革在内的基础教育改革。俄罗斯的基础教育课程改革，都是以总统亲自签署的体现教育改革精神的教育法令为背景的。

其二，设置课程时，既注意保持统一的教育水准，又注意从国家、地区或学校的实际情况出发。而苏联解体后的俄罗斯，在新的课程方案中则努力扩大地方和学校自己设置特色课程的自主权。

但是，为了防止教育质量下滑，防止不同地区、不同学校的小学毕业生的实际水平出现过大的差异，俄罗斯要求：地方或学校在设置课程时，必须保留一个最基本的统一的课程标准。例如，在俄罗斯，虽然地方和学校在课程设置方面有不小的自主权，但课程方案中全国统一的不变部分仍在整个方案中占主体地位。

其三，传统初等教育课程方案中最核心的内容得到继承，表明现代初等教育课程体系已趋于成熟。在俄罗斯的最新小学课程方案中，核心课程仍然是代表语言文学、数学、社会科学知识、自然科学知识四个学科门类的四门课程。此外，在小学课程体系中，体育、艺术类课程仍然是必不可少的基本课程。由于这些课程，对于培养和发展作为未来公民的儿童的基本素质是不可或缺的，在未来不短的时间内，这些课程仍然具有生命力。

其四,从社会需要出发,努力实现课程设置的现代化。目前,尊重并重视儿童选择学习内容和学习方式的自主性,将儿童的学习内容和学习方式与社会需要更紧密地结合起来,是课程设置现代化的两个重要内容。俄罗斯的新课程方案,通过扩大选修课程比例、新设自主性综合学习课程、为体现因材施教精神专设个别课或小组课等措施,为学生自己选择学习内容和学习方式,创造了良好的条件。

在课程改革趋势方面,俄罗斯则在"松绑",力争减轻儿童学习的负担。为了减轻小学生的学习负担,使儿童能够自由地发展自己的个性,俄罗斯不仅削减了数学、自然科学知识课程和其他核心课程的比重,还适当削减了学习时间或在传统课堂里学习的时间。

国际化与信息化的教学内容改革

德国基础教育阶段学校对教学内容的改革主要集中在信息教育渗透各级各类教育;强调传授有合理结构的基础知识与技能;加强外语教育力度;重视校企合作等方面。

信息教育渗透各级各类教育

由于现代媒体的迅猛发展,越来越多的信息数字化、网络化,因特网的诞生使世界逐渐向"地球村"靠拢,比尔·盖茨曾经幽默地解释"我相信,人类没有权利拒绝信息社会"。不远的将来德国将把因特网作为学生第一手的信息来源,因此学生必须有充分的准备,首先对计算机键盘的使用如同使用计数器的键盘那样流畅。为在教学中及时体现信息技术发展动态,德国的各级各类学校一方面配备一定规模的硬件设施,另一方面将信息技术的基础教育渗透到各类学校的教学大纲中。

德国某些经济发达的州加大了信息教育的力度,如巴伐利亚州于2002年在完全中学初中阶段开设必修课"信息科学",另外学习奥地利经验,推出"计算机驾驶证"的考核制度。今后还将开设"手提电脑班"。1999年起巴伐利亚州还推出了"校内远程通讯与多媒体教师培训"项目,有70000名教师参与了计算机与网络技术的培训。2000年起与英特公司合作对30000名小学教师进行信息技术的培训,为小学中信息教育的实施打下基础。

但是新型媒体的迅猛发展并未替代原有的媒体,如电视、电话、打印媒体等依然被人们所用,众多媒体同时呈现在人们眼前,向人们的接受能力提出挑战。因此学生应该学会有目的的选择和判断,哪些信息适用,哪些信息

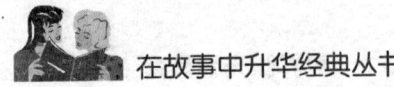

是多余的。为了将信息社会发展为知识社会，必须学会合理选择信息。知识社会的中心是能有效并有意义接受信息的人。

为了避免学生成为媒体的奴隶，巴伐利亚各学校力求鼓励学生投入到媒体取向的社会中，让学生去揭开媒体的内在功能，运行机制等，去发现设备的有利与有害作用，从而使学生从被动的媒体消费者，转为主动的设计者、策划者。

在信息教育中，德国教育改革特别强调学生学会学习，学会如何灵活应用已有的基础知识构建新知识，培养其知识管理的能力，它是信息时代所需的基本能力。另外特别提倡在教学中唤醒学生对文学、艺术和音乐的热爱，培养学生乐意交往合作的能力。

强调有合理结构的基础知识的传授

科学、经济和社会的根本性变化对我们这代人提出很高的要求：一次性获得的教育与知识不再是一成不变，被享用一辈子。如果把知识作为任意一种"材料"来学习，那么这些知识在被考查后，很容易遗忘，因此教学要关注那些有利于终身学习的基础知识和技能，要注重丰富的、结构良好的基础知识。特别还要培养现代社会所需的基本能力：一方面加强问题解决能力、迁移能力，另一方面培养交往与团队合作能力、创新精神、独立学习能力。

加强外语教学的力度

德国教育改革政策中还非常关注外语教学。由于经济发展呈全球化趋势，因此改革外语教学成为教学改革义不容辞的任务。

例如德国某家机动车制造厂，许多零件在国外生产。又如某家中产企业通过因特网与亚洲的合作伙伴商谈生意。一些大型的康采恩集团也在世界各地设立子公司。科隆的德国经济研究所的一项调查表明，接受采访的一半以上的小型企业在工作中使用外语，规模在1000名员工以上的企业，其中97%的企业必须使用英语。

这些数据给教学改革明显的提示，要适应全球化的经济发展，必须提高外语能力，提高灵活并积极使用语言的能力，以及需要尽快适应陌生文化环境的能力。只有具有这类能力学生才能面对来自他国的竞争，才能保证欧洲在世界经济的领先地位。

在这种社会大背景下，德国巴伐利亚州加强了外语教学的力度，例如在某些完全中学进行双语教学，学生不仅在语言方面，而且在交往能力方面得到有效的训练，另外有的学校从6年级开始就开设第2门外语，针对那些确实有语

言能力的学生，学校还加开第 3、4 门外语。在六年制的实科学校，巴伐利亚州也引进外语教学，另外针对市场需求，开设了第 2 门外语—法语或西班牙语。

事实上德国的外语教学从小学就开始，如目前在巴伐利亚州近 50% 的小学进行外语教学，25% 的小学从 3 年级开始外语教学。

学校与企业联手推进教育改革

德国政府教育部门给学校教育改革很大的自主权，由此带来一些困难，主要是从政府只能获得有限的教育经费，因此学校努力寻找解决的方案。他们都赞成教育改革需要强有力的合作伙伴，开始实施学校与企业合作项目，校企共同出谋划策改革教学，提高学校质量。如巴伐利亚州的学校在半年中，与 50 家企业有了合作关系，学校获得了 5 百万马克的资助，资助力度将不断加大。

学校与企业有着不同管理模式，追求不同目标，但他们有一个很大的"交集"，值得去探究。21 世纪学校的教学要培养学生新型的抽象能力，即有强烈的求知欲并且乐意学习的能力，为学生打开更大的就业市场，赋予学生较高的社会威望。企业代表呼吁，青少年要为媒体时代的新挑战，知识社会的新挑战，以及全球化的经济挑战作准备。

针对这种呼吁或挑战，德国政府作出回应，如巴伐利亚州目前在学校有十万台的计算机，近 99% 的完全中学与因特网连接。为了达到将新技术渗透所有学科教育中的目标，他们规定"信息学"作为完全中学的必修课，同时在 5 年级开设"自然与技术"学科，以唤起学生对技术发展的兴趣和理解，激励他们主动关注自然界中的技术问题，培养他们提出问题的能力。

中小学教学评价与激励

德国学校非常重视对教师的评价和对学生的评价。学校设有四个委员会：校务委员会、教师委员会、学生委员会和家长委员会。学校的大事要事都要经过四个委员会讨论研究，提出意见和建议，最后由校长拍板，包括经费使用、教师流动、评价方案、奖惩细则等。学校事务透明，日常管理高效。

德国所有公立学校的教师均为公务员。基础教育中的教师录用以严格的教育和考试结果作为基础，所有教师都要经过两次严格的国家考试和实习阶段方能任教，从此也就能获得终身教师资格。学校对教师的一般根据平时听课和家长意见等信息，每年由校长给每位教师写一份鉴定书。这份鉴定书不仅直接关系到教师的职称晋升和工资待遇，而且是教师劳动价值的认同。

学校对学生的评价也离不开考试。每年都有四次大考和一些小测验。教师事先一般不会告诉学生考试的时间。除了考试外，还结合平时课堂表现和作业情况。

教学评价新理念

德国基础教育阶段学校对教学的评价改革主要反映在这样一些新的理念方面：

（1）多元化的成绩要求与多样化的成绩评价。

（2）教学评价不但要考虑校内的成绩，而且要考虑校外的成绩要求与学生的校外的成绩。

（3）教学评价应当有利于促进积极的学习气氛，树立学生对自己学习的信心。

（4）教学评价必须引入学生自我评价机制。

（5）教学评价不仅要评价学生学习结果，而且也要评价学习过程，因此评价不能仅限于期末，而因充分注意学生平时的学习情况。

（6）教学评价应当以一定方式吸引学生参与，如完全中学毕业考试规定考四门学科，这四门学科完全由学生自己选定（但必须涵盖语言、社会以及数学和自然科学三大领域），其中两门为学生自己确定是自己的特长学科，而且这两门特长学科考试以四倍的成绩计算计入总分中。

学生成绩考核的形式和要求

评价学生学习的多样化形式、以促进学生学习为取向和照顾学生个别差异等特点。

以北威州完全中学初中物理教学大纲的规定为例加以说明。大纲规定了对学生成绩考核的如下六类形式和要求：

（1）考核学生在课堂上的口头参与情况。教师应当持续观察学生参与的积极性，他们在各教学阶段对一些问题的概括能力、复述能力、知识和方法的应用和迁移能力、对问题解决的切入点的把握、提出解决问题的建议和论证水平等。观察他们对物理现象解释方面的正确性、全面性、表达能力和对原理的引用等。

（2）考核学生在教学中书面参与情况。教师除了观察口头考核包括的内容外，在对学生作书面考核中还应当注意学生物理图表的应用、符号应用和计算能力。

（3）考核学生实验参与情况。教师应当观察学生是否明了实验规定，是否

认真进行观察和测量，学生的实验记录是否完善和清楚以及是否在规定的时间内能完成实验；观察学生在实验过程中的能力和技巧以及他们的合作态度等。

（4）检查学生的报告、记录和家庭作业。完全中学初中阶段物理教学已经引入学生的口头和书面报告这种工作方式，这是反映科学研究结果的一种手段。教师应当了解学生在这阶段是否初步学会这种手段。学生的学习过程记录和实验记录是一种学习技巧。教师对此的检查应当有助于学生逐步掌握这些技巧。家庭作业是促进学生学习的重要手段，教师应当在布置作业前对不同学生的独立完成作业的可能性有一个估计，应当让每一个学生有机会在课堂上表述自己独立和正确完成了作业。

（5）课堂测验。教师可以通过课堂测验了解学生学习情况，一般这种测验不应超过 15 分钟，而且应当避免加重学生学习压力。测验目的决不应当是为了确定学生的学习成绩或成绩等级。

（6）期终成绩评定。学生的期终成绩应当是对学生整个学期中全面表现观察的结果。教师应当尽可能避免片面性。

总之，德国中小学课堂的组织形式比较灵活，课桌摆设方式因课而异。学生心理宽松而不放纵，课堂气氛活泼而有序。每当教师创设情景让学生发言时，学生即纷纷举手，食指略屈，形成一道靓丽的风景线。在教师的指定下，学生可以坐在原位回答，可以到讲台来展示。学生不断得到激励个性张扬，将自己情感态度体现得淋漓尽致。因此课堂表现不但体现规则意识，同时也为教师对学生评价提供良好契机。

学生没有属于自己的教科书，所有教材都是向学校借用，学生必须在扉页签名。一本书用过多届学生，还是完好无缺。

学生每人都有一本厚厚的文件夹，那是他们的练习本，文件夹活页的内芯一般采用 A4 规格，并有淡淡的小方格（约 $5\text{mm} \times 5\text{mm}$）作背景，以便书写整齐规范。老师经常在上课时发给学生相关的材料，学生将其粘贴或装订到文件夹中。这本文件夹图文并茂、色彩丰富、内容完整、富有个性，成为过程评价的重要依据。

除小学一二年级只给评语之外，教师对学生的学业成绩评定实行统一规范的考试评分制度，评价一般分六个水平（采用六分制）：1 = very good；2 = good；3 = OK；4：enough；5 = not good；6 = very bad。在基础教育阶段各类学校均实行州域内统一规范的升留级制度和毕业制度。如巴伐利亚州文教部就规定，凡是学生学年成绩得一个 6 分或两个 5 分者，一般就得留级。这些学生或留在原来学校重读，或转入适合他的另一类新学校学习，或参加补考。而且各类学校各年级的留级都有一定的比率。

学生的学习成效可以通过多种途径来体现。学校课外活动丰富，每个学生都会演奏自己爱好的乐器，几个人稍作排练，就是一场精彩演奏会。突出了参与性、活动性和创造性，人情入境，乐其而乐。学生的绘画作品和小制作随时可以在指定的墙壁上张贴，既可以展示学生的学习成果，又营造积极的校园文化。

可见，德国学校的教育评价体系中也是相当注重多元评价和过程激励。

寓教于乐的"余裕教育"

"余裕"一词最早出于孟子之口，在《孟子·公孙丑下》里有这么一句话："我无官守，我无言责也，则无进退，岂不绰绰然有余裕哉?"孟子在此表现了与他平时拉长了脸教训人所截然不同的一面——那就是宽然的心态，逍遥自在的处世态度，体现出一种由内而外的、心理上的自由和健康。

而在教育中最先开始推广"余裕教育"的是日本。日本中小学学生的课业负担之重举世闻名，为了通过升学考试，多数学生不仅要在课余完成大量的作业，周末还要去上名目繁多的各类补习班，完全被沉重的课本教学压制在那里动弹不得，没有童年，没有人生的"余裕"。这样在应试教育的压迫、窘促与窒息感下成长起来的孩子，生活素质和生活能力之差令人担忧。于是，针对这一现状，日本教育界提倡"余裕教育"，尝试用一种新的教育手段试图将学生从应试教育中解放出来，以寓教于乐的方式恢复孩子天真烂漫的本性，让他们学会如何做人。

其实，日本"余裕教育"的产生有着深刻的社会背景。在日本，少年儿童所占的人口比例已连续 21 年下降，目前 14 岁以下的人口仅占总人口的 14.3%，在发达国家中比例最低。近年来，由于日本经济滑坡，男性收入下降，很多已婚妇女不愿做家庭主妇带孩子，而由老人带孩子，众多老人对孩子的溺爱，给教育带来了严重的问题。特别是日本近年出现各种蛊惑人心的邪教，虽然论调各异，但共同点是摧残人的生命。受这些因素影响，日本的自杀比例较高，一点小挫折便能使不少人轻生。

热爱生命是"余裕教育"的重要主题。日本教育专家认为，教育青少年热爱生命至关重要，它能帮助抵制邪教的诱惑，同时使人们在挫折面前变得坚强。热爱生命教育的主要内容之一是要求人与自然和谐相处，并热爱其他

生命。为此，"余裕教育"活动鼓励学生经常到牧场体验生活。日本广岛大学教育系教授角屋重树认为，城市里经过驯化的宠物没有野性，可以任意摆布，而牧场放牧的牛马则不同，它们动不动便野性大发，这就要求学生学会与它们相处，通过喂养它们，彼此成为朋友。这有助于开发孩子善良的天性。

曾有一个热爱生命的故事被日本媒体广泛报道：新泻县中条町小学一年级学生丹后光佑不幸被白血病夺去生命，但他亲手栽种的牵牛花却年年结下丰盛的果实，现在已有200万粒种子。中条町小学把种子分发给其他学校，让学生在种植牵牛花的时候，想起丹后对生命的热爱，因而更加珍惜生命。

"余裕教育"的另一项内容是利用周末时间让青少年到农业学校体验农村生活。农业学校主要由农家开办，目前在日本已有1500多所。通过农业学校的生活，学生可以体会到衣食来之不易，树立"自己动手丰衣足食"的理念。同时，自己动手还可以培养学生的创造性和探索精神，练就吃苦耐劳的本领和健康的体魄，这对学生今后走上社会应付各种困难大有益处。专家建议，应把中小学学生体验农村生活变为"必修课"，并建议将农业学校的数目增加到1万所。如何保证儿童的身心健康，这关系到日本的未来，是日本全社会日益关注的问题，"余裕教育"就是日本教育界为实现这一目标开出的"药方"。

当然，日本实施的"余裕教育"也并非完美无缺，近年来日本又开全面检验和矫正"余裕教育"。

出自对过去教育政策的反思和改进，日本于2002年在公共教育中全面实施"余裕教育"。与之相匹配的国家主要政策与内容为：注重"生存能力"与"人性"道德教育，分阶段减少授课内容的30%，实行每周5日学习制，引入研究性学习"综合学习时间"。应该说，在研究性教育、小班化教育、双班主任制、国际化教育、重视现场教育等方面，取得了不少成就。

虽然"余裕教育"在一定程度上扭转了日本过去强调知识记忆的基础教育，使拘谨的日本中小学学生变得活跃起来。但是，2007年由OECD（经济合作与发展组织）发表的2006年对57个国家40万名15岁学生的国际学习能力调查（PISA）中，日本学生的学习成绩全面下滑，"科学应用能力"从2003年的第2位下滑到第6位，"数学应用能力"从第6位下滑到第10位，"解读能力"从第14位下滑到第15位。

为此，日本政府于2007年4月以全国的小学六年级、初中三年级全员220万名学生为对象，实施大规模学历摸底测试。测试的科目是国语和数学，分为"基础知识"和"应用知识"。测试结果显示，学生正确回答的概率分

别是:"基础知识"接近80%,而"应用知识"只达60%～70%程度。

2007年,前首相安倍上任不久,便着力推进首相主导的"公共教育改革",筹建了由教育界专家、学者组成的"教育再生会议",决定恢复对全国中小学学生的学力考试。

日本文部科学省咨询机构中央教育审议会提交的分析报告中指出,"余裕教育"的核心理念和指导思想中有很多不确切的成分:"生存能力的培养"的理念没有充分向家长作说明;尊重学生自主性的同时,有些教师不知如何正确指导学生,而且这样的教师有所增加;政府教育部门没能及时掌握学生家庭与区域教育能力下滑的实际情况;在学习和实验现场没有充分了解和把握研究性学习的正确理念;学生学习内容和授课时间分别下降30%和10%,日本小学4～6年级授课时间比国际经济合作与发展组织(OECD)中最多的国家荷兰的1000学时少291学时,比OECD国家平均数804学时还少95学时。

日本中央教育审议会提出矫正"余裕教育"的具体对策:增加10%的国语、英语和数学的授课时间;大幅度缩减选择性科目,将每周"综合学习时间"(研究性课程)由3小时减少为2小时;在小学期间增加授课时间210学时;日本政府准备实行教育券制度,在使用中教育券等同于学费,学生和家长可以凭据教育券自由选择公立学校,收到教育券越多的学校,政府的投入经费就越多。

最近,日本出现了学习和仿效印度式高强度知识记忆和储备的学校及幼儿教育。尽管如此,日本文部科学省并没有全盘否定"余裕教育"的理念,认为只是学生在"应用上出现问题",反思、矫正"余裕教育"和人性、道德教育仍然是日本政府教育改革的重点。

相对而言,我国的教育也一直存在这个问题,究竟是"填鸭"般地强行灌输还是"启发"式的释放心灵,两种不同的教育观一直在相互碰撞和探讨中。鲁迅先生曾经说过:"人们到了失去余裕心或不自觉地满抱了不留余地的心时,这民族的将来恐怕就可虑。"

不管怎样,日本在推行40年教育公平后出现的问题和改革动向,还是值得我们认真借鉴的。

丰富多彩的营养教育

日本的营养教育通常"寓教于餐"且形式丰富多彩。

《快乐的供餐》是日本教科书的一种辅助读本。学生在一年级入学后的前

10 天，可以通过这本书对即将开始的供餐建立初步印象。书的每一页都有一个不同的教育主题，画面的明显位置上有以孩子为对象的规矩和一些社会常识及营养知识。每一页的上、下角落则是针对主题分别以老师和家长为对象的文字内容。它不仅可以用于学校用餐的指南教育，同时也是家庭配合教育的参考读物。

比如，在《大家一起进餐多快乐》的标题下，是教室里快乐用餐的情景。老师的教育主题是"集体用餐的基本要求是遵守规则、相互协作"；给家长的建议是"用餐过程中愉快的气氛非常重要，希望家里吃饭时多在营造明快的气氛上下工夫"。

读本要求家长教育孩子从小培养端正的就餐姿势和优雅的进餐教养，鼓励孩子养成充分咀嚼等良好的饮食习惯，因为，充分咀嚼可以防止吃饭速度过快而引起肥胖。

日本中小学的供餐值班一般将全班学生分为两部分，隔周一次轮流值班。值班学生负责为其他同学搬运饭菜、配餐、送还餐具，孩子们从中培养了相互协作的集体精神、提高了动手能力、积累了社会经验。

学校为强化学生的营养知识和完善其营养结构，还推出了"自助餐"，让学生根据自己的嗜好和身体状况选取必要的数量和种类，并逐一予以评价，使学生意识到掌握好营养平衡不是一件非常容易的事情。

学生在入学半年左右，学校要邀请家长参加供餐品尝会。在品尝会上，家长先是听取老师介绍孩子们半年来的用餐变化等情况，然后听营养师解说每餐饭菜的营养考虑和制作方法等。接下来，家长们开始体验由孩子们为自己供餐的过程，并填写用餐感受。用餐结束后，家长反过来观看自己孩子进餐的情景。在此期间，许多家长会发现自己在家从未意识到的营养平衡、卫生消毒等问题。

下面我们来看一位中国访日教师关于日本学校营养午餐制的细微描述：

某中国教师到日本田道小学介绍中国的饮食文化。趁机对日本学校的营养午餐进行了一次深入体验。

校长能叫出每个学生的名字

田道小学位于东京的目黑区，学校已有七十多年的历史。据校长黑木信友先生介绍，由于日本实行 9 年制义务教育制度，除了特别有钱的人家会把孩子送到私立学校，一般家庭的孩子都就近上学。田道小学是周围 5 个丁目（街区）的地区学校，现有学生 280 名，教职员 27 名，另有 3 名厨师和 2 名卫生员。近年来，由于日本出生人口减少，学校生源明显萎缩，一个年级有

两个班，每班学生只有20~25人。学校除一幢三层的教学楼外，还有标准操场、游泳池和体育馆，体育馆的一层是图书馆、家庭课教室和家长会会议室。这是日本最典型、最普通的学校。

走进校长室，左右两侧墙壁上方挂着22个相框，镶着历任校长的照片。对面墙上贴着现在各班的集体照，旁边还标记着每个学生的名字，黑木校长说，现在是个性化教育时代，对每个学生的名字和特点、爱好，校长都要心里有数。

学校一楼的大厨房引起了我们的兴趣。煤气灶、烤箱、微波炉、蒸锅一应俱全。3名头戴卫生帽、身着白大褂的厨师正在忙碌地准备午餐。

政府专门为营养午餐立法

据黑木校长介绍，小学生和初中生都享受营养午餐，日语称为"给食"。高中午餐则没有明确规定，大部分学生从家带盒饭解决午餐。

日本为实施营养午餐，制定了明确的法律规定。1954年国会审议通过了《学校营养午餐法》，明确指出，实施营养午餐的目的是"全面促进中小学生的身心发展，同时改善国民的饮食生活"，要求"义务教育各学校的领导必须努力实施学校营养午餐"。由于有明确的法律依据，学校营养午餐作为教育活动的一部分，得到各级教育部门和学校的重视。据1998年5月的统计：日本小学生营养午餐的实施率为99.4%（761万人）；中学生营养午餐的实施率为82.2%（360万人）。

法律规定，营养午餐的责任部门是各市、镇、村等地方自治体，营养午餐供餐方式根据各自治体的具体情况自主决定。如在东京、大阪等城市地区，大部分地方政府在各学校直接设立了厨房，现场制作。也有一些地方是另设食品车间，由食品车定点向各学校配餐。

日本的营养午餐制度起源于第二次世界大战之后不久，当时的日本极为贫穷，国民生活条件很差，一些家庭的孩子营养难以保证。为此，美国占领军司令部鼓励日本政府给孩子们提供午餐，这样至少可以保证儿童发育生长的基本营养。据说，当年美军也把一些剩余物资分发给了日本学校。后来，在日本为营养午餐立法后，它更加普及，家长只交纳午餐成本费，就可免去中午为孩子做饭的负担。

学校把菜单发给家长，以免晚餐与午餐重复

每天12时20分，学生开始用餐，但在此之前校长要先"检食"，即先试吃一份，对饭菜的加热程度、有无异物、有无异味等进行检查。检查合格，校长在送餐单上签字盖章后，午餐方可向教室发送。

黑木校长热情相邀，我们同校长一起品尝了午餐。今天的菜谱是巴西炒

饭、豆腐蔬菜汤、加一磅鲜牛奶。炒饭内有鸡肉丁、鱿鱼丝、洋葱、胡萝卜条等，豆腐汤中又包括鸡肉片、青椒、白菜、白萝卜块、蘑菇；味道虽不像中餐那样浓香，但清淡适口。黑木校长解释说，无论饭菜花样如何变幻，每天一瓶牛奶是保证不变的。"检食"之后，校长对送餐单上的各个检测项目都划上了圆圈，并盖章认可。

我们还见到了学校的营养师平野美智代女士，她说，大多数中小学都配有 1 名营养师，也有少数学校是两所学校配 1 名营养师。营养师又分为普通营养师与管理营养师。大学毕业或专科学校毕业通过考试即可获得普通营养师资格，但要想成为管理营养师，必须在获得普通营养师的资格后再通过文部省的考试。

营养师负责学校午餐食谱的调制和实施，负责对学生进行营养教育与营养指导，同时安排每天的采购，并计算出每餐的热量和蛋白质含量。据说，学校每月还要向家长送一份菜谱，目的是让家长了解孩子在学校吃什么，避免晚餐与学校午餐重复。

我们看到，田道涉这的 10 月菜谱表上不仅标有每天主副食的食品名称，还详细写明了原料，并计算出了热量、蛋白质含量。例如，有一天的午餐是炒面、夹心面包、牛奶、意大利汤、水果。所用原料分红、黄、绿三种。红色原料包括猪肉、鸡蛋；黄色原料包括色拉油、面包；绿色原料包括胡萝卜、葱头、西红柿、青椒、海苔、水果。平野女士解释说，"红色"原料用于人体的造血和肌肉发育，"黄色"提供人体的热量和体力，"绿色"负责调整人体的营养平衡。计算结果，这顿午餐的热量是 655 卡路里，内含蛋白质 23.8 克。

午餐价格非常便宜

在本月的菜谱中，有鱼类、豆制品、粉丝和多种蔬菜。据营养师介绍，每周的主食花样按两顿面包、两顿米饭、一顿面条编排。

问起午餐的价格，简直令人吃惊，1～3 年级学生每月 3200 日元（1 人民币约合 16 日元），4、5 年级学生每月 3500 日元。黑木校长解释说，因为三位厨师的工资、水电等费用均由目黑区预算承担，所以学生交付的只是午餐的材料费。如果将成本全部打入餐费，每餐价格将接近 1000 日元。对特困学生，学校免费为其提供午餐，实际费用由国家和地方财政各支付一半。

为保证卫生，学校不提供生食

为加强营养午餐的卫生管理，日本文部省专门制定了《学校给食的卫生管理标准》，对营养午餐卫生管理的各个环节提出了非常明确且具有操作性的

要求。各地教育委员会和学校也建立了一系列的卫生管理规章制度。

走进学校的厨房，总的印象是清洁、干净。所有的厨具、餐具都是不锈钢制品，餐具每天由高温洗碗机清洗消毒，菜板、菜刀等厨具的存放柜就是高温消毒器。黑木校长介绍，虽然日本人喜欢吃生鱼片等生鲜食品，但学校午餐只提供热食和熟食，特别是 1996 年日本发生 O157 （H7 污染萝卜苗及牛肉而导致的集体食物中毒）中毒事件后，学校午餐中提供的蔬菜都经过加热处理，以保证食品卫生安全。黑木先生特别介绍，厨房内有一个专用冰箱，每天饭菜必须留一份样品在这里保存一周时间，以备发生食物中毒事件时的化验检查。平野女士介绍，连采购原料都只能去目黑区指定的 10 个专业商家，以保证安全卫生。

日本的营养午餐受到了家长的欢迎，孩子们也把吃学校午餐当成了一件乐事。一年级女生森枝彩香说："学校的午餐很好吃，我每天都能吃得干干净净。"营养午餐及家庭饮食的科学配餐，也促进了儿童的健康成长。据日本的一项调查，日本 8 岁、10 岁儿童的平均身高已经超过中国。

日本于 1954 年正式以法律形式《学校给食法》规定了各小学、初中及各级学校必须实行营养午餐制。自 1946 年以来，日本年年进行营养调查，50 多年来坚持不断，积累了完整的资料。全国每 5 年进行一次人体的营养生理状况的调查，根据人体营养状况的变化修订一次营养需要量的标准。

应该说，日本的营养教育效果非常好。这可以从日本的人均预期寿命和儿童身体各项指标与其他国家的比较中体现出来。

1. 日本的人均寿命高居世界首位

从 20 世纪 80 年代后期开始，日本女性的平均寿命高居 OECD29 国首位，并且连续 20 多年一直保持这个纪录。2002 年，日本男性平均寿命 78.32 岁，女性平均寿命首次超过了 85 岁，达 85.23 岁，这在世界上是非常少见的。

2. 日本的婴儿死亡率世界最低

据日本厚生省统计数据显示，2001 年和 2002 年，日本的婴儿死亡率皆为 3.1%，低于世界平均水平 4%。这与日本加强对孕产妇的营养保健是分不开的。

3. 战后日本儿童身体各项指标有了大幅提高

战后，日本推行学校营养午餐，使得学生身高有了大幅增长。

二战后，日本政府全面提高国民营养水平，60 年后，日本已经成为世界上平均寿命最长的国家，同时，国民的各个健康指标也都居世界前列，日本

政府的一些措施是值得我国借鉴的。

目前，我国少数地方已经开始实行中小学生在学校食堂包伙吃中午饭，但是全国绝大多数中小学生仍须自己解决中午饭。如果家里有老人或家长有时间，孩子能在家里吃上可口的饭菜，但更多的是，父母为了生计，给孩子一些钱，让孩子自己解决中午饭问题，这造成了一些孩子一到吃中午饭的时候，就到学校周围的一些小摊点上随便解决问题，长此以往，我国儿童的身体健康得不到保证，如何参与未来的竞争都将成为一个问题。确实，由于我国整体经济水平仍较低，导致我国能在教育方面的投入有限。但是，我们可以借鉴日本的做法，做好营养教育，集合各方力量办好学校营养午餐。

中学里开放的"性"教育

日本深受西方社会的影响，日本中学生的性意识和日本社会对中学生性品质的要求也更接近西方社会，表现出与东方各国的明显差异。

日本中学生性教育的内容很丰富，可以分为十六个方面：成熟与成长、性器官与性功能、性欲与性行为、男女的性差、性交、受精怀孕、生儿与育儿、避孕与人工绝育、性病、性的不安与烦恼、爱情、男女的关系、结婚与家庭、性与人权、性与社会、性与文化等。这十六个方面的教育内容贯穿在中学生多种学科的学习中，并不是由保健科包揽。日本学者认为，如果不依靠多种学科的教学，不让学生从多种角度接受性教育，他们就很难正确理解人类的性；或者如果仅仅以防止性行为混乱为目的进行性教育，也很难取得令人满意的效果。

目前，日本中学非常重视中学生的性教育。与其他各国相比，日本中学生的性教育开始得较早，在初一年级就开设性教育方面的课程。日本民间团体性教育宣传协会对全国 1 万所大中小学进行过调查，95％的中学每年都花 2～3 小时举办性教育讲座。政府特别制作了动画片对学生进行性教育，其中一部影片反映了墨西哥少年的性意识和性行为。从这部影片中，日本中学生看到，在墨西哥及拉美各国，不足十岁的女孩妊娠急增，这一现象的严重程度远远超过日本，构成拉美各国的一个严重的社会问题。日本 1990 年 10 月 3 日的《读卖新闻》指出，制作这部影片并非给中学生什么教训，而是试图反映大人用语言所无法表达的一些具体内容，并让学生自己体会。这部影片是完全依据中学生的性意识特点和整个身心特点编制的，使中学生能够理解和接受。影片以特定方面的内容为主题，每个主题 10 分钟左右。例如，如何看

待青春期所引起的心理波动和不安等。绝大多数中学生观看过这部影片，并从中获得许多启发。一位中学女生在自己的日记中写道："了解这方面的知识后，我对自己的一些心理不再不安，也能够较好地处理同学关系，更不会盲目模仿电影、小说镜头了。"

在日本音响映像所编写的《性教育读本》中，对父母和教师如何进行性教育提出了具体的建议，并提出了从0岁开始的性教育目标和主题，其中9～16岁的具体目标和主题如下：

9岁：为迎接月经和梦遗作心理准备；

10～11岁：在青春期身心发育过程中的手淫（自慰）问题；

12岁：为异性间的友情作心理准备；

13岁：早期性行为的危险性、性器官的名称、了解性的活动；

14～15岁：父母的责任、性生活和家庭生活的模式及有关法律、少年保护法、性的卫生；

16岁：性病、选择伴侣（约会、恋爱）的方法与婚约、结婚、性的错误（乱婚、同性恋、卖淫）、性的犯罪（堕胎、卖淫斡旋、性犯罪）。

日本学校的性教育特别强调形象性，目的是便于学生受到健康、科学的性教育。下面是日本某学校的一堂生动的性教育课，内容如下：

课堂上，当白布裹着的裸体成人人偶一被取出来，教室里立即响起一片笑声。孩子们之所以骚动起来，是因为看到了爸爸和妈妈的人偶，那人偶上面有阴茎、乳房、阴毛。为使阴茎和腹部膨大，人偶里安置了精心制作的机关。人偶还有温度，用手摸上去，每个部分都相当逼真。

教师从容地打开白布，说："妈妈在这里，现在是一个人。"孩子们笑得前仰后合，并说："下一个准是爸爸了。"

教师对孩子们说："让我告诉你们，这是怎样的东西。"然后让孩子们触摸阴茎的后部。

"这个爸爸和妈妈是好朋友，当他们两人到一块想要互相亲近时，腹部就会充血。小鸡鸡是小孩子的语言，应该称它为阴茎，虽然这不太好懂。"

教师将两个人偶叠起来睡倒。一名男生说："我想两人在一起真好啊！我想这时候爸爸和妈妈都很高兴吧。"另一位男生说："老师的阴茎也会这样吧！"

教师又指着妈妈人偶的腹部说："你们最初就进入这个地方。以后的事，你们都托付给妈妈了。"

孩子通过用特殊摄像机拍摄的录像片，看到了精子着床的场面。"精子已

经到了妈妈的肚子里。它们簇拥着卵子，想要进去。爸爸的精子和妈妈的卵子合为一体后，你们就自己在妈妈的肚子里成长。听这个，这是正在努力生长的生命和最初的声音。""通、通、通……"有节律的像鼓一样的声音在教室里回响着。这响声是胎音，教师把它录下来让孩子们听。

教师把带着脐带的胎儿人偶倒挂起来，让孩子们轻轻地触摸后，又将胎儿装入尼龙袋，加30℃的热水，孩子们立即站起来叫道："要淹死的呀！"教师说："好好看看！"教师让孩子们拍拍口袋，这一下，孩子们发现，由于羊水的保护，胎儿不再晃荡了。

妈妈人偶再次上场，腹部已经膨大起来。"看，要生了"，教师说，并从产道部位取出婴儿，让女生用线将脐带的一头扎住。

"所有人最初的开端都是爸爸的精子和妈妈的卵子，在它们合为一体之后，便成为某某同学，或某某教师了，然后来到学校。"

接下去是学生提问。"精子是在哪里产生的呢？"男生问道，女生也问："没有进入卵子的精子怎么办呢？""精子只能存活两天，是在妈妈的身体里被分解吸收掉了吗？""精子存多了会怎么样？""会同小便一起排出来吗？"一些学生自己想当然地得出结论说："我想精子存多了会排到外边来。"教师回答道："是的，它只能被排出来。那叫做射精。"老师继续说道："这对男子来讲，表明他具有了将生命之源送入女子体内的能力。将精子送入女子体内叫作性交。"

日本教育界的人士认为，对学生进行性教育，要道出真相，不说假话，撇开成人的价值观，原原本本地讲述事实。至于如何对待这些事实，那是孩子们的自由，他们有权利去理解教育内容，而且，学生们真正想知道的是关于自己的事情，为什么自己是男的或是女的。如果讲精子和卵子会结为一体，却不讲性交，学生肯定会心存疑虑。因此，应干脆把真相告诉学生。

中学生的性教育不仅是教育部门关心的事，而且也是医生们关心的问题。日本有许多医生呼吁，要进一步加强对中学生进行开放的性教育，使他们形成正确的性意识。一位叫北村却夫的医生指出：孩子们的体格日益成熟，在小学六年级的学生中，女孩初潮达半数以上，男孩遗精的有三分之一，但学校这方面的针对性教育措施还跟不上。札幌医大的熊本悦明教授指出：性教育必须从家庭做起。他特别强调，女孩子初潮教育的任务应由母亲负责，男孩子的遗精教育至今缺乏理想的办法。他告诉人们，这个时期是性教育的最好时机；父亲作为人生的先辈，一定要用坦诚、自然的语言把人体的组织和发展过程讲给孩子听。

日本的家长和其他社会人士怎样看待中学里开放的性教育呢？《朝日新闻》刊登了不少文章，大多持赞成的态度。一位叫松蒲真知子的妇女在《朝日新闻》上撰文说："我一点一点地用孩子理解的方式，把有关性的基本常识告诉他，并考虑到这一过程的完整性，将性交也告诉他，避孕套也给他看。儿子听完后，把心怦怦直跳的我撇在一边，脸上显出一副什么都明白了的神情，说：'过去真是不知道啊！'我对自己能以纯净的心和语言毫不别扭地亲口对孩子讲解性而感到愉悦。在这过程中，我丈夫一直在旁边陪着。然而，我担心一个事实，这就是孩子不是在相同的家庭中成长的，我儿子的一个朋友在我家里说：'我看过色情书。'大概是他爸爸买的。对孩子讲性交，即使告诉他，这是应珍重保护的东西，或告诉他爱是一件高尚的事，但难道他们不想实际地体验一下吗？我担心的正是这种事。"

总之，从日本中学生理解性的实际来看，从他们的性教育的实际来看，以及从社会上的各种反应来看，日本中学生对性的理解是开放的，他们的性教育也是开放的和真实的。